U0541445

博士论文
出版项目

中国广义价格指数编制与货币政策应用研究

The Construction of Generalized Price Index and
Its Application on Monetary Policy in China

丁 慧 著

中国社会科学出版社

图书在版编目（CIP）数据

中国广义价格指数编制与货币政策应用研究/丁慧著. —北京：中国社会科学出版社，2020.9
ISBN 978-7-5203-6528-4

Ⅰ.①中… Ⅱ.①丁… Ⅲ.①价格指数—应用—货币政策—研究—中国 Ⅳ.①F726②F822.0

中国版本图书馆 CIP 数据核字（2020）第 087089 号

出 版 人	赵剑英
责任编辑	车文娇
责任校对	刘 娟
责任印制	王 超

出　　版	中国社会科学出版社
社　　址	北京鼓楼西大街甲 158 号
邮　　编	100720
网　　址	http://www.csspw.cn
发 行 部	010-84083685
门 市 部	010-84029450
经　　销	新华书店及其他书店
印　　刷	北京君升印刷有限公司
装　　订	廊坊市广阳区广增装订厂
版　　次	2020 年 9 月第 1 版
印　　次	2020 年 9 月第 1 次印刷
开　　本	710×1000　1/16
印　　张	14.25
字　　数	201 千字
定　　价	79.00 元

凡购买中国社会科学出版社图书，如有质量问题请与本社营销中心联系调换
电话：010-84083683
版权所有　侵权必究

出 版 说 明

为进一步加大对哲学社会科学领域青年人才扶持力度，促进优秀青年学者更快更好成长，国家社科基金设立博士论文出版项目，重点资助学术基础扎实、具有创新意识和发展潜力的青年学者。2019年经组织申报、专家评审、社会公示，评选出首批博士论文项目。按照"统一标识、统一封面、统一版式、统一标准"的总体要求，现予出版，以飨读者。

全国哲学社会科学工作办公室

2020年7月

序

众所周知,中央银行能否选择正确的通胀目标进行政策搭配,直接关乎货币政策的调控效果。长期以来,作为衡量总体价格水平的核心指标,CPI 一直是我国中央银行实施金融宏观调控的主要依据。以 CPI 通胀为主要目标的货币政策框架,虽有助于增强货币政策的规则性和透明度,但当 CPI 指标存在偏差或问题时,盯住 CPI 的货币政策则可能造成系统性的潜在风险。近年来,在经济全球化加速推进、金融业快速发展和金融资产规模持续膨胀等多重因素的影响下,消费物价总体平稳和资产价格频繁波动并存、实体经济部门和金融部门价格运行分化背离成为我国宏观经济运行中的"新常态"。结构性价格上涨成为通货膨胀的主要表现形式,资产价格上涨向消费物价的传导效应显著下降,加之 CPI 所涵盖的内容在整个经济体系中的代表性不断降低,致使我国货币当局锚定的 CPI 在衡量总体价格水平上的准确性呈现下降趋势。

在此背景下,央行继续采用 CPI 作为货币政策调控的主要依据,可能会将经济中的价格上涨压力从一般商品与劳务部门转移至资产领域,在 CPI 表征的物价稳定表象下,纵容资产泡沫,加剧金融失衡,积聚金融风险,最终难以真正实现总体价格水平的稳定。有鉴于此,货币政策调控应摒弃仅盯住 CPI 的传统做法,关注包括资产价格在内的广义价格水平。因此,研究更科学地衡量总体价格水平的方式、方法,编制纳入资产价格的广义价格指数并讨论其货币政策应用价值,为货币政策调控提供更精准的通胀"锚",助力货币政策调控实现更广泛意义上的物价稳定，无疑具有重要的现实意义和理论价值。

丁慧博士的这本专著《中国广义价格指数编制与货币政策应用研究》源于他的博士学位论文。该书紧密结合新时代货币政策调控实现更广泛意义上的整体价格水平稳定的政策取向，基于我国长期存在的消费物价与资产价格结构性上涨的典型性事实，剖析居民消费价格指数在衡量总体价格水平方面存在的偏差，讨论盯住 CPI 的货币政策可能造成的系统性潜在风险。在此基础上，系统梳理已有的广义价格指数经典编制方法，结合中国价格体系运行特征，综合运用贝叶斯动态因子模型和向量自回归模型等系列计量方法编制符合中国实际的广义价格指数。比较分析广义价格指数与居民消费价格指数在动态特征方面的差异；从广义价格指数通货膨胀预测、"稳物价"与"平周期"协同以及货币政策中介目标选择三大方面分析了广义价格指数在货币政策调控中的应用价值。

总体而言，现有关于广义价格指数的研究文献还比较少，且既有相关研究大多围绕广义价格指数的编制来展开，而对广义价格指数编制的理论依据、预测和货币政策应用问题涉及较少。该书关于广义价格指数编制与货币政策应用价值的系统研究，可以作为这一研究领域的很好补充，具有较高的学术价值。该书将理论论证与实证研究结合起来，所采用的研究方法科学合理。该书至少在三个方面值得肯定。

第一，明确提出了通货膨胀指数的修正应从 CPI 自身的修正转向通货膨胀指标的重新选择，编制纳入资产价格的广义价格指数。作者基于对已有经典广义价格指数编制方法的深入系统分析，运用前沿的数理模型与计量方法，采用问题导向的研究思路，结合中国价格体系的运行特征，编制了切合中国实际的广义价格指数。

第二，拓展了菲利普斯曲线的理论研究，也为新时代货币政策调控实现经济周期波动与通货膨胀之间的动态平衡提供了有益政策参考。本书将广义价格指数作为通胀指标纳入菲利普斯曲线分析框架，实证检验菲利普斯曲线扁平化假说，发现广义价格指数通货膨胀与经济周期波动之间具有较高程度的协同性，菲利普斯曲线扁平化趋势并不存在。

第三，提供了货币数量论失效问题的新解释，也为央行更有效地解决现阶段货币政策框架转型过程中货币政策中介目标的选择问题提供了一定的理论借鉴。本书研究发现，货币供应量的变动与广义价格指数衡量的通货膨胀之间存在稳定可靠的关系。由此，作者提出当货币政策操作采纳广义价格指数时，货币政策中介目标选择的数量导向仍需坚守。

该书的研究不仅丰富和拓展了现有的通货膨胀动态机制理论、通货膨胀指数修正理论、通货膨胀预测理论和货币政策中介目标选择理论，也可为新时代货币政策操作提供更准确的通胀"锚"，有助于缓释长期以来以 CPI 作为单一通胀目标的传统货币调控模式带来的潜在风险，助力货币政策实现更加广泛意义上的整体价格水平稳定；此外还可缓解公众对现有通货膨胀测度指标 CPI 的质疑，有利于加强央行与公众之间的沟通，从而提高我国货币政策的有效性。

总之，该书对中国广义价格指数的编制与货币政策应用问题的研究具有重要的理论价值和现实意义。主题鲜明，方法科学，思路清晰，逻辑严密，分析透彻，文笔流畅，反映出作者具有扎实的经济学理论基础和良好的背景知识。国家社会科学基金博士论文出版项目资助出版丁慧博士的专著是对他在学术研究上努力探索的一种肯定，更是一种鼓励。我期待着丁慧博士在今后的学习工作中能不断进取，取得更多高质量的研究成果。

2020 年 3 月于南京大学

摘　　要

准确测度通货膨胀是央行实施货币政策有效治理通货膨胀、维持物价稳定的基本前提。当前中国用于测度通货膨胀水平的核心指标是居民消费价格指数，但居民消费价格指数在衡量总体通胀水平方面存在偏差，并不能准确反映真实的通货膨胀水平，易导致货币当局对通胀形势作出误判，削弱货币政策的有效性，甚至威胁宏观经济的稳定。因此，修正现有通货膨胀衡量指标，更加准确地测度总体通胀水平，既具有重大的现实意义，也具有一定的学术价值。

在经济全球化加速推进、金融快速发展以及中国长期存在"资产短缺"的重大现实背景下，中国经济运行呈现出资产价格剧烈波动与一般消费品价格水平相对平稳长时期并存、虚拟经济部门与实体经济部门的价格水平运行明显背离的典型性事实，中国通货膨胀形成机理发生了本质变化。基于此，本书将通货膨胀指数修正研究的视角由传统针对CPI自身的修正转换到通货膨胀指标的重新选择。具体地，本书综合中国现有的主要价格指数、运用先进的计量方法编制了广义价格指数，以之作为衡量中国通货膨胀水平的新指标，并对这一新指数在货币政策实施方面的应用价值进行了深入探讨，验证了该通胀指标可以更加准确地测度总体通胀水平，提高货币政策的有效性。

本书主要从广义价格指数编制的必要性、具体过程以及广义价格指数的货币政策应用价值三方面逐步展开。第一，本书对现行通货膨胀测度核心指标CPI进行剖析，解构其编制过程，讨论CPI测度总体通货膨胀所存在的偏差，分析针对 CPI 自身的修正为何难以实质性解决 CPI 测度通胀所存在的偏差，并对以 CPI 为主要通胀指标的传统货币政策框架所存在的问题进行阐述，提出编制广义价格指数的必要性。第二，对广义价格指数的已有编制方法进行系统梳理，提炼出可供借鉴之处，为本书编制广义价格指数奠定方法论基础。进一步地，运用新近发展起来的贝叶斯动态因子模型，采用中国的多种价格指数，编制中国的广义价格指数。第三，结合广义价格指数自身特征，深入探讨了中国广义价格指数在货币政策应用中的具体价值：(1) 在通货膨胀预测过程中的应用价值；(2) 在实现"稳物价"与"平周期"协同过程中的应用价值；(3) 在货币政策中介目标选择过程中的应用价值。

基于理论分析与实证检验，本书得出以下研究结论：第一，针对 CPI 自身的修正难以真正解决 CPI 在通胀测度方面的缺陷，编制反映更加广泛意义上的总体价格水平的广义价格指数具有必要性。第二，广义价格指数衡量的通货膨胀与居民消费价格指数衡量的通货膨胀在动态特征方面存在明显差异。这种差异体现在不同时点的水平值、研究期内的波动性及对经济周期波动的衡量三个方面。第三，以广义价格指数为通胀指标，可以优化通货膨胀预测效果。将广义价格指数衡量的通货膨胀纳入基于动态模型平均的时变向量自回归模型（TVP – VAR – DMA）来实施通胀预测，能够优化通胀预测效果。第四，将广义价格指数纳入货币政策操作过程有助于中央银行实现通货膨胀与经济周期波动之间的动态平衡。货币政策操作采纳广义价格指数作为通货膨胀衡量指标，通货膨胀与经济周期波动之间呈现出较高的协同性，长期以来困扰货币当局的"菲利普斯曲线扁平化"问题有望得到解决。第五，货币政策操作采纳广义价格指数，货币政策中介目标的选择仍需坚持数量导向。采用广义价格指数作为衡量总体价格水平的新指标，对价格变动与货币量变动之间的关联性进行计量分析，发现货币量变动对广义价格指数衡量的通货膨胀存在明显的影响，且这种影响的持续时间较长，而广义价格指数衡量的通货膨胀对货币量变动也具有相当程度的敏感性。货币量指标与广义价格指数之间存在稳定可靠的联系，货币政策操作的数量导向仍需坚守。

在本书研究结论的基础上，作者提出中国央行应该编制广义价格指数作为通货膨胀的衡量指标。在经济"新常态"背景下，"稳定物价"与"熨平周期"的货币政策操作应该采纳广义价格指数，而在货币政策中介目标的选择过程中，货币量指标仍需坚守。

关键词：广义价格指数；动态因子指数模型；菲利普斯曲线；货币政策中介目标

Abstract

Measuring inflation accurately is a basic premise for central bank to control inflation effectively and maintain long – term price stability. The consumer price index is not a reliable indicator to measure inflation, despite it is the most important inflation index in China currently. When this unreliable inflation indicator is adopted in the implementation of monetary policy, misjudgment of inflation situation is likely to happen, thus the effectiveness of monetary policy will be weakened. Therefore, amending the existing inflation indicator, so that measuring overall inflation level more accurately, is of both great practical significance and certain academic value.

Against the background of rapid advance in economic globalization and the boom in financial markets, asset price fluctuates drastically while consumer price level remains relatively stable, leading to profound change in the inflation formation mechanism. Due to the profound changes in the inflation mechanism, this book pays attention to the overall price stability in a broader sense. Based on the advanced econometric techniques, this book constructs a generalized price index which can reflect the overall price level in Chinese economy and discusses the value of the generalized price index in the implementation of monetary policy. The theoretical and empirical analysis shows that the generalized price index is superior to traditional consumer price index in reflecting the economic cycle variations and measuring the overall price level, thus the new price index could serve as an important reference target in monetary policy operations.

The research of the this book will be carried out from three aspects: the necessity of constructing generalized price index, the construction of generalized price index and the application in the monetary policy operations. Firstly, this book deconstructs the construction process of consumer price index, discusses the deviation of CPI in terms of measuring inflation, and elaborates the shortcomings of traditional monetary policy framework which adopts CPI as the main inflation indicator. Secondly, this book summarizes existing methods of constructing the generalized price index to lay the foundation for this study, and uses the Bayesian Dynamic Factor Model which is developed recently to construct China's generalized price index. Thirdly, this book analyzes the feature of the generalized price index, and discusses the value of generalized price index in the implementation of monetary policy from three aspects: the application of generalized price index in inflation forecasting, the application of generalized price index in the balance of controlling inflation and smoothing business cycle, application of generalized price index in the selection of intermediary targets of monetary policy.

Based on theoretical analysis and empirical test, this book draws several findings and conclusions as follows: Firstly, it is necessary to construct a generalized price index which can reflect the overall price level stability in a broader sense. Secondly, there are significant differences between the generalized price index and the consumer price index. Thirdly, adopting the generalized price index as inflation indicator can improve the result of inflation forecasting. Fourthly, the application of generalized price index in the process of monetary policy operations contributes the central bank to achieve the dynamic balance between controlling inflation and smoothing fluctuations in the business cycle. When the generalized price index is adopted in the implementation of monetary policy, the flattening of Phillips curve which is a long-standing trouble faced by central bank can be resolved. Finally, there is a stable and reliable relationship (relevance) between the generalized price index and the monetary supply. Therefore, as an intermediate target of monetary policy, money supply is still valid when the generalized price index is adopted as the inflation indicator.

On the basis of the analysis conclusion of this book, the author suggests that it is necessary for China's central bank to construct the generalized price index so as to measure inflation more accurately. Besides, under the background of the new normal, to achieve the dynamic balance between stabilizing price and smoothing fluctuations in the business cycle it's necessary to adopt the generalized price index. Finally, in the transition phase of monetary policy framework, the central bank should not discard the monetary supply indicator.

Keywords: Generalized Price Index; Dynamic Factor Index Model; Phillips Curve; Intermediate Target of Monetary Policy

目 录

第一章 导论 (1)
第一节 问题的提出 (1)
第二节 文献回顾及评述 (5)
第三节 研究思路与内容 (34)
第四节 本书的创新之处 (39)

第二章 通货膨胀测度指标的选择 (42)
第一节 中国现行居民消费价格指数体系 (42)
第二节 盯住 CPI 难以真正实现价格稳定 (52)

第三章 广义价格指数的编制 (60)
第一节 广义价格指数编制方法的选择 (60)
第二节 基于动态因子指数模型的广义价格指数编制 (66)
第三节 广义价格指数的货币政策应用：总体分析 (78)

第四章 广义价格指数的应用：通货膨胀预测 (83)
第一节 通货膨胀预测模型的选择 (84)
第二节 通胀预测模型设定与数据描述 (94)
第三节 基于广义价格指数的通货膨胀预测 (103)

第五章　广义价格指数的应用：通货膨胀与经济周期波动的协同 …………………………………（113）

　　第一节　广义价格指数通货膨胀与经济周期波动 …………（114）

　　第二节　广义价格指数通货膨胀与经济周期波动协同的机理 ……………………………………………………（124）

第六章　广义价格指数的应用：货币政策中介目标的选择 ………………………………………………………（138）

　　第一节　货币政策中介目标选择的价格导向与数量导向 ……………………………………………………（138）

　　第二节　广义价格指数和货币量指标的动态关联 …………（149）

　　第三节　货币量指标有效的机理分析 ………………………（159）

第七章　主要结论、政策建议与研究展望 …………………（168）

　　第一节　主要结论 ……………………………………………（169）

　　第二节　政策建议 ……………………………………………（173）

　　第三节　研究展望 ……………………………………………（178）

参考文献 ……………………………………………………………（180）

索　引 ………………………………………………………………（200）

后　记 ………………………………………………………………（203）

Contents

Chapter 1　Introduction ··· (1)
　Section 1　Problem Statement ·· (1)
　Section 2　Literature Review ·· (5)
　Section 3　Research Framework and Main Contents ··············· (34)
　Section 4　Innovation ·· (39)

Chapter 2　The Choice of Inflation Indicator ···················· (42)
　Section 1　Introduction to the Consumer Price Index ············ (42)
　Section 2　Price Stability Cannot Really be Achieved by
　　　　　　　Targeting of CPI ·· (52)

**Chapter 3　The Construction of Generalized
　　　　　　　Price Index** ·· (60)
　Section 1　The Selection of GPI's Construction Method ·········· (60)
　Section 2　The Construction of GPI Based on DFI Model ········ (66)
　Section 3　A General Analysis on the Application of GPI in the
　　　　　　　Conduct of Monetary Policy ···························· (78)

**Chapter 4　The Application of Generalized Price
　　　　　　　Index in Inflation Forecasting** ······················· (83)
　Section 1　The Choice of Inflation Forecasting Model ············ (84)

  Section 2 Inflation Forecasting Model Setup and Data Description …………………………………………… (94)
  Section 3 Inflation Forecasting Based on Generalized Price Index …………………………………………… (103)

Chapter 5 The Application of Generalized Price Index in the Balance of Controlling Inflation and Smoothing Business Cycle …………………………………… (113)
  Section 1 The GPI Inflation and Business Cycle Fluctuation …………………………………………… (114)
  Section 2 The Synergistic Mechanism of GPI Inflation and Business Cycle Fluctuation ………………………………… (124)

Chapter 6 The Application of Generalized Price Index in the Selection of Intermediary Targets of Monetary Policy ……………………………………………… (138)
  Section 1 Debates on the Selection of Intermediate Targets of Monetary Policy …………………………………… (138)
  Section 2 Dynamic Relationship between Generalized Price Index and Money Supply ………………………………… (149)
  Section 3 Analysis on the Validity of Money Supply as an Intermediate Target ………………………………… (159)

Chapter 7 Conclusions, Policy Recommendations and Research Prospects …………………………………… (168)
  Section 1 Conclusions ………………………………………… (169)
  Section 2 Policy Recommendations ………………………… (173)
  Section 3 Research Prospects ……………………………… (178)

References .... (180)

Index .... (200)

Afterword .... (203)

第 一 章

导　论

第一节　问题的提出

居民消费价格指数（Consumer Price Index，CPI）作为衡量通货膨胀的核心指标，一直是世界各国中央银行制定与实施稳定物价货币政策的主要依据。近些年来，在经济全球化加速推进、金融业快速发展、金融资产规模持续膨胀等因素的共同影响之下，通货膨胀形成机理正在逐步发生深刻改变，致使通货膨胀主要表现为结构性通货膨胀，CPI 在衡量通货膨胀方面的准确性正在遭受较为严重的冲击。

20 世纪 90 年代以来，全球大多数国家的消费物价水平总体来说比较稳定，一方面，这得益于经济全球化的加速推进大大增强了工业生产与供给能力，抑制了一般性消费品与服务（如 CPI 中所包含的商品和服务）的价格上涨态势；另一方面，物价水平总体相对平稳也与各国央行在控制通货膨胀方面的不懈努力有关。然而，在 CPI 衡量的通货膨胀水平保持相对稳定的同时，资产价格波动幅度却呈现出明显扩大的态势。无论是发达国家抑或发展中国家，资产价格的频繁、剧烈波动日益成为经济运行中的常态。在此背景下，资产价格剧烈波动与一般消费品价格水平相对平稳长期并存，虚拟经济部门与实体经济部门的价格水平运行态势呈现明显背离，成为各国经济金融运行中的典型性事实。根据通货膨胀最基本的定义——所有商品价格的普遍上涨，可以认为近年来的通货膨胀呈现出明显的结构性特征。与经典的结构性通胀所不同的是，近年来出现的结构性通胀主要表现为实体经济部门与虚拟经济部门价格水平运行的结构性背离。如果将 CPI 和资产价格看作一般价格水平的两个部分，那么可以认为以往治理通货膨胀的货币政策操作只是将一般价格上涨趋势部分从 CPI 转移到了资产价格上面，而并未真正抑制住价格上涨态势。很显然，在通货膨胀主要表现为结构性通胀的背景下，传统的 CPI 指标在衡量整体价格水平上的准确性下降，难以准确表征一般价格水平。

从本质上来看，现阶段的这种结构性通货膨胀是实体经济部门与虚拟经济部门发展非均衡在一般价格水平上面的表现。由于实体经济部门与虚拟经济部门都是维持持续经济增长不可或缺的组成部分，虚拟经济部门的过分膨胀会挤压实体经济部门的生存空间，导致经济运行出现危机形式的强制性自我调整。人们进行金融投机的乐观预期本质上来源于实体经济部门的有力支撑，当实体经济部门收益率的持续下跌以及投资数量与比例的不断收缩致使实体经济部门萎缩出现并不断持续，市场主体的乐观预期就会面临逆转风险。经济主体一旦意识到实体经济部门的支撑难以为继，就会立马动摇甚至丧失对于未来经济持续增长的信心，从而导致乐观预期发生快速逆转。房地产、金融资产泡沫则会在短时期内破裂，人们的悲观预期与恐慌心情进一步加剧，前期推动价格上行的动力瞬间消失，此前的结构性通货膨胀会伴随着房地产、金融资产泡沫的破裂转向结构性通缩。由资产价格泡沫破裂导致的人们财富大幅度缩水加之市场的悲观预期，引发总需求的全面萎缩，一般价格水平下跌；而经济繁荣时期掩藏的实体经济部门过剩产能则会导致一般商品价格水平的进一步下跌，结构性通货紧缩由此转向全面通货紧缩。在当前全球经济金融环境下，未来较长时期内全球经济都可能在主要由资产、初级产品带动的结构性通胀和由金融投机泡沫破裂引发的通货紧缩之间循环往复，给货币政策稳定总体价格水平目标的实现带来极大挑战。央行主要采用 CPI 这一"失真"的通胀指标作为货币政策调控一般价格水平的依据，可能无法有效应对结构性通胀与通货紧缩之间的频繁转换，难以实现长期物价稳定的货币政策目标。在一定程度上来说，可能正是央行在货币政策实施过程中主要甚至唯一盯住 CPI 衡量的通货膨胀水平，才导致通胀目标错配的出现，给现实通胀的有效管理带来了极大挑战。这致使央行不仅未能真正抑制住通货膨胀，而且在 CPI 较长时期保持相对稳定的情况下，一定程度上纵容了资产与金融泡沫，累积了巨量的金融风险，影响宏观经济的稳定，导致总体价格水平波动，2008 年爆发的国际金融危机便是最好的例证。

此外，从公众对通胀水平的感知来看，近年来人们普遍感觉到物价上涨速度与 CPI 指标所反映的通胀水平并不一致。特别是我国最近十几年来 CPI 衡量的低通胀与不断上涨的房地产价格之间形成鲜明对比，更是引发了社会各界对 CPI 真实性、合理性以及衡量通货膨胀有效性的严重质疑。CPI 作为通胀指标似乎陷入了统计与现实不一致的尴尬境地。除了普通公众，学者们也对 CPI 这一指标在衡量通胀的合理性及有效性方面提出了诸多质疑和反诘。公众对 CPI 通胀指标的质疑直接会影响央行与公众之间的沟通，从而削弱货币政策的有效性。

准确衡量通货膨胀水平是货币政策有效治理通货膨胀、维持长期物价稳定的基本前提。中央银行能否选择准确的通货膨胀指标进行政策搭配，直接关乎货币政策稳定物价的效果。尽管 CPI 是我国长期以来最重要的通胀衡量指标，但在通胀形成机理发生深刻变化、结构性通胀成为主要通胀形式的大背景下，CPI 在通货膨胀测度方面已出现明显的"失真"现象。以 CPI 作为衡量总体物价水平的核心指标，会干扰和误导央行货币政策的制定与施行，在一定程度上削弱货币政策的有效性，甚至威胁到宏观经济的总体稳定；此外，

CPI测度通胀的准确性也正经历着社会各界的严重质疑，影响央行与公众之间沟通的有效性。鉴于此，如何更准确地衡量一般价格水平、测度通货膨胀成为国内外学术界的研究热点，也是货币当局的关注热点。

梳理学术界既有的相关研究，可以发现大部分学者认为，CPI在衡量通胀方面的缺陷源于CPI自身编制的不合理，因此主张对CPI本身进行修正，主要包括CPI子类权重的修正与居民"自有"住房价格如何纳入CPI统计。但正如张成思[①]所指出的那样，调整CPI子类权重并不能实质性地解决CPI通胀测度的偏差问题，而直接在CPI编制过程中纳入房地产价格则存在基本概念层面的问题。因此，通胀指标修正的研究关注点应该从CPI权重的调整转向通胀衡量指标的重新选择。这一思想与2008年国际金融危机后，我国央行对于物价稳定的新提法不谋而合。

中国人民银行行长周小川以及货币政策司司长张晓慧在多个场合皆表示中国的货币政策制定与施行不能仅仅盯住CPI；而2012年9月17日发布的《金融业发展和改革"十二五"规划》更是明确提出：要进一步优化货币政策目标体系，更加突出价格稳定目标，关注更广泛意义上的整体价格水平稳定。更广泛意义上的整体价格水平这一全新的提法，体现了新形势下央行在物价调控上更为宽广的政策视野。更广泛意义上的整体价格水平与传统的CPI存在明显的区别，CPI这一指标仅能测度消费价格水平的变动，而更广泛意义上的整体价格水平体现的是消费、生产价格等实体经济部门价格水平与资产价格水平综合平衡之后的价格水平变动状况。因此，中国货币当局关于物价稳定的全新提法，是货币政策实施理念创新的重要体现。

在通胀机理发生深刻变化、信贷市场不完美、信息不完全等诸多因素的共同影响下，物价调控只关注CPI或者核心CPI，显然难以

---

① 张成思：《通货膨胀目标错配与管理研究》，《世界经济》2011年第11期。

达到宏观金融调控的预期目标，甚至还会引发资产型通货膨胀，威胁经济金融的稳定。因此，进一步完善货币政策调控框架，中央银行目标从狭义价格，即CPI通胀转向广义价格水平，具有十分重要的意义。此外，由于现阶段结构性价格上涨已成为通货膨胀的主要表现形式，对CPI自身的修正难以实质性解决CPI测度总体通胀水平存在的偏差问题。在此背景下编制广义价格指数从而更准确地测度总体价格水平，给央行货币政策调控提供更精准的通胀"锚"，既是现实经济运行的一个十分迫切的需求，也是经济研究工作者的一种历史责任。对纳入资产价格的广义价格指数的编制与货币政策应用问题作一些初步的分析，以求得更多的人来关注和研究这一问题，是本书的一个宗旨。当然，全面、准确地衡量通货膨胀水平的难度和重要性一样大，本书只是一个初步尝试。

第二节 文献回顾及评述

20世纪80年代之后，全球主要经济体的货币政策框架发生了显著的改变，由过去的"多目标"框架转向"单一目标"（CPI稳定）框架，物价稳定成为中央银行货币政策的唯一目标。而随着经济全球化的加速推进、金融深化程度的不断提高以及金融资产规模的迅速膨胀，无论是发达国家抑或是发展中国家，资产价格的频繁剧烈波动日益成为经济金融运行过程中的常态现象。在此背景下，资产价格剧烈波动与一般消费物价水平相对平稳长期并存，实体经济部门与虚拟经济部门价格运行呈现明显背离和分化。在CPI指标保持总体稳定的情况下，中央银行相应的货币政策操作取向可能会在一定程度上纵容资产泡沫，累积巨量的金融风险，2008年爆发的国际金融危机便是最好的例证。鉴于金融危机的巨大破坏性，如何更好地应对资产价格波动，成为各国央行进行金融宏观调控所面临的新挑战。20世纪90年代以来，围绕着货币政策是否应该干预资产价格波动以及干预的具体方式,国内外学者进行了诸多探讨。总体而言,这些研究都是以分析资产价格波动对物价稳定的影响为出发点和落脚点的,也就是回答资产价格是否应该纳入以及如何纳入通货膨胀测度这一问题。

国内外既有的相关研究文献大致可以分为三类:第一类是关于资产价格波动与 CPI 衡量的通货膨胀之间关系的探讨;第二类是关于资产价格波动与货币政策应对相关研究,即以 CPI 为主要目标的传统货币政策框架是否应该纳入资产价格;第三类是研究如何将资产价格纳入通货膨胀测度,即广义价格指数编制的相关问题。

一 资产价格波动与 CPI 通货膨胀

国内外学者大致从两个层面展开对资产价格波动与 CPI 测度的通货膨胀之间关系的研究:其一,资产价格波动影响 CPI 通货膨胀的传导机制是否存在;其二,资产价格波动对 CPI 通货膨胀是否具有指示作用。

(一) 资产价格波动影响通货膨胀的传导机制

西方经典理论认为,资产价格上涨会通过财富效应导致家庭消费增加,通过托宾 Q 效应以及资产负债表效应导致企业投资增加,进而增加总需求,并最终导致总体通胀水平上升[1]。Kent 和 Lowe[2]指出资产价格变动会通过财富效应导致居民消费的变化,进而对通货膨胀产生影响。他们发现资产价格波动对通货膨胀的影响具有非对称性,资产价格上涨比资产价格下跌对通货膨胀的影响更大。Let-

---

[1] Mishkin, F. S., "The Transmission Mechanism and the Role of Asset Prices in Monetary Policy", NBER Working Paper, 2001.

[2] Kent, C., and P. Lowe, "Asset Price Bubbles and Monetary Policy", Reserve Bank of Australia Research Discussion Paper, No. 9709, 1997.

tau 和 Ludvigson[①]也证实了财富效应这一资产价格变动影响通货膨胀的传导机制。Smets[②]指出资产价格波动不仅通过财富效应、托宾 Q 效应以及资产负债表效应影响总需求进而对通货膨胀产生影响,还会对通货膨胀预期产生影响从而影响实际通货膨胀水平。

国内学者也对资产价格波动影响通货膨胀的机制进行了一定的研究。钱小安[③]指出伴随着资产数量的增加,资产价格波动与消费品价格变动的相关性会不断增强,这是国内关于资产价格波动与通货膨胀之间关系的较早论断。郭田勇[④]指出资产价格上涨会通过财富效应、托宾 Q 效应、预期以及信用渠道促进消费与投资的较快增长,从而拉动总需求的增长,导致总体通胀水平上升。戴国强和张建华[⑤]提出随着资产市场投资品种日益丰富,居民参与资产投资的程度不断深入,资产通过财富效应和投资效应对经济的影响越来越大,资产价格对一般物价水平的影响不断增强。他们选择股票、汇率、房地产价格以及其他影响通货膨胀的因素,运用 ARDL 模型对我国资产价格和通货膨胀的关系进行经验分析。经验分析结果表明:资产价格波动影响通货膨胀,但各因素对通货膨胀的影响差异较大,即房地产价格和汇率两个指标作用显著,股票作用较弱。盛松成和张次兰[⑥]发现中国的股票价格变动存在明显的财富效应,股票市场价格

[①] Lettau, M., S. C. Ludvigson, "Understanding Trend and Cycle in Asset Values: Re-evaluate the Wealth Effect on Comsumption", *American Economic Review*, Vol. 94, No. 1, 2004, pp. 276-299.

[②] Smets, F., "Financial Asset Prices and Monetary Policy: Theory and Evidence", Bank for International Settlements Working Paper, No. 47, 1997.

[③] 钱小安:《资产价格变化对货币政策的影响》,《经济研究》1998 年第 1 期。

[④] 郭田勇:《资产价格、通货膨胀与中国货币政策体系的完善》,《金融研究》2006 年第 10 期。

[⑤] 戴国强和张建华:《我国资产价格与通货膨胀的关系研究——基于 ARDL 的技术分析》,《国际金融研究》2009 年第 11 期。

[⑥] 盛松成和张次兰:《货币供应量的增加能引起价格水平的上涨吗——基于资产价格波动的财富效应分析》,《金融评论》2010 年第 3 期。

指数的变化对居民消费价格指数具有重要的影响。纪敏等①构建理论模型阐述了资产价格影响通货膨胀的机理，并在此基础上运用状态空间模型实证分析了资产价格对于通货膨胀的影响。研究结果表明，中国的房地产价格对通货膨胀存在显著影响，而股票价格对通货膨胀的影响不显著。毛泽盛和罗良红②采用2001年1月至2012年12月的月度数据，运用协整和误差修正模型，实证分析了资产价格对通货膨胀的影响。研究结果表明，股票价格、房地产价格等资产价格变动都会对通货膨胀产生一定程度的影响，而在金融危机的背景下，房地产价格变动对通货膨胀的影响显著放大。刘鹏③运用"金融窖藏"理论，基于货币循环视角研究资产价格波动影响通货膨胀的机制，提出了有别于经典的财富效应、托宾Q效应以及资产负债表效应的新机制，即"货币激活效应"，其内涵是当资产价格上涨时，会激活原先处于"沉睡"状态的货币，从而造成总体通胀水平上升。王益君④通过对房地产市场的实证研究，证实了资产市场资产价格的变化会影响到人们对未来经济形势的判断，进而影响到公众对未来消费品市场价格的判断。根据"预期自我实现"的原理，这会对实际的通货膨胀或者通货紧缩产生影响。研究表明，房地产市场价格走势对通货膨胀预期的影响，要大于房地产市场资金变化对通胀预期的影响，所以监管层要管理好通货膨胀和通货膨胀预期，就要加强对资产市场尤其是房地产市场的监控，防止房价的大起大

---

① 纪敏、周源和彭恒文：《资产价格影响通货膨胀了吗？——基于中国月度数据的实证分析》，《国际金融研究》2012年第11期。

② 毛泽盛和罗良红：《资产价格变动是否会引起通货膨胀——基于VECM模型的实证研究》，《国际商务（对外经济贸易大学学报）》2014年第6期。

③ 刘鹏：《通货膨胀、资产价格波动与货币激活效应》，《财经科学》2014年第6期。

④ 王益君：《资产价格波动的通货膨胀预期效应——基于房地产市场的实证分析》，《财经理论与实践》2016年第1期。

落。王宇伟等[①]实证分析了股票收益率与通胀预期以及未预期通胀之间的动态影响关系。研究发现,在"通胀幻觉"作用下,通胀预期对股票收益率形成负向影响,未预期通货膨胀则对股票收益率形成正向影响;另外,股票收益率能够推高通货膨胀预期,也对未预期通胀形成了正向冲击。

然而,也有学者认为资产价格波动向通货膨胀的传导效应并不明显。李迅雷[②]认为尽管股票价格波动影响通货膨胀的财富效应机制在理论上成立,但是对中国而言,由于股票市场参与度不够高,财富效应并不足以影响总体通胀水平,因此在中国资产价格上涨并不必然导致通货膨胀的发生。盛松成和张次兰[③]发现中国房地产价格波动的财富效应并不明显,房地产价格指数的变化并不会对一般价格水平产生明显的影响。这主要与中国现阶段房地产市场的购房群体、方式、目的以及中国老百姓消费传统等因素有关。万宇艳和苏瑜[④]采用2000年1月至2010年7月的居民消费价格指数与上证综指数据,对资产价格波动与通货膨胀进行协整分析,发现资产价格波动与通货膨胀之间的关系不显著且具有不稳定性。张淦等[⑤]指出中国长期存在的资产短缺,导致了资产价格特别是房地产价格上涨财富效应的反转,从而在较大程度上削弱了房地产价格对通货膨胀的影响。

(二)资产价格波动对通货膨胀是否具有指示作用

Goodhart和Hofmann[⑥]运用英国等12个国家的数据构建自回归

[①] 王宇伟、丁慧和盛天翔:《股票收益率与通货膨胀预期的动态影响关系研究——基于TVP-VAR-SV模型的实证研究》,《南开经济研究》2018年第6期。

[②] 李迅雷:《资产价格膨胀未必导致通胀》,《股市动态分析》2009年第38期。

[③] 盛松成和张次兰:《货币供应量的增加能引起价格水平的上涨吗——基于资产价格波动的财富效应分析》,《金融评论》2010年第3期。

[④] 万宇艳和苏瑜:《资产价格泡沫与最优货币政策》,《金融理论与实践》2011年第8期。

[⑤] 张淦、范从来和丁慧:《资产短缺、房地产市场价格波动与中国通货膨胀》,《财贸研究》2015年第6期。

[⑥] Goodhart, C., and B. Hofmann, "Do Asset Prices Help to Predict Consumer Price Inflation?" *The Manchester School*, Vol. 68, No. s1, 2000, pp. 122 – 140.

分布滞后模型，考察纳入资产价格是否有助于预测未来的 CPI 通货膨胀，研究发现将房地产价格纳入通胀预测模型，有助于改善 CPI 通胀预测的效果。但股票价格由于自身的波动性，对于未来 CPI 通胀只有微弱的指示效果。Ray 和 Chatterjee[1]构建了一个包含股票价格、利率、货币增长率以及 CPI 等变量的 VAR 模型，采用印度的相关数据分析资产价格波动与 CPI 测度的通货膨胀之间的关系，发现股票价格指数可以充当 CPI 的先行指标。Lim[2]基于 Goodhart 和 Hofmann[3]构建的模型，发现韩国的股票价格与房地产价格的变动对未来的通货膨胀具有指示作用。王虎等[4]发现中国股票价格的变动能够引起未来 CPI 与批发价格指数（WPI）的同向变动，特别是股票价格变动与 CPI 变动之间的关系非常稳定，股票价格变动领先于 CPI 变动一年左右。这意味着中国的股票价格变动在一定程度上包含了未来通货膨胀的信息，因此可以将股票价格作为一个判定未来通货膨胀变动趋势的货币政策指示器。戴国强和张建华[5]采用向量误差修正模型（VECM）构建中国的金融状况指数，并运用该指数对中国的通货膨胀进行预测，实证结果表明包含资产价格的金融状况指数能够对未来的通货膨胀作出及时和有效的预测。陈继勇等[6]研究发现股票、房地产价格波动均隐含了一定程度的未来产出和通货膨胀信息。其中，股票价格对未来产出缺口的预测效力侧重于短期，对未

---

[1] Ray, P., and S. Chatterjee, "The Role of Asset Prices in Indian Inflation in Recent Years: Some Conjectures", BIS Papers, No. 8, 2001, pp. 131 – 150.

[2] Lim, H. Y., "Asset Price Movements and Monetary Policy in South Korea", Bank for International Settlements Working Paper, No. 19, 2003.

[3] Goodhart, C., and B. Hofmann, "Do Asset Prices Help to Predict Consumer Price Inflation?" *The Manchester School*, Vol. 68, No. s1, 2000, pp. 122 – 140.

[4] 王虎、王宇伟、范从来：《股票价格具有货币政策指示器功能吗——来自中国 1997—2006 年的经验数据》，《金融研究》2008 年第 6 期。

[5] 戴国强和张建华：《中国金融状况指数对货币政策传导作用研究》，《财经研究》2009 年第 7 期。

[6] 陈继勇、袁威和肖卫国：《流动性、资产价格波动的隐含信息和货币政策选择——基于中国股票市场与房地产市场的实证分析》，《经济研究》2013 年第 11 期。

来通货膨胀率的预测效力侧重于较长时期;房地产价格对未来产出缺口的预测效力侧重于较长时期,对未来通货膨胀率的预测效力侧重于短期。相比股票价格,房地产价格与未来产出缺口、通货膨胀之间的联系更为稳定。齐红倩和席旭文[1]通过建立包含潜在门限的时变参数向量自回归模型,实证研究房地产价格和股票价格对通货膨胀影响的时变特征。实证结果表明,我国资产价格具有一定的通货膨胀指示作用,应对其波动及隐含的通胀信息给予高度关注。房地产价格和股票价格均对通货膨胀产生显著的同向影响,并且影响强度表现出顺周期的时变规律。在资产市场"繁荣期"和"低迷期",其通胀效应存在明显差异,应区别、审慎对待。刘金全和李书[2]以2005年7月至2016年8月的居民消费价格指数、房地产价格指数、股票价格指数、利率和货币供应量等数据为基础,通过构建 MS‐VAR 模型,分析了我国资产价格对通货膨胀的作用机制以及"价格型"和"数量型"货币政策的调控模式。研究发现,我国房地产价格具有通货膨胀指示器作用,其变动要先行于通货膨胀一年半至两年半的时间,现阶段传统"价格型"与"数量型"货币政策对房地产价格和通货膨胀的调节能力均出现了弱化,提出我国货币当局应关注房地产价格波动。

然而也有研究提出资产价格变动与通货膨胀之间并不存在所谓的"先行""预示"关系。Shiratsuka[3]提出资产价格波动与未来通货膨胀之间并不存在稳定的关系,资产价格变动并不一定蕴含未来

---

[1] 齐红倩和席旭文:《资产价格具有通货膨胀指示作用吗——基于 LT‐TVP‐VAR 模型的实证研究》,《南方经济》2015年第10期。

[2] 刘金全和李书:《我国资产价格、通货膨胀与货币政策选择》,《南京社会科学》2017年第4期。

[3] Shiratsuka, S., "Asset Price Fluctuation and Price Indices", *Monetary and Economic Studies*, Vol. 17, No. 3, 1999, pp. 103–128.

通货膨胀的信息。Bordo 和 Wheelock[①]通过对美国近两百年的股票价格与通货膨胀数据的分析，发现股票价格变动与通货膨胀之间的关系并不存在可检验的统计规律。譬如在 20 世纪初伴随着股票价格的上涨，通货膨胀水平也逐步上升，而在 20 世纪 90 年代股票价格出现明显泡沫的时候，CPI 衡量的通货膨胀却长时期保持稳定的低水平。Kaufmann 和 Valderrama[②]采用马尔科夫区制转换向量自回归模型，利用英国等欧洲国家以及美国的相关数据，分析了资产价格变动对 CPI 衡量的通货膨胀的影响，研究结果表明资产价格变动对于通货膨胀的影响相当微弱，对于通货膨胀预测误差方差的解释能力基本可以忽略。徐忠[③]认为资产价格与通货膨胀之间并不存在稳定的可检验的关联性，股票价格等资产价格尽管对未来的居民消费价格指数变动有一定的预测能力，但这种预测能力非常微弱。

二　以 CPI 为主要目标的传统货币政策框架是否应纳入资产价格

以稳定 CPI 为主要目标的传统货币政策框架是否应将资产价格波动纳入其调控目标，即货币政策应该仅盯住 CPI 衡量的通货膨胀，还是应该关注包含资产价格在内的广义通货膨胀，这一争论由来已久。具有代表性的学术观点可以归结为三种。

第一种观点认为资产价格不应成为货币政策目标集之中的元素，货币政策只需盯住 CPI 衡量的通货膨胀。持这种观点的学者提出的理由主要有两点：其一，资产价格泡沫难以识别。曾任美联储主席的格林斯潘有一句名言："我们不可能比市场知道得更多。"资产价

[①] Bordo, M. D., and D. C. Wheelock, "Monetary Policy and Asset Prices: A Look Back at Past U. S. Stock Market Booms", *Federal Reserve Bank of St. Louis Review*, Vol. 86, No. 6, 2004, pp. 19 – 44.

[②] Kaufmann, S., and M. T. Valderrama, "The Role of Credit Aggregates and Asset Prices in the Transmission Mechanism: A Comparison between the Euro Area and the USA", *Manchester School*, Vol. 78, No. 4, 2010, pp. 345 – 377.

[③] 徐忠：《资产价格与通货膨胀：事实、理论及涵义》，《中国金融》2011 年第 22 期。

格波动的原因复杂多样，且在很大程度上与人类固有的"动物精神"有很大关联，致使中央银行难以区分资产价格波动的影响因素，无法准确判定资产价格的合理水平，也无法准确预测和判定资产价格是否存在泡沫①，因此将资产价格纳入货币政策目标体系，不但难以有效稳定资产价格，还会增加货币政策实施的难度，影响货币政策调控物价的效果。其二，货币政策工具并非应对资产价格泡沫的有效工具。由于货币政策工具是挤压资产价格泡沫的"钝"工具，小幅度提升利率不但不能有效消除资产价格泡沫，反而可能导致资产价格泡沫的进一步膨胀；而大幅度提高利率尽管可以刺破资产泡沫，但又很可能会引发严重的经济衰退。因此，即使货币当局能够有效识别资产价格泡沫，货币政策的调控效果也极为有限②。因此，面对资产价格波动，中央银行的占优选择是"事后救助"（mop up after strategy），即货币政策事前不对资产价格上涨进行干预，而是当资产价格泡沫破裂之后实施宽松的货币政策，释放充足的流动性，缓解资产价格泡沫破裂对经济运行造成的负面冲击，以此稳定金融与经济体系。

第二种观点认为央行货币政策是否应该对资产价格波动做出反

---

① Lim, H. Y., "Asset Price Movements and Monetary Policy in South Korea", Bank for International Settlements Working Paper, No. 19, 2003. King, M., "Innovations and Issues in Monetary Policy: Panel Discussion", The American Economic Review, Vol. 94, No. 2, 2004, pp. 41 – 48. Issing, O., "Financial Integration, Asset Prices and Monetary Policy", Dinner Speech on the Symposium Concluding Two Years of the ECB – CFS Research Network on "Capital Markets and Financial Integration in Europe", Frankfurter Hof Hotel, Frankfurter, May 10, 2004. Kohn, D. L., "Monetary Policy and Asset Prices", Speech at a European Central Bank Colloquium Held in Honor of Otmar Issing, Frankfurt, 2006.

② Bean, C. R., "Asset Prices, Financial Instability, and Monetary Policy", The American Economic Review, Vol. 94, No. 2, 2004, pp. 14 – 18. Iacoviello, M., "House Prices, Borrowing Constraints and Monetary Policy in the Business Cycle", The American Economic Review, Vol. 95, No. 3, 2005, pp. 739 – 764. Posen, A. S., "Why Central Banks Should Not Burst Bubbles", International Finance, Vol. 9, No. 1, 2006, pp. 109 – 124. Goodhart, C., and A. Persaud, "How to Avoid the Next Crash", The Financial Times, Jan. 30, 2008.

应,取决于资产价格波动是否影响中央银行的中期通货膨胀预期。具体而言,若资产价格变化对央行的中期通胀预期不存在影响,则无须货币政策给予反应;若资产价格波动预示着央行中期通胀预期的变化,则货币政策应当做出反应。因此,这种观点主张货币政策关注资产价格,落脚点在于资产价格波动中蕴含的未来通货膨胀信息,而并非资产价格波动本身。也就是说,这种观点本质上是将资产价格与通货膨胀相分离,即使资产价格波动意味着中央银行中期通胀预期发生变化,也并不主张对资产价格变动本身做出反应,而是在弹性通货膨胀目标制的框架下,对被资产价格波动影响了的中期通胀预期做出反应。

持这种观点的学者以伯南克(Bernanke)为典型代表。Bernanke 和 Gertler[1]在新凯恩斯动态模型中引入"金融加速器"理论机制,探讨货币政策是否应当干预资产价格波动的问题。研究发现,在弹性通货膨胀目标制框架下,物价稳定与金融稳定能够同时实现,货币政策只需对资产价格波动可能引起的通货膨胀或者通货紧缩预期做出反应。基于 Bernanke 和 Gertler 的开创性研究,Svensson[2]也得出了类似的结论,提出仅在资产价格波动影响产出缺口的稳定以及通胀稳定的情况下,货币政策的制定与施行才需考虑资产价格波动,但资产价格稳定本身不应成为货币政策的目标。Mishkin[3]认为只有当资产价格波动严重影响通货膨胀预期时,货币政策才有必要关注资产价格。

第三种观点认为应将资产价格调控纳入货币政策框架。由于资产价格泡沫破灭会对经济运行产生巨大负面冲击,甚至可能会引发

---

[1] Bernanke, B., and M. Gertler, "Monetary Policy and Asset Price Volatility", *Federal Reserve Bank of Kansas City Economic Review*, Vol. 84, No. 4, 1999, pp. 17 – 52.

[2] Svensson, L. E. O., "Asset Prices and ECB Monetary Policy", CEPR Working Paper, 2004.

[3] Mishkin, F. S., "Housing and Monetary Transmission Mechanism", Federal Reserve Board Staff Working Papers, 2007.

经济危机，因而许多学者主张中央银行应将资产价格波动纳入货币政策目标体系，对资产价格波动做出前瞻性反应，降低资产价格泡沫形成的概率[①]。尤其是2008年国际金融危机爆发之后，各国在采取多方面措施应对金融危机给经济金融运行带来的巨大负面冲击的同时，也开始对此次金融危机的发生机理进行深刻反思。此轮国际金融危机的惨痛教训告诉我们，物价稳定表征的宏观经济稳定并不必然意味着金融稳定；相反，物价稳定可能会让宏观调控部门对潜在的风险丧失警惕而使得金融系统更不稳定[②]。尽管对于货币政策是否是造成此次金融危机的原因这一问题尚存争论，但盯住CPI衡量的通货膨胀的传统货币政策框架的缺陷越来越受到学术界与实践界的关注，"物价稳定能够兼顾金融稳定"的传统观点遭到强烈质疑。危机前对资产价格波动实施"善意忽视"的主张之所以能够占据主流地位，一个重要的原因是得到了新凯恩斯宏观经济理论的支持。该理论由于形式简洁、逻辑清晰、观点鲜明且与部分重要经验事实相符而受到货币政策制定者的青睐。正是在这一过于简化的、未（充分）考虑金融摩擦的理论框架指引下，早期的研究文献纷纷得出了"央行仅需关注物价稳定"的结论。国际金融危机使学者们无法继续回避一个重要且不争的事实——金融市场并非完全有效，金融市场摩擦对最优货币政策具有重要影响。由此，国际金融危机以后，涌现出大量将金融摩擦因素引入新凯恩斯宏观经济模型来探讨应对资产价格波动的最优货币政策的研究文献。货币政策应更为积极关

[①] Cecchetti, S. G., H. Genberg, J. Lipsky, and S. Wadhwani, "Asset Prices and Central Bank Policy", *The Geneva Report on the World Economy*, No. 2, 2000. Roubini, N., "Why Central Banks Should Burst Bubbles", *International Finance*, Vol. 9, No. 1, 2006, pp. 87–107.

[②] Kohn, D. L., "Homework Assignments for Monetary Policymakers", Speech at the Cornelson Distinguished Lecture at Davidson College, Davidson, North Carolina, March 24, 2010.

注资产价格的观点也越来越被各方所接受[1]。

  Cecchetti 等[2]拓展了 Bernanke 和 Gertler 的模型，指出在弹性通货膨胀目标制的政策框架之下，若要实现制定的通胀目标值，同时减少通胀本身的波动，一国央行实施的货币政策不应该仅仅对通货膨胀（或者预期通货膨胀）与产出波动做出反应，还需根据资产价格波动的状况进行相应的调整。研究表明，将资产价格纳入泰勒规则，有利于货币政策效果的加强以及宏观经济表现的改善。Borio[3]指出在盯住 CPI 通胀的传统货币政策框架下，各国央行在反通胀过程中付出的努力并未真正地控制总体通胀水平，而只是将通胀压力从商品与劳务领域转移到资产领域，从而导致金融风险的累积与金融失衡的加剧。各国央行在治理通货膨胀方面的成效给其带来了良好的声誉，一方面使公众的通胀预期更为稳定，另一方面使包括货币冲击在内的各种冲击向通货膨胀的传导时滞变长、传导效应下降，这两方面都抑制了 CPI 测度的通货膨胀水平的上涨。CPI 在较长时期内保持较低水平，会导致央行低估总体通胀水平，从而维持宽松货币政策的时间过长，在一定程度上纵容资产价格泡沫，加剧了金融风险的累积[4]。

  鉴于 2008 年国际金融危机给全球经济金融运行造成的巨大负面冲击，Mishkin[5]指出传统的"事后救助"策略成本过高，他将资产

---

[1] Allen, F., and K. Rogoff, "Asset Prices, Financial Stability and Monetary Policy", Paper Delivered to Workshop on "Housing Markets, Monetary Policy and Financial Stability", Sponsored by the Swedish Riskbank, November 12, 2010.

[2] Cecchetti, S. G., H. Genberg, J. Lipsky, and S. Wadhwani, "Asset Prices and Central Bank Policy", *The Geneva Report on the World Economy*, No. 2, 2000.

[3] Borio, C., "Monetary and Financial Stability: So Close and Yet So Far?" *National Institute Economic Review*, No. 192, 2005, pp. 84 – 101.

[4] Borio, C., and P. Lowe, "Asset Prices, Financial and Monetary Stability: Exploring the Nexus", Bank for International Settlements Working Paper, No. 114, 2002.

[5] Mishkin, F. S., "Monetary Policy Strategy: Lessons from the Crisis", NBER Working Paper, No. 16755, 2011.

价格泡沫划分为信贷驱动型与非理性繁荣驱动型两种类型,并提出信贷驱动型泡沫危害大而识别相对简单,对于信贷驱动型资产价格泡沫,央行应该运用货币政策进行提前干预。Bask[1]在标准的新凯恩斯宏观经济模型中引入两类投资者,基本面分析投资者与技术分析投资者,考察这两类投资者的异质性特征对货币政策与资产价格波动之间关系的影响,发现货币政策对资产价格进行事后调控会导致经济收敛于不确定性均衡,因此,货币当局应该对资产价格波动进行事前干预。Trichet[2]认为,正是中央银行长期以来仅致力于稳定物价,才导致经济中物价上涨的压力从实体经济部门转移至虚拟经济部门,使部分国家的资产价格泡沫在物价相对稳定时频繁发生,他将这种情况称为"央行信誉悖论"(paradox of central bank credibility)。Curdia和Woodford[3]提出当经济中存在具有时变性的存贷利差时,前瞻性货币政策需要做出反应。Christiano等[4]基于经验事实指出通货膨胀与股市繁荣程度呈现负相关关系,低通胀时期股市往往更容易出现非理性繁荣,因此仅盯住通货膨胀的货币政策可能会放大资产价格的波动程度;在基准的新凯恩斯模型中引入预期冲击与金融市场摩擦,研究结论显示若货币当局在盯住通货膨胀的同时对信贷增长进行逆风向调节,则会减少宏观经济与金融市场的波动,这一结论为货币政策进行逆风向操作提供了理论基础。Andres等[5]

---

[1] Bask, M., "Asset Price Misalignments and Monetary Policy", *International Journal of Finance & Economics*, Vol. 17, No. 3, 2012, pp. 221 – 241.

[2] Trichet, J. C., "Credible Alertness Revisited", Speech at the Symposium on Financial Stability and Macroeconomic Policy, Sponsored by the Federal Reserve Bank of Kansas City, Jackson Hole, Wyoming, August 22, 2009.

[3] Cúrdia, V., and M. Woodford, "Credit Frictions and Optimal Monetary Policy", *Journal of Monetary Economics*, Vol. 84, No. 6, 2016, pp. 30 – 65.

[4] Christiano, L., C. L. Ilut, R. Motto, and M. Rostagno, "Monetary Policy and Stock Market Booms", NBER Working Paper, No. 16402, 2010.

[5] Andrés, J., A. Óscar, and T. Carlos, "Banking Competition, Collateral Constraints, and Optimal Monetary Policy", *Journal of Money, Credit and Banking*, Vol. 45, No. s2, 2013, pp. 87 – 125.

发现社会福利不仅取决于通胀与产出缺口的波动，还取决于住房缺口和消费缺口的波动。特别是房产价值的波动会对企业家的消费和投资决策造成扭曲，因此央行货币政策制定与实施必须关注资产价格波动。Kannan 等[1]将 BGG 型金融摩擦引入 Iacoviello[2] 理论模型，研究发现当经济受到金融冲击时，央行一方面需针对资产价格波动调整利率，另一方面还需要调整宏观审慎政策；而当经济受到房地产需求冲击或生产率冲击时，央行需要调整利率，但不需要调整宏观审慎政策。Notarpietro 和 Siviero[3] 研究了当经济体系受到房地产需求冲击与金融冲击时的最优货币政策反应。研究结论显示，当房地产需求冲击或金融冲击对房地产价格产生影响时，央行应对房地产价格做出反应，而反应的方向和力度取决于经济体中受到融资约束家庭的数量及程度。Asriyan 等[4]在考虑金融摩擦的前提下探讨货币政策如何应对理性资产价格泡沫，研究结论认为出于稳定产出的考虑，央行应在资产价格泡沫破灭后通过提高通胀率来弱化债务积压效应，引导经济中更多资源流向物质资本投资领域，而在泡沫快速扩大阶段，通过降低通胀率来弱化债务积压效应，避免经济出现过热。Filardo 和 Rungcharoenkitkul[5] 研究发现在整个金融周期内系统性地进行逆周期调控的效果要优于在周期内大多数时期"善意忽视"而在周期末进行任意干预。这一研究结论支持货币政策框架从仅关

---

[1] Kannan, P., P. Rabanal, and A. Scott, "Monetary and Macroprudential Policy Rules in a Model with House Price Booms", *The B. E. Journal of Macroeconomics*, Vol. 12, No. 1, 2012.

[2] Iacoviello, M., "Housing Prices, Borrowing Constraints, and Monetary Policy in the Business Cycle", *The American Economic Review*, Vol. 95, No. 3, 2005, pp. 739 – 764.

[3] Notarpietro, A., and S. Siviero, "Optimal Monetary Policy Rules and House Prices: The Role of Financial Frictions", *Journal of Money, Credit and Banking*, Vol. 47, No. s1, 2015, pp. 383 – 410.

[4] Asriyan, V., L. Fornaro, A. Martin, and J. Ventura, "Monetary Policy for a Bubbly World", NBER Working Paper, No. 22636, 2016.

[5] Filardo, A. J., and P. Rungcharoenkitkul, "A Quantitative Case for Leaning against the Wind", BIS Working Papers, No. 594, 2016.

注物价稳定向同时考虑物价与金融双重稳定转变。Laséen 等[1]在新凯恩斯主义模型下研究了逆风而行的利率政策能否降低系统性风险、提高福利，研究发现，当金融部门的杠杆包含了没有被通货膨胀和产出捕捉到的实体经济信息时，逆风而行的金融变量能明显提高社会福利；逆周期的资本监管要求能降低系统性风险并提高生活福利。Gourio 等[2]在动态随机一般均衡模型中引入金融危机风险因素，分析货币政策是否需对资产价格泡沫进行逆周期调节。研究发现，当需求冲击、技术冲击与金融冲击叠加时，货币政策须对信贷过快增长、资产价格泡沫进行逆周期干预，降低金融危机爆发的风险。Ciccarone 等[3]研究发现在经济体系存在信贷摩擦与黏性价格的条件下，当实际通胀和产出水平偏离目标较小时，央行应采取"逆风而行"货币政策应对资产价格波动。

从国内研究来看，唐齐鸣和熊洁敏[4]研究发现，我国股票价格和房地产价格对产出缺口有较为显著的作用，如果货币政策反应函数忽视资产价格将导致更大的损失，因此建议我国央行在制定利率时应考虑资产价格对实体经济的影响。赵进文和高辉[5]指出资产价格作为内生变量的货币政策会使中央银行在实现其目标时更具可控性，因此建议中央银行将资产价格波动作为内生性影响因素，纳入前瞻

---

[1] Laséen, S., A. Pescatori, and J. Turunen, "Systemic Risk: A New Trade-off for Monetary Policy?" *Journal of Financial Stability*, Vol. 32, No. 5, 2017, pp. 70–85.

[2] Gourio, F., A. K. Kashyap, and J. Sim, "The Tradeoffs in Leaning against the Wind", *IMF Economic Review*, Vol. 66, No. 1, 2018, pp. 70–115.

[3] Ciccarone, G., F. Giuli, and E. Marchetti, "Should Central Banks Lean against the Bubble? The Monetary Policy Conundrum under Credit Frictions and Capital Accumulation", *Journal of Macroeconomics*, Vol. 59, No. 1, 2019, pp. 195–216.

[4] 唐齐鸣和熊洁敏：《中国资产价格与货币政策反应函数模拟》，《数量经济技术经济研究》2009 年第 11 期。

[5] 赵进文和高辉：《资产价格波动对中国货币政策的影响——基于 1994—2006 年季度数据的实证分析》，《中国社会科学》2009 年第 2 期。

性利率规则。王擎和韩鑫韬①、周晖和王擎②认为应该控制房价波动，但中央银行没有必要动用货币政策去直接干预房地产价格。侯成琪和龚六堂③研究发现货币政策冲击是决定我国住房价格波动的关键因素，应该从货币政策入手来平抑住房价格波动；对真实住房价格做出反应的货币政策能够显著降低住房价格波动，并通过金融加速器机制减小经济波动和福利损失。陈诗一和王祥④建立了一个带有房地产市场的多部门 DSGE 模型，同时在模型中引入带有金融摩擦的银行部门，研究货币政策影响房地产价格的传导机制，发现央行盯住房地产价格波动的货币政策能够改善社会福利。冯根福和郑冠群⑤考察了央行"提前宽松"式非对称干预资产价格波动的货币政策调控模式的宏观经济效应，研究发现非对称干预资产价格波动的货币政策在一定程度上加剧了经济系统的非线性和非对称性特征，可能会成为内生金融风险的重要源头，诱发市场资源错配和严重的金融失衡。刘金全等⑥对经典的"托宾 Q"理论进行修正，将资产的基础价值与投机价值进行分离，继而将含有资产基础价值的前瞻性利率规则引入 DSGE 分析框架，并对"名义利率调整→资产价值修复→实体经济复苏"这一问题展开探讨。研究结果表明，名义利

---

① 王擎和韩鑫韬：《货币政策能盯住资产价格吗？——来自中国房地产市场的证据》，《金融研究》2009 年第 8 期。

② 周晖和王擎：《货币政策与资产价格波动：理论模型与中国的经验分析》，《经济研究》2009 年第 10 期。

③ 侯成琪和龚六堂：《货币政策应该对住房价格波动作出反应吗——基于两部门动态随机一般均衡模型的分析》，《金融研究》2014 年第 10 期。

④ 陈诗一和王祥：《融资成本、房地产价格波动与货币政策传导》，《金融研究》2016 年第 3 期。

⑤ 冯根福和郑冠群：《中国货币政策非对称干预资产价格波动的宏观经济效应——基于分段线性新凯恩斯动态随机一般均衡模型的模拟和评价》，《中国工业经济》2016 年第 10 期。

⑥ 刘金全、徐宁和刘达禹：《资产价格错位与货币政策规则——基于修正 Q 理论的重新审视》，《国际金融研究》2017 年第 5 期。

率调整能够有效促进资产价值修复，进而拉动实体经济复苏。王曦等[①]分别将房地产、股票价格以及金融状况指数（FCI）作为资产价格变量，使用包含马尔科夫区制转换的 BEKK 多元 GARCH 模型研究我国货币政策对资产价格的反应，研究发现我国货币政策对资产价格的关注具有马尔科夫区制转换特征，并体现出了维护金融稳定的宏观审慎特征。陈创练和戴明晓[②]研究发现"次贷危机"以来我国价格型和数量型货币政策均具有显著盯住房价目标的政策取向。从政策效果看，数量型货币政策在管控房价和杠杆率上更为有效，央行可进一步强化数量型货币政策执行力度；同时需发挥价格型货币政策在去杠杆中的作用。陈彦斌等[③]通过构建含有资产泡沫与高债务特征的动态一般均衡模型，对衰退式资产泡沫的形成机制与应对政策进行了深入研究，提出应构建"稳健偏宽松的货币政策+偏紧的宏观审慎政策"的政策组合。

三 如何将资产价格纳入通货膨胀测度

早在 1911 年美国著名经济学家欧文·费雪就在《货币的购买力》一书中提出，政策制定者应致力于稳定包括一般物价（生产、消费和服务价格）和资产价格（股票、房地产、债券价格等）在内的广义价格水平。这是关于广义价格指数编制最早的理论观点。尽管欧文·费雪并未说明应该如何编制广义价格指数，但这一理论观点为后续关于广义价格指数的研究奠定了重要的思想基础。在欧文·费雪所提出的编制广义价格指数的思想沉寂了半个多世纪后，1973 年美国著名经济学家阿尔钦和克莱因在货币经济学领域的著名

[①] 王曦、朱立挺和王凯立:《我国货币政策是否关注资产价格？——基于马尔科夫区制转换 BEKK 多元 GARCH 模型》，《金融研究》2017 年第 11 期。

[②] 陈创练和戴明晓:《货币政策、杠杆周期与房地产市场价格波动》，《经济研究》2018 年第 9 期。

[③] 陈彦斌、刘哲希和陈伟泽:《经济增速放缓下的资产泡沫研究——基于含有高债务特征的动态一般均衡模型》，《经济研究》2018 年第 10 期。

期刊《货币、信贷和银行杂志》发表《论正确测量通货膨胀的方法》一文，首次对编制广义价格指数的相关问题进行了深入系统的理论分析，由此广义价格指数的编制被正式提出。自此之后，国内外学术界对广义价格指数的编制与货币政策效果等问题进行了多维度的研究，形成了丰富的研究文献。

Alchian 和 Klein[①]认为长期以来被当作通货膨胀测度核心指标的 CPI，并不能完整和准确地体现通货膨胀的经济内涵，因此也就无法准确反映真实的通货膨胀水平。CPI 在测度通货膨胀方面所存在的不足随着 CPI 指数的广泛使用，越来越明显地表现出来。因此，他们对中央银行制定与实施货币政策时采用 CPI 作为衡量社会总体价格水平的主要指标甚至唯一指标的做法表示质疑。他们认为消费者在做出消费决策时，不仅关心当期消费效用，也会关心未来的消费效用，追求跨期消费效用的最大化。所以，消费者进行消费决策不仅关注当前的物价水平，也关注未来的物价水平。因此，价格指数的编制应该遵循欧文·费雪提出的跨期原则，以跨期消费理论和终身效用理论为基础。然而，以 CPI 为代表的传统通货膨胀指数的编制过程仅考虑了居民当期效用的最大化，而忽视了未来消费带来的潜在效用和居民终身消费效用的最大化。因此，他们认为完全的通货膨胀指数应是同时包括当前消费和服务价格与未来消费和服务价格的广义价格指数。Shiratsuka[②]提出，"物价稳定不能被机械地理解成统计上的物价指标相对稳定，更本质的是要将它理解为保持宏观经济稳定、促进经济持续增长的前提，即'持续的物价稳定'"。Goodhart[③]提出除了 CPI，许多资产价格，尤其是房地产价格也是可

---

① Alchian, A. A., and B. Klein, "On a Correct Measure of Inflation", *Journal of Money Credit and Banking*, Vol. 5, No. 1, 1973, pp. 173 – 191.

② Shiratsuka, S., "Asset Price Fluctuation and Price Indices", *Monetary and Economic Studies*, Vol. 17, No. 3, 1999, pp. 103 – 128.

③ Goodhart, C., "What Weight Should be Given to Asset Prices in the Measurement of Inflation?" *The Economic Journal*, Vol. 111, No. 6, 2001, pp. 335 – 356.

供央行采纳的有用通胀指标。货币政策除了稳定一般消费品的价格水平，还应考虑资产价格的稳定，特别是房地产价格的稳定。也就是说，货币政策所关注的价格稳定，不应该仅局限于消费价格水平的稳定，而是包含资产价格在内的广义价格水平的稳定。

王维安和贺聪[①]通过构建房地产均衡市场模型，在风险中性的假设前提下，利用无套利均衡定价原理，发展了从房地产价格波动中分离出市场通货膨胀预期的新方法。在此基础上，通过对中国房地产市场的实证研究发现，房地产预期收益率与通货膨胀预期之间确实存在稳定的函数关系，建议将房地产价格纳入居住类消费价格指数以减少货币政策认识时滞。张晓慧等[②]构建了一个全球化背景下基于"两部门悖论"的简单模型框架，对全球通胀变化及其机理进行了经验分析。研究发现，近年来全球通胀呈现几个突出特征：一是结构性价格上涨已经并很可能在未来成为通胀的主要表现形式，CPI在衡量整体价格水平上的准确性下降；二是由金融投机引发的初级产品价格暴涨成为导致CPI、PPI大涨的重要原因；三是CPI、PPI明显上涨时，往往已处在经济金融泡沫最后破裂的前夜，故在衡量周期变化上CPI，特别是核心CPI已成为相对滞后的指标。鉴于此，他们提出在宏观调控中应关注更广泛意义上的价格变动，探索更为科学合理地衡量整体价格水平的途径和方法。李斌[③]认为由流动性过剩导致的结构性通胀、由流动性不足引发的通货紧缩，以及相互之间的交替反复，很可能成为未来宏观调控长期面临的问题。这就要求进一步完善货币政策框架，更加关注更广泛意义上的整体物价变

[①] 王维安和贺聪：《房地产价格与通货膨胀预期》，《财经研究》2005年第12期。

[②] 张晓慧、纪志宏和李斌：《通货膨胀机理变化及政策应对》，《世界经济》2010年第3期。

[③] 李斌：《从流动性过剩（不足）到结构性通胀（通缩）》，《金融研究》2010年第4期。

动。李成等[1]认为通胀预期不仅体现在商品价格中，还会反映到资产价格中，中央银行应构造包含资产价格的广义价格指标体系，强调该价格指标在决策中的重要性，并借助货币政策报告向公众发出维持该价格指标关注的承诺，从而降低通货膨胀预期偏差。张成思[2]提出 CPI 的动态走势并不足以成为警示经济系统性、结构性风险的有效通胀指标，改变以 CPI 作为单一的通胀目标，提高对广义价格指标通胀率的决策信息度，是当前防范和化解金融风险、有效维护经济和金融双重稳定不可忽视的重要内容。陆磊和杨骏[3]认为，以逆周期调节为特征和以防范系统性风险为目标的宏观审慎管理必须依托流动性管理才能有较好的实施效果，中央银行调控目标应该从单一通货膨胀目标制转向包括资产价格在内的广义价格体系。李健和邓瑛[4]指出对于房产价格持续上涨但消费物价平稳和宏观经济稳定的表象，货币当局不能掉以轻心，需要将资产价格纳入广义的价格指数，重视资产价格的变动，防止资产型和实物型通胀的并发。骆祚炎[5]提出货币政策需对资产价格及其波动的先行指标给予足够的关注，构造包括资产价格在内的广义价格目标函数，作为货币政策调控转型的新框架是一种有效选择。张晓慧[6]提出必须基于中国国情进一步优化货币政策目标体系。考虑到国际金融危机以来金融宏观调控的理论和实践主要集中在对传统"单一目标、单一工具"框架的改进和

---

[1] 李成、马文涛和王彬：《通货膨胀预期、货币政策工具选择与宏观经济稳定》，《经济学（季刊）》2011 年第 1 期。

[2] 张成思：《通货膨胀目标错配与管理研究》，《世界经济》2011 年第 11 期。

[3] 陆磊和杨骏：《流动性、一般均衡与金融稳定的"不可能三角"》，《金融研究》2016 年第 1 期。

[4] 李健、邓瑛：《货币的资产化和非实体化比率对不同价格影响的差异性》，《财贸经济》2016 年第 8 期。

[5] 骆祚炎：《资产价格波动先行指标、金融不平衡与广义价格目标函数——基于金融加速器效应的视角》，《金融经济学研究》2017 年第 2 期。

[6] 张晓慧：《货币政策框架的前世今生》，载陈元和黄益平主编《中国金融四十人看四十年》，中信出版集团 2018 年版，第 295—315 页。

完善上，因此我们在充分发挥数量型和价格型货币政策工具各自作用的基础上，也要更多关注更广泛意义上的整体价格水平，更好地把货币稳定和金融稳定结合起来，并据此完善相应的政策手段和组织架构。盛松成和谢洁玉[1]认为如果货币政策盯住广义价格指数，则看似分割的宏观审慎政策与货币政策就有了共通基础，即均以广义价格稳定作为目标。以广义价格稳定作为连接点，有助于央行将货币政策与宏观审慎政策纳入同一体系，实现货币政策、宏观审慎政策双支柱调控框架的统一，促进宏观经济与金融市场的平稳发展。

关于如何编制广义价格指数，国内外学者也进行了一系列探索。Alchian 和 Klein[2]指出理论上广义价格指数的构建应该基于完整的阿罗-德布鲁未来商品集合，但囿于实际操作中众多因素的干扰，往往很难获得既包含当前消费和服务又包含未来消费和服务的商品集合。资产价格能够近似衡量未来消费与服务的价格，故可以使用资产价格作为未来消费与服务价格的近似替代，构造既包含当前消费与服务价格又包含未来消费和服务价格的广义消费价格指数，并将其命名为"跨期生活成本指数"。跨期生活成本指数的编制过程考虑了消费者的消费行为在当前消费与未来消费之间进行动态调整的可能性。但值得一提的是，Alchian 和 Klein 提出的跨期生活成本指数本质上还是消费价格指数，因为资产价格是作为未来消费价格的近似替代指标纳入价格指数。Pollak[3] 基于 Alchian 和 Klein[4] 的思想，

---

[1]　盛松成和谢洁玉：《各国央行盯住 2% 通胀目标是刻舟求剑——对中长期通胀的思考》，《清华金融评论》2019 年第 6 期。

[2]　Alchian, A. A., and B. Klein, "On a Correct Measure of Inflation", *Journal of Money Credit and Banking*, Vol. 5, No. 1, 1973, pp. 173 – 191.

[3]　Pollak, R. A., "Subindexes in the Cost of Living Index", *International Economic Review*, Vol. 16, No. 1, 1975, pp. 135 – 150.

[4]　Alchian, A. A., and B. Klein, "On a Correct Measure of Inflation", *Journal of Money Credit and Banking*, Vol. 5, No. 1, 1973, pp. 173 – 191.

进一步提出了跨期生活成本指数的具体计算公式。Shibuya[①]对 Alchian 和 Klein 提出的跨期生活成本指数进行了具体化研究，用单个商品跨期科布－道格拉斯效用函数代替一般效用函数的假设，构建了具有实际可操作性的价格指数：动态均衡价格指数（DEPI）。具体而言，动态均衡价格指数是当期居民消费价格指数与资产价格的几何加权平均，权重由消费与服务支出和资产支出各自在总支出之中的比重来确定。Shibuya 构建出动态均衡价格指数之后，又对动态均衡价格指数与传统的居民消费价格指数进行了系统的比较分析，发现总体而言，动态均衡价格指数能准确地衡量总体通胀水平且更准确地反映宏观经济运行的总体态势。Bryan 等[②]基于 Tullock[③] 提出的"除外商品偏误"概念进一步对 Alchian 和 Klein 的思想进行了拓展，运用动态因子指数方法，将资产价格纳入通货膨胀测度，构建了美国的纳入资产价格的广义通货膨胀指标。Shah 和 Ahmad[④] 修正 Mankiw 和 Reis[⑤] 的理论模型，构建包含能源、食品、其他商品与金融部门的四部门一般均衡模型，编制纳入股票价格的产出稳定指数（OSI），研究表明修正后的价格指数有效提升了中央银行效用。Shah 和 Sosvilla‐Rivero[⑥] 将股票价格与房地产价格纳入通胀测度，应用

[①] Shibuya, H., "Dynamic Equilibrium Price Index: Asset Price and Inflation", *Bank of Japan Monetary and Economic Studies*, Vol. 10, No. 1, 1992, pp. 95 – 109.

[②] Bryan, Michael F., Stephen G. Cecchetti, and Roisin O'Sullivan, "Asset Prices in the Measurement of Inflation", *De Economist*, Vol. 149, No. 4, 2001, pp. 405 – 431.

[③] Tullock, Gordon, "When Is Inflation Not Inflation? A Note", *Journal of Money, Credit, and Banking*, Vol. 11, No. 2, 1979, pp. 219 – 221.

[④] Shah, I. H., and A. H. Ahmad, "How Important Is the Financial Sector to Price Indices in an Inflation Targeting Regime? An Empirical Analysis of the UK and the US", *Review of Quantitative Finance & Accounting*, Vol. 48, No. 4, 2017, pp. 1063 – 1082.

[⑤] Mankiw, N. G., and R. Reis, "What Measure of Inflation Should a Central Bank Target?" *Journal of the European Economic Association*, Vol. 1, No. 5, 2003, pp. 1058 – 1086.

[⑥] Shah, I. H., and S. Sosvilla‐Rivero, "Seeking Price and Macroeconomic Stabilisation in the Euro Area: The Role of House Prices and Stock Prices", *IREA Working Paper*, 2017.

IPM 最优化算法确定各成分价格指数的最优权重，编制了包含资产价格的广义价格指数并进行有效性模拟，研究发现欧洲央行盯住该指数可增强经济的稳定性。

　　国内一些学者也对广义价格指数的编制与应用进行了一些探索。汪恒[1]提出 CPI 与 GDP 平减指数等传统的通胀指数并不能真正及时准确地反映实际通胀水平，并实证分析了房地产价格对传统通货膨胀指数的修正作用。研究结果表明，纳入房地产价格的新通胀指数能更准确地反映通货膨胀趋势，也有助于更准确地预测未来通货膨胀。曾辉[2]采用动态因子法和动态均衡价格指数法对传统的通货膨胀指数进行修正，发现新的价格指数一般高于 CPI，且波动性更小，更能反映长期通胀压力，另外该指数更具可预测性。罗忠洲和屈小粲[3]分别采用支出比重法与动态因子法编制了纳入资产价格的广义通货膨胀指标，并比较分析了两种方法编制的广义通货膨胀指标的异同，提出动态因子法相比于支出权重法能更加准确地确定各价格指数在广义通货膨胀指标中的权重。罗忠洲、屈小粲[4]采用动态因子法纳入资产价格对现有通货膨胀指数进行修正，并利用 AR 和 VAR 模型比较修正前后通货膨胀指数的预测效果，发现在 2005—2010 年以 CPI 度量的通货膨胀水平存在被低估的可能，修正后的通货膨胀指数优化了预测效果。刘珂和孙丽俊[5]基于中国 2002 年 1 月至 2015 年 6 月的月度数据，使用动态因子方法构建了四种度量中国整体物价水平

---

[1] 汪恒：《资产价格对核心通货膨胀指数的修正》，《数量经济技术经济研究》2007 年第 2 期。

[2] 曾辉：《中国广义价格指数月度数据的实证研究》，《金融理论与实践》2010 年第 5 期。

[3] 罗忠洲和屈小粲：《纳入资产价格的我国通货膨胀指数研究》，《财经理论与实践》2012 年第 2 期。

[4] 罗忠洲和屈小粲：《我国通货膨胀指数的修正与预测研究》，《金融研究》2013 年第 9 期。

[5] 刘珂和孙丽俊：《广义价格指数与货币政策有效性研究——基于金融稳定视角》，《海南金融》2016 年第 11 期。

的广义价格指数,并将其与 CPI 一起纳入央行福利损失函数来比较分析五种价格指数在货币政策应用中的有效性。研究发现,CPI 衡量的通胀水平可能被低估,广义价格指数更能反映长期通胀压力,广义价格指数提升了货币政策调控的有效性。孙玉奎[1]基于动态因子指数方法构建了我国包含资产价格变动信息的广义价格指数,并基于该指数进一步对货币增长与通货膨胀间的长期关系进行了检验,结果显示,广义价格指数测度的通货膨胀与货币增长之间存在长期的一一对应关系,即如果将资产价格变动考虑在内,长期货币中性理论在我国是成立的。

但是,也有学者对于将资产价格纳入一般物价指数的做法提出质疑。Shiratsuka[2]指出动态均衡价格指数之中资产价格权重过大,将动态均衡价格指数作为通货膨胀指标进行货币政策操作,会加剧经济运行的波动性。Filardo[3]指出房地产价格与股票价格等资产价格与通货膨胀的关联性较弱,将资产价格纳入通货膨胀测度,并不能实现更准确度量通货膨胀的目的。ECB[4]提出资产价格在很大程度上由人们对未来的预期所决定,因此将资产价格纳入通货膨胀测度会导致通货膨胀不确定性的增加。此外,也有研究提出了将资产价格纳入通货膨胀测度的现实困难。其一,理论上,广义价格指数的编制应该纳入所有的资产价格,但在实际操作过程中这一做法不具有可行性,因此必然产生偏差[5];其二,资产价格

---

[1] 孙玉奎:《中国货币高增长及其与通货膨胀的关联性研究》,博士学位论文,中央财经大学,2016 年,第 80—81 页。

[2] Shiratsuka, S., "Asset Price Fluctuation and Price Indices", *Monetary and Economic Studies*, Vol. 17, No. 3, 1999, pp. 103 – 128.

[3] Filardo, A., "Asset Prices and Monetary Policy", *Federal Reserve Bank of Kansas City Economic Review*, Vol. 85, No. 3, 2000, pp. 11 – 37.

[4] ECB, "Asset Price Bubbles and Monetary Policy", *European Central Bank Monthly Bulletin*, No. 4, 2005, pp. 47 – 60.

[5] Alchian, A. A., and B. Klein, "On a Correct Measure of Inflation", *Journal of Money Credit and Banking*, Vol. 5, No. 1, 1973, pp. 173 – 191.

波动频繁,且影响因素复杂多样,从而难以判断资产价格变动的基本趋势,致使将资产价格纳入通胀测度的过程,难以确定资产价格的合理权重,有可能导致资产价格盯住制[1];其三,将资产价格纳入通货膨胀测度存在政策国际协调的难题。当前,将资产价格纳入通货膨胀测度并未达成国际共识,各经济体的货币当局缺乏率先应对非居民消费价格指数变化的动力。这是因为,在其他国家尚未采取紧缩政策应对资产价格上涨的情况下,某国央行单方面实施紧缩性货币政策可能会抑制该国的经济增长,从而遭受来自国内各层面的压力[2]。

四 文献简评

(一) 关于资产价格与通货膨胀关系的研究文献评述

通过对既有关于资产价格波动与通货膨胀关系的重要研究文献的仔细梳理,可以发现国内外学术界关于资产价格波动向 CPI 衡量的通货膨胀传导机制的存在性以及资产价格能否充当未来通货膨胀的先行指标,还并未取得一致观点。探讨资产价格变动与通货膨胀关系的主流观点认为资产价格变动会通过财富效应、托宾 Q 效应、预期效应以及货币激活效应等多种传导渠道对通货膨胀产生影响,资产价格上涨往往预示着 CPI 衡量的通货膨胀压力的上升,而资产价格下跌意味着未来总体通货膨胀水平的降低。然而,观察近年来资产价格与通货膨胀的动态走势,可以发现无论是发达国家抑或是发展中国家均呈现出资产价格频繁波动与 CPI 通货膨胀相对稳定长期并存的典型性事实,资产价格变动向 CPI 衡量的通货膨胀的传导效应显著下降。资产价格变动与通货膨胀之间关系

---

[1] Goodhart, C., "What Weight Should be Given to Asset Prices in the Measurement of Inflation?" *The Economic Journal*, Vol. 111, No. 6, 2001, pp. 335 – 356.

[2] 张晓慧:《关于资产价格与货币政策问题的一些思考》,《金融研究》2009 年第 7 期。

呈现出与以往不同的新特征。CPI 这一指标对于总体通货膨胀水平的衡量存在偏差，从而在新的阶段需要赋予通货膨胀更为广泛的内涵，而不应该将通货膨胀仅仅局限为消费价格水平的上升。也就是说，对于中央银行而言，应该将包含资产价格在内的广义通货膨胀指标作为货币政策目标，而不应仅盯住 CPI 衡量的通货膨胀水平。

（二）关于货币政策框架是否纳入资产价格争论的评述

主张货币政策不应关注资产价格的观点强调了货币政策在调控资产价格方面所存在的实际困难，应该说有其合理之处。但诚如 Roubini[①] 所指出的，任何经济政策的制定都面临着不确定性。实际上，中央银行在货币政策实施中估算产出缺口的难度不亚于区分资产价格变动影响因素。因此，以资产价格失衡的识别存在不确定性且难度较大等困难为由将货币政策与资产价格割裂开来、"善意忽视"资产价格膨胀的传统做法并不合理。Cecchetti 等[②]认为尽管央行难以识别资产价格较小的失衡，但资产价格的较小失衡并不会对金融稳定以及经济稳定造成太大影响；而对于会严重影响金融稳定的较大资产价格泡沫，央行却可以较为容易地识别出来。此外，如果从长期来看，中央银行对于资产价格波动实施的非对称操作（即对资产价格上涨进行"善意忽视"，而当资产价格泡沫破裂之后通过注入大量的流动性尽量缓解资产价格泡沫破裂对于金融和经济稳定造成的巨大负面冲击）会引发投资者的道德风险，纵容资产泡沫的膨胀，从而累积巨大的金融风险，2008 年国际金融危机的爆发已在很大程度上证明了这一点。

而以伯南克为代表的学者主张"在弹性通货膨胀目标制框架

---

① Roubini, N., "Why Central Banks Should Burst Bubbles", *International Finance*, Vol. 9, No. 1, 2006, pp. 87 – 107.

② Cecchetti, S. G., H. Genberg, and S. Wadhwani, "Asset Prices in a Flexible Inflation Targeting Framework", NBER Working Paper, No. 8970, 2002.

下，仅在资产价格影响央行通货膨胀预期的情况下，货币政策才关注资产价格变动"[1]，这一观点的出发点和落脚点都在于资产价格波动中所蕴含的未来通货膨胀信息，而并非资产价格波动本身。因此，从本质上来说，这种观点是将资产价格与通货膨胀相分离，并未将资产价格变动视作币值的改变。在这种观点的主导下，即使资产价格变动改变了中央银行对于未来通货膨胀的预期，货币政策也并不会对资产价格波动本身做出反应，而是基于弹性通货膨胀目标制框架，对已发生变化的通货膨胀预期做出反应。在经济全球化加速推进、金融业快速发展的大背景下，通货膨胀机理已然发生深刻的变化，资产价格变动向CPI通胀的传递效应显著下降，资产价格剧烈波动与一般消费价格水平相对平稳长期并存，结构性价格上涨成为通货膨胀的重要表现形式。因此，资产价格的膨胀并不一定是CPI衡量的通货膨胀水平上升的信号，更多的情况是对金融风险以及经济衰退潜在风险的预示。货币当局若仅将资产价格变动是否会引发CPI通货膨胀作为货币政策反应的标准，可能导致最佳政策调控时机的延误，纵容资产价格泡沫的膨胀，导致经济金融风险的累积。面对资产价格的上涨，即使尚未出现明显通货膨胀压力，中央银行也需要运用货币政策进行适时调控。

  不可否认，物价稳定是央行货币政策最主要的目标。然而，经济学意义上的通货膨胀应该指货币币值的改变，也就是全部商品和服务价格的全面和持续上涨，而不仅仅表现为CPI衡量的通货膨胀[2]。资产价格，特别是房地产价格的大幅度变动意味着货币币值的改变。因此，真正的物价稳定不应被视为CPI这一指标的稳定，而是包含资产价格在内的更加广泛意义上的整体价格水平的稳定。因

---

[1] Bernanke, B., and M. Gertler, "Monetary Policy and Asset Price Volatility", *Federal Reserve Bank of Kansas City Economic Review*, Vol. 84, No. 4, 1999, pp. 17–52.

[2] 张晓慧：《中国货币政策》，中国金融出版社2012年版，第124页。

此，Alchian 和 Klein[①]、Goodhart[②] 等所主张的将包括资产价格在内的广义价格指数作为货币政策目标具有迫切性。当前，构建包含资产价格在内的广义价格指数在世界各国的物价指数编制实践中尚未有先例。编制纳入资产价格的广义价格指数并将其作为货币政策目标还存在多方面的难题，譬如将资产价格纳入物价指数统计是一项非常复杂的工作，哪些价格指数应该纳入广义价格指数的编制以及各价格指数权重的确定等一系列问题还需要深入探索，此外广义价格指数的应用也存在国际政策协调的难题。尽管在资产价格如何纳入通货膨胀测度、资产价格调控时机的判断等具体操作层面的问题上还存在诸多难题和争议，但更加关注包含资产价格的更为广泛意义上的总体价格水平稳定、探索更为科学合理的价格衡量方法，从根本上看有助于提高金融宏观调控政策的前瞻性和有效性，也有利于经济的平稳发展和社会福利的改善。当然，由于资产价格变动的影响因素复杂多样，仅仅依靠货币政策难以维持资产价格的稳定运行，还需结合宏观审慎监管政策。在具体实施过程中，编制广义价格指数作为货币政策的目标与加强宏观审慎监管是金融宏观调控中两个并行不悖且互为补充的政策手段。此外，以广义价格稳定作为连接点，还有助于央行将货币政策与宏观审慎政策纳入同一体系，实现货币政策、宏观审慎政策双支柱调控框架的统一，促进宏观经济与金融市场的平稳发展[③]。

（三）关于将资产价格纳入通货膨胀测度研究文献的评述

现有研究文献主张应该将资产价格纳入通货膨胀测度主要基于两点考虑：其一，资产价格变动对通货膨胀具有指示作用，从而以

[①] Alchian, A. A., and B. Klein, "On a Correct Measure of Inflation", *Journal of Money Credit and Banking*, Vol. 5, No. 1, 1973, pp. 173 – 191.

[②] Goodhart, C., "What Weight Should be Given to Asset Prices in the Measurement of Inflation?" *The Economic Journal*, Vol. 111, No. 6, 2001, pp. 335 – 356.

[③] 盛松成和谢洁玉：《各国央行盯住2%通胀目标是刻舟求剑——对中长期通胀的思考》，《清华金融评论》2019年第6期。

纳入资产价格的广义通货膨胀指标作为货币政策目标有助于提高货币政策的前瞻性，从而达到改善货币政策效果的目标；其二，和一般消费品与服务的消费相同，资产购买也是居民的支出项目，资产价格，尤其是房地产价格的大幅度波动也意味着货币币值的改变，因此，将资产价格变动纳入通货膨胀测度能够更准确地反映货币购买力的变化。本书认为将资产价格纳入通货膨胀测度得到反映总体通胀水平的广义通货膨胀指标，并将其作为货币政策目标，除了以上两点原因，还与新形势下通货膨胀机理发生深刻变化有关。

当前，在经济全球化加速推进的大背景下，产品、劳务以及信息在国与国之间的转移成本大幅度下降，产业分工得以进一步细化，生产过程发生显著改变，生产效率快速提升；市场空间进一步拓展，各类资源可以在全球范围内进行有效整合与配置，规模经济效应得以强化，生产成本大幅度降低；此外，具有低成本优势的新兴经济体的开放程度持续提升，积极主动融入全球市场，使得全球生产成本进一步降低。在这些因素的共同作用之下，全球生产与供给能力，特别是全球工业生产与供给能力显著增强，从而使全球市场的供求格局发生深刻改变，成功抑制了一般消费品价格水平的上涨[1]。但是，全球生产能力的大幅度扩张以及新兴经济体快速融入全球市场也导致了对于初级产品和资产需求的大大增加。由于供给弹性较小，在需求快速增长的条件下，初级产品与资产的价格极易出现快速上涨的态势。这种"两部门"现象使得新形势下通货膨胀的生成机理和表现形式发生显著变化，CPI衡量的通胀率相对稳定与资产价格频繁波动长期并存，结构性通货膨胀[2]已成为通货膨胀的重要表现形

---

[1] Chen, N., J. M. Imbs, and A. Scott, "Competion, Globalization, and the Decline of Inflation", CEPR Disscussion Paper, No. 4695, 2004.

[2] 关于结构性通货膨胀，过去有许多经典的解释框架，譬如劳动生产率差异、巴拉萨-萨缪尔森效应，但这些都只是针对实体经济领域内部的解释。当前的结构性通货膨胀是一种新型的结构性通货膨胀，表现为资产价格的频繁波动与CPI的相对稳定，实质是虚拟经济与实体经济的失衡。

式。对于我国而言，长期存在的资产短缺①又进一步加剧了结构性通货膨胀的程度。CPI 衡量的通胀率相对稳定与资产价格频繁波动长期并存，CPI 这一价格指标在衡量整体价格水平时准确性显著下降，致使货币政策主要针对 CPI 衡量的通货膨胀做出反应会存在明显问题。因此，编制纳入资产价格的广义价格指数并将其作为货币政策调控目标的迫切性在逐渐增加。

第三节　研究思路与内容

从已有研究文献可以看出，由于资产价格波动对经济金融运行的影响和对长期物价稳定的冲击与日俱增，围绕是否应该以及如何将资产价格纳入通货膨胀测度、编制广义价格指数的研究文献在逐渐增加。已有文献编制广义价格指数主要基于两点考虑：一是资产价格是通货膨胀的先行指标，二是资产价格上涨特别是房地产价格的上涨本身就意味着货币购买力的下降，稳定资产价格能增加社会福祉。基于资产价格剧烈波动与消费物价水平相对稳定长期并存、虚拟经济部门与实体经济部门价格运行出现明显分化背离的典型性事实，本书提出应从新的视角看待广义价格指数编制与货币政策应用的问题。

本书编制广义价格指数是将其作为新的通货膨胀衡量指标，为央行制定与实施货币政策，更有效地治理通货膨胀、稳定更加广泛

---

① 资产短缺理论由美国麻省理工学院经济学教授卡巴雷罗（Caballero）于 2006 年首次提出。他基于对金融资产市场供求的宏观视角分析，提出金融资产市场也存在均衡问题：当资产供应难以赶上资产需求时，则会出现金融资产的短缺。其中，金融资产供给是由资产的基础价值与资产的泡沫价值构成，其基础价值取决于其未来净收益流的累计贴现额；而金融资产需求是由经济体的价值储存需求与抵押需求构成，其价值储存需求取决于一国经济发展程度和居民储蓄水平，抵押需求则取决于经济体内金融业的发达程度。金融资产供给不足的原因，包括金融市场不够发达、产权与合约权利保护力度较弱等。

意义上的整体价格水平服务的。本书的研究拟从更加有效地测度通货膨胀出发,以新时期通货膨胀机理的变化为研究切入点。首先对现有通胀衡量指标 CPI 进行剖析:什么是 CPI 指数?其产生和发展的历程是什么?编制 CPI 指数的目的是什么?编制程序是什么? CPI 在衡量通胀方面存在哪些问题?为什么对 CPI 自身的修正不能完全解决其通胀测度失真的问题,而要构建新的通胀指标——广义价格指数来加以解决?

本书编制广义价格指数是为货币政策稳定物价服务的。由于通胀机理的变化、通胀表现形式的改变,CPI 在衡量整体价格水平时准确性下降,在测度通胀水平方面存在明显偏差。在此背景下,如果央行货币政策的制定与实施依然采用 CPI 作为主要甚至唯一的通胀衡量指标,会产生什么后果?现行以 CPI 通胀率为主要目标的货币政策框架存在哪些缺陷?本书以此提出编制广义价格指数的必要性和重要性。

本书对已有的经典广义价格指数编制方法进行深入剖析,提炼出可供借鉴之处,为本书编制广义价格指数奠定方法基础。本书运用新近发展起来的贝叶斯动态因子模型,采用中国的多种价格指数,编制中国的广义价格指数。基于广义价格指数的自身特征深入探讨了中国广义价格指数在货币政策实施中三个方面的应用价值:在通货膨胀预测中的应用、在"稳物价"与"平周期"协同中的应用和在货币政策中介目标选择中的应用。全书的研究思路框架如图 1-1 所示。

全书共分为七章,除第一章导论外,分析结构与主要内容如下。

第二章,通货膨胀测度指标的选择。本章主要包括两方面的内容,一是基于对现有通货膨胀衡量核心指标 CPI 的历史沿革、测度目标、编制程序等方面的剖析,发现其在通货膨胀测度方面存在的不足,并指出针对 CPI 自身的修正并不足以完全解决其在通胀测度方面的失真问题;二是鉴于本书编制广义价格指数是为货币政策稳定物价服务的,由于通胀机理的变化、通胀表现形式的改变,CPI

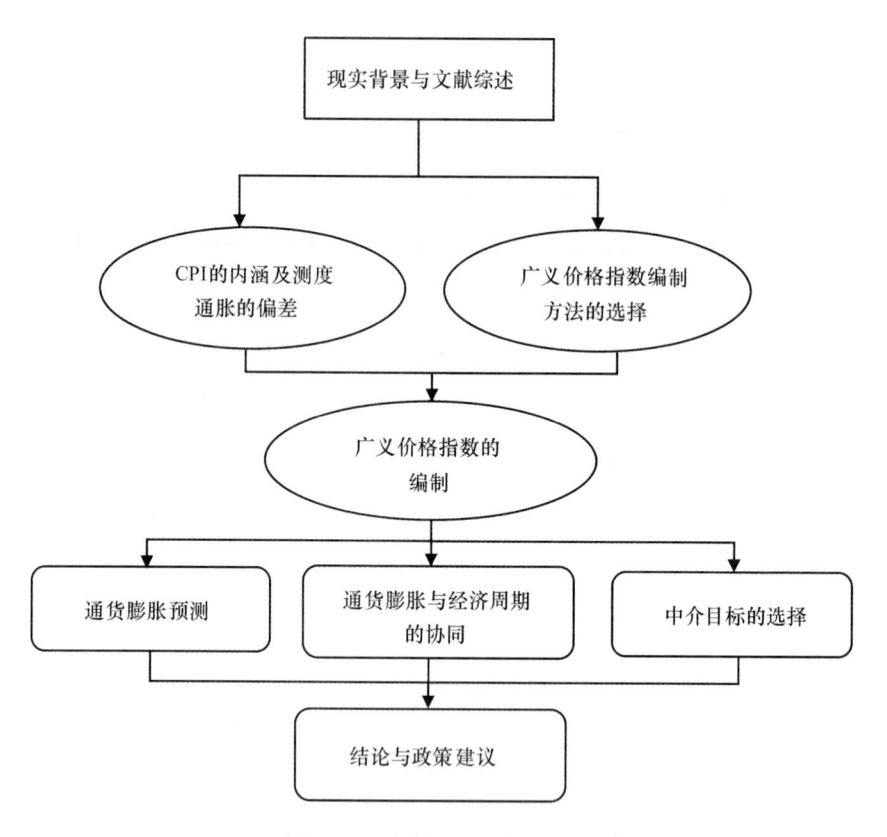

图 1-1 本书的研究框架示意

在衡量整体价格水平时准确性下降,在测度通胀水平方面存在偏差。在此背景下,如果央行货币政策的制定与实施依然采用 CPI 作为单一的通胀衡量指标,会产生什么后果?现行以 CPI 通胀率为主要目标的货币政策框架存在哪些缺陷?本书以此提出编制广义价格指数的必要性和重要性。

第三章,广义价格指数的编制。本章首先对已有的经典广义价格指数编制方法进行深入剖析,提炼出可供借鉴之处,为本书编制广义价格指数奠定方法基础。然后,本书运用新近发展起来的贝叶斯动态因子模型,采用中国的多种价格指数,编制中国的广义价格指数。研究表明,我国广义价格指数的编制,除了应纳入居民消费价格指数、股票价格指数与房地产价格指数，还需纳入 PPI 指数与 PPIRM 指数，主要原因是我国长期存在 PPI 与 CPI 之间传导的阻滞，CPI 并不能完全反映实体经济领域的价格水平。对广义价格指数和居民消费价格指数的动态特征进行比较分析，可以发现二者存在显著差异。从广义价格指数测度的通货膨胀与居民消费价格指数测度的通货膨胀在动态特征方面的差异切入，本书对广义价格指数在货币政策方面的应用进行了总体分析。

第四章，广义价格指数的应用：通货膨胀预测。本章探讨广义价格指数在通货膨胀预测方面的应用。基于对已有通货膨胀预测方法的梳理与总结，本章构建基于动态模型平均的时变向量自回归模型来预测中国的广义价格指数通货膨胀，在允许模型解释变量动态选择、变量系数时变的基础上，重点考察模型维度和系数时变程度动态选择的通胀预测效果。模型维度和系数时变程度动态选择允许根据经济状态的变化动态选择包含不同信息量的通胀预测模型，弥补了已有通胀预测模型无法兼顾不同经济状态下通货膨胀特征的不足，在最大限度综合有效利用宏观经济信息的同时有效降低了预测模型维度固定带来的预测不确定性。预测结果表明，在考虑预测模型变量时变与系数时变的同时，允许预测模型维度和系数时变程度动态选择可以优化通胀预测的精确度，优于单一维度时变向量自回归模型，以及允许变量动态选择的贝叶斯模型平均方法。

第五章，广义价格指数的应用：通货膨胀与经济周期波动的协同。本章研究广义价格指数在"稳通胀"与"平周期"的货币政策操作过程中的应用。对于中国央行而言，货币政策的制定与实施，从最终目标来看，不仅是稳定物价，还包括经济周期的熨平。近年来，由于居民消费价格指数通胀率对经济周期变化的敏感程度下降，菲利普斯曲线呈现出扁平化的趋势，中国货币政策"稳定物价"和"熨平经济周期"目标的实现面临挑战。因此，对于货币当局而言，采用广义价格指数作为新的通胀指标，需要考虑广义价格指数测度的通货膨胀与经济周期变动之间的协同程度如何，也就是纳入广义价格指数的菲利普斯曲线形状如何。理论模型分析与实证检验表明，如果采纳广义价格指数作为通货膨胀的衡量指标，菲利普斯曲线扁平化趋势并不存在；从货币政策实施的角度来看，广义价格指数测度的通货膨胀与经济周期波动之间更为协同，运用广义价格指数测度通货膨胀，可以更好地实现通货膨胀与经济周期的动态平衡。

第六章，广义价格指数的应用：货币政策中介目标的选择。本章分析货币政策操作采纳广义价格指数时，货币政策中介目标如何进行选择。货币政策中介目标是货币政策传导过程中的关键性环节，在很大程度上决定着货币政策最终目标的实现效果。中国以什么指标作为货币政策中介目标，是继续坚持货币量指标还是转向利率指标，无论是学者们还是货币当局，并未达成一致意见。判断某一指标是否适合充当货币政策中介目标，关键是考察这一指标与货币政策最终目标之间是否存在稳定可靠的联系。运用广义价格指数作为衡量总体价格水平的新指标，对价格变动与货币量变动之间的关联性进行计量分析。实证结果显示，广义价格指数与货币量的关联度大于CPI，基于VAR模型进一步的动态时序分析发现：货币量变动对广义价格指数衡量的通货膨胀的影响较大且持续时间长，广义价格指数衡量的通货膨胀对货币量变动敏感。实证结果表明，货币量指标与广义价格指数之间存在着稳定可靠的联系，这也就意味着当货币政策操作采纳广义价格指数时，以货币量指标为中介目标仍需坚守。

第七章，主要结论、政策建议与研究展望。本章对全书的主要研究结论进行总结，在此基础上对中国如何更准确地测度总体通货膨胀、实现更广泛意义上的整体价格水平稳定提出有针对性的政策建议；最后，在分析本书研究不足的基础上对未来进一步的研究方向进行展望。

第四节　本书的创新之处

总体而言，现有关于广义价格指数的研究文献还比较少，且既有的相关研究大多围绕广义价格指数的编制来展开，而对广义价格指数编制的理论依据、预测和货币政策应用问题涉及较少。本书关于广义价格指数编制与货币政策应用价值的系统研究，可以作为这一研究领域的很好补充。

编制广义价格指数、优化通货膨胀衡量指标并探讨广义价格指数在货币政策调控中的应用，一方面可以为货币政策操作提供更准确的通胀"锚"，有助于缓释长期以来以 CPI 作为单一通胀目标的传统货币调控模式带来的潜在风险，助力货币政策实现更加广泛意义上的物价稳定；另一方面可以缓解公众对现有通货膨胀测度指标 CPI 的质疑，有利于改善央行与公众之间的沟通，从而提高我国货币政策的有效性。本书关于广义价格指数研究可能的创新之处可以归纳为以下几个方面。

第一，本书基于对已有经典广义价格指数编制方法的深入系统分析，运用前沿的数理模型与计量方法，采用问题导向的研究思路，结合中国价格体系的运行特征，编制了切合中国实际的广义价格指数。广义价格指数编制的重点和难点在于确定各成分价格指数的权重。本书基于物价调控应避免短期波动干扰、着眼于中长期趋势的政策取向，采用动态因子模型提取各成分价格指数蕴含的不可观测共同趋势，将其命名为动态因子指数，根据各成分价格指数为测度共同趋势提供的信息量确定其在广义价格指数中的权重。由于各成分价格指数所蕴含的共同趋势不可观测，需转化成状态空间模型进行估计。既有研究文献大多采用基于卡尔曼滤波的极大似然方法对状态空间模型进行估计，但该方法估计出来的结果易受参数结构的影响，可能致使估计结果存在一定程度的偏差。鉴于此，本书创新性地采用贝叶斯方法估计状态空间模型以提取多种物价指数中所蕴含的不可观测共同趋势。

此外,在纳入广义价格指数的成分价格指数遴选方面,既有文献在构建广义价格指数的过程中主要使用居民消费价格指数、房地产价格指数以及上证综指三种价格指数。本书基于我国 PPI 与 CPI 之间长期背离分化的典型事实,提出 CPI 是用来度量最终消费品的价格水平,并不能完全反映整个实体经济部门的价格水平、衡量实体经济领域的价格变动趋势,应该在广义价格指数的编制过程中还纳入原材料燃料动力购进价格指数(PPIRM)与工业品出厂价格指数(PPI)以反映生产部门的价格变动趋势,从而更符合中国价格体系的实际情况,优化了广义价格指数的编制。

第二,本书拓展了菲利普斯曲线的理论研究,也为新时代货币政策调控实现经济周期波动与通货膨胀之间的动态平衡提供了有益政策参考。对于中国央行而言,货币政策的制定与实施,从最终目标来看,不仅仅是稳定物价,还包括经济周期的熨平。近年来,由于居民消费价格指数通胀率对经济周期变化的敏感程度下降,菲利普斯曲线呈现出扁平化的趋势,中国货币政策"稳定物价"和"熨平经济周期"目标的实现面临挑战。本书运用广义价格指数作为新的通胀衡量指标,对菲利普斯曲线扁平化假说在中国是否成立进行了检验。理论模型分析与实证检验表明,如果采纳广义价格指数作为通货膨胀的衡量指标,菲利普斯曲线扁平化趋势并不存在;从货币政策实施的角度来看,广义价格指数测度的通货膨胀与经济周期波动之间更为协同,运用广义价格指数测度通货膨胀,可以更好地实现通货膨胀与经济周期的动态平衡。

第三,本书提供了中国货币数量论失效问题的新解释,也为央行更有效地解决现阶段货币政策框架转型过程中出现的货币政策中介目标选择难题提供了一定的理论参考。由于货币政策发挥作用存在一定的时滞,需要借助于货币政策中介目标对货币政策最终目标的实现程度进行前瞻性研判。货币政策中介目标作为货币政策传导过程中的关键性环节，在很大程度上决定着货币政策最终目标的实现效果。中国货币政策到底应该以什么指标作为中介目标，货币量抑或利率，长期以来争论不已，至今并未取得一致。近年来，随着利率市场化的逐步推进，以及 CPI 与货币量指标之间关联度的逐步下降甚至"脱钩"，主张淡化货币政策的数量型中介目标、更多地关注价格型中介目标的学术观点逐渐增多。本书提出由于预算软约束等问题的存在，利率传导机制尚未完全理顺，还不能完全放弃数量型调控，数量型工具在货币政策调控中仍然发挥着重要的作用。面对货币数量论失效的问题，本书突破从货币数量论方程的货币端入手的传统思维，从"价格端"切入采纳广义价格指数作为通货膨胀衡量指标，对价格变动与货币量变动之间的关联性进行计量分析。研究发现在货币政策实施过程中，货币供应量的变动与广义价格指数衡量的通货膨胀之间存在稳定可靠的关系，现阶段以货币供应量为中介目标仍然是恰当的。由此，本书提出当货币政策操作采纳广义价格指数，货币政策中介目标选择的数量导向仍需坚守。

第 二 章

通货膨胀测度指标的选择

研究广义价格指数的编制及其货币政策应用价值，首先需要对现有测度通货膨胀的核心指标——CPI 进行剖析。CPI 的定义与内涵是什么？CPI 产生及发展的历程如何？编制 CPI 的目的、程序是什么？CPI 在通货膨胀测度方面存在哪些问题？货币政策盯住 CPI 通货膨胀会产生什么后果？对于这些问题的回答有助于明晰编制广义价格指数的必要性与重要性。

第一节 中国现行居民消费价格指数体系

根据《中国统计年鉴》，可将居民消费价格指数定义为，反映一定时期内城乡居民家庭所购买并用于日常生活消费的一揽子商品和服务项目价格水平变动的相对数。中国现行的居民消费价格指数体系主要包括总的居民消费价格指数、城市居民消费价格指数、农村居民消费价格指数，此外还包括地区性的居民消费价格指数。根据定义，CPI 既是测度总体通货膨胀水平的指标，也是衡量城乡居民生活成本变化的指标，这也就意味着 CPI 的测度目标具有双重性。从中国统计部门编制 CPI 的实践来看，中国的 CPI 测度目标也具有双重性。这种双重性使得现行的 CPI 既不能完全适用于我国居民生活费用变化之衡量，也无法完全适用于我国总体通胀水平的测度。从央行货币政策的实施来看，其主要关注的是 CPI 的通胀测度功能，但中国 CPI 的编制在衡量生活成本变化与测度总体通胀水平两个目标之间摇摆，致使其在通货膨胀测度方面存在偏差，而这种偏差会误导货币政策的制定与施行。近年来关于 CPI 的修正研究很多，但本书认为对 CPI 自身进行的修正并不能实质性地解决 CPI 在测度通胀方面存在的偏差，主张将关注焦点从 CPI 自身修正转向通货膨胀指标的重新选择，编制纳入资产价格的广义价格指数。在对广义价格指数进行进一步探讨前，有必要先对居民消费价格指数的历史沿革、编制目的和方法以及在通胀测度方面的偏差等内容进行概述。

一 中国 CPI 的历史沿革

20 世纪 20 年代在中国天津、上海、北平等几个大城市编制的职工生活费用指数是中国居民消费价格指数最早的雏形。1926—1927 年，上海、天津、北平的政府统计部门借鉴西方国家的经验，通过调查本地工人在食品、衣着等五个方面的支出，编制出了职工生活费用指数。此外，1926 年南开大学也尝试根据天津工人在 37 种代表性商品上的支出费用，编制出了工人生活费用指数，用于测度天津的物价水平。总体而言，20 世纪 20 年代北平、上海以及天津等地编制职工生活费用指数的尝试对衡量当时城市居民生活成本的变化具有一定的积极作用，也对后来物价指数的编制具有借鉴意义。但囿于各方面条件的限制，当时编制的"职工生活费用指数"所涵盖的商品种类还相当有限，从而使这一指数在衡量居民生活费用变化的准确性上还存在明显的不足。

1949 年新中国成立之后，我国统计部门对于物价指数的编制进行了全新的探索。新成立的商业部物价局采用固定数量加权综合法重新编制了京、津、沪这三大城市的职工生活费用指数。为获取全国统一的物价指数，20 世纪 50 年代商业部物价局对职工生活费用指数进行了多次修正和完善。1953年，职工生活费用指数的地理范围由三个城市扩展为十个大城市，1956年，职工生活费用指数的地理范围进一步扩大，全国的省会城市被全部纳入职工生活费用指数编制的统计范围。1957年，除职工生活费用指数之外，商业部物价局又开始编制全国性的城市零售物价指数，并将新编制的零售物价指数和原来的职工生活费用指数进行合并处理，编制出了新的、更为全面的职工生活费用指数。80年代以前，职工生活费用指数只能用来衡量城市居民生活成本的变动，而并未包含中国广大农村地区农民群体生活成本的变化，因此这一指数并不能真正反映全国人民生活费用的变化情况。针对这一问题，统计部门于80年代中期对职工生活费用指数的统计对象又进行了扩展，由原来仅包括城市居民扩展为既包括城市居民又包括农村居民。此外，基于当时价格双轨制的现实，按照牌价、议价以及市价分别编制职工生活费用指数，并将这些指数汇总，编制全国城乡居民生活费用总指数。90年代，国家统计局对物价指数编制体系进行了进一步的完善。具体而言，1990年年初开始着手进行生活费用指数以及零售价格指数的编制。国家统计局于1994年按照中央物价指数统计改革的相关指示，对我国的物价指数编制体系进行了重大变革，不再编制和发布职工生活费用指数，取而代之的是开始编制和发布居民消费价格指数与商品零售价格指数。不过值得一提的是，这一时期在价格指数体系之中，商品零售价格指数占据主导地位，是政府进行宏观决策的主要参考指标，而居民消费价格指数只是作为价格指数体系之中的从属性指标。

随着中国经济的飞速增长，第三产业产值占GDP的比重快速上升，由改革开放初期的23.9%上升至2015年的50.5%，这意味着服务业项目的价格对于生活总费用的影响越来越不容忽视。但商品零售价格指数编制过程中所选取的代表性商品，并未涵盖服务项目，这不可避免地导致该指数在衡量全社会商品价格变动方面存在明显的偏差。而居民消费价格指数的统计范围既包括居民购买的消费品，也涵盖了服务项目，因此能更全面准确地反映全体居民生活费用的变化。在这一背景下，自1997年开始，国家统计局、国家发展和改革委员会等相关部门着手对中国物价指数编制进行重大改革，并决定自2000年开始，CPI将取代商品零售价格指数，成为中国的主要价格指数。2001年，为了进一步与国际接轨，国家统计局通过吸收和借鉴国际上价格指数编制的先进方法，对中国CPI编制所选取的消费篮子涵盖的消费品与服务项目、子类权重、支出权重更新频率等CPI编制的关键因素进行了重大调整。2002年，中国正式加入由IMF倡导建立的，旨在规范各成员国政府统计数据编制和公布的系统——数据公布通用系统，这意味着中国CPI的编制与公布更加符合国际规范，进一步与国际接轨。

二　中国CPI的测度目标

美国著名统计学家拉格纳·弗里希指出，价格指数编制不仅是统计问题，同时也是理论问题[①]。作为宏观经济调控的重要决策指标，CPI的编制过程涉及一系列的理论与技术问题。而编制CPI的目的，即CPI的测度目标是首先需要明确的重大问题，测度目标的不同会导致CPI编制过程中一系列环节的差异。总体而言，CPI的测度目标可以归纳为三类。

其一，编制CPI将其作为补偿指数。实际上，编制CPI最初的目的是对生活费用变动和消费品及服务项目价格变动进行补偿，即相关部门通过CPI指数对工资、税收等流量指标以及某些资产和债务等存量指标进行调整，以补偿生活费用变动和消费品及服务项目价格变动给人们福利水平带来的不利影响。

其二，编制CPI用以测度总体通胀水平。通货膨胀是指物价水平普遍和持续的上涨。CPI指标能够度量居民消费品和服务项目价

---

① Frisch, R., "Annual Survey of General Economic Theory: The Problem of Index Numbers", *Econometrica*, Vol. 4, No. 1, 1936, pp. 1–38.

格水平的变动，可以提供住户部门的通货膨胀信息，并可用于社会总体通货膨胀水平的测度。

其三，编制 CPI 将其作为一个缩减指数。在国民经济核算的过程中，为了提高核算的准确程度，往往需要剔除价格变动的干扰，测算出以不变价衡量的经济增加值。CPI 及其分类指数可以用来对住户部门的名义最终消费值进行缩减，得到住户部门的以不变价表示的最终真实消费值。

为保证国民经济核算的一致性，需要采用帕氏指数编制缩减指数，但 CPI 是采用拉氏指数编制出来的，因此尽管理论上存在三种 CPI 测度目标，但在实际的 CPI 编制过程中，通常不考虑第三种目标，而是聚焦于前两个目标。

在世界各国的统计实践中，有些国家的统计部门明确了本国的 CPI 测度目标，譬如美国、瑞典以及荷兰等国明确指出本国编制的 CPI 主要用于测度居民生活成本的变化，而澳大利亚的统计机构明确指出其编制的 CPI 主要用于测度总体通胀水平；但另外一些国家并未明确说明 CPI 的测度目标。当前，我国的统计部门并未明确 CPI 的测度目标，导致我国的 CPI 是多种测度目标折中的结果。这就使得我国现行 CPI 既不能完全适用于居民生活费用变化之衡量，也无法完全适用于总体通胀水平的准确测度。从央行货币政策的制定与实施来看，其主要关注的是 CPI 的总体通胀水平测度功能。但我国 CPI 的编制长期在衡量生活成本变化与测度总体通胀水平两个目标之间反复摇摆，致使其在总体通货膨胀测度方面存在明显偏差，而这种偏差会误导货币政策的制定与施行，影响货币政策物价稳定目标的实现。

三　中国 CPI 的编制程序

现阶段中国 CPI 的编制遵循以样本推断总体的总原则，采用抽样调查和重点调查相结合的方式获取样本数据。具体的编制程序可以分为五个基本步骤，分别是价格调查地区与调查点的确定、代表性商品的选择、代表性商品价格数据的收集和整理、代表性商品权重的确定、CPI 的计算。

（一）价格调查地区与调查点的确定

由于中国幅员辽阔，各地区经济发展水平不尽相同，各地的同类商品价格也存在一定的差异性，要编制准确反映居民生活成本与总体价格水平的 CPI，需要合理确定商品以及服务项目价格调查地区和价格调查点。现阶段中国在编制 CPI 的过程中，价格调查地区和调查点的确定采用分层抽样的方法，一方面涵盖了所有省市主要的消费品市场；另一方面主要选择那些商品种类多样、规格齐全、销售金额较大的消费品市场，以符合全面性和代表性并重的原则。

（二）代表性商品的选择

现阶段可供居民进行消费的商品与服务项目种类繁多，而将所有的商品价格都纳入 CPI 指数的编制过程显然是不现实的，因此需要选择进入消费篮子的代表性商品。现阶段中国统计部门编制 CPI 时，代表性商品的选择一方面是基于对 5.6 万户城市居民和 6.8 万户农村居民消费支出构成的调查，另一方面还考虑了商品的消费量以及商品价格变动的影响力。

（三）代表性商品价格数据的收集和整理

代表性商品价格数据是否真实准确直接关系到编制出的 CPI 的真实性和准确性。为了保证进入消费篮子中的代表性商品价格数据的真实性，统计部门在进行价格数据采集时需要遵守两个基本准则：第一，直接采价原则。所有代表性商品的价格数据都必须是统计部门价格调查人员在消费品市场采集到的第一手价格数据，在直接采价的过程中，需要采用定点、定时和定人的原则。第二，同质可比原则。价格调查人员在不同时点得到的代表性商品价格数据，需要确保代表性商品在规格、类型以及品质方面的同一性，从而确保编制的价格指数具有可比性。

（四）代表性商品权重的确定

消费篮子中各代表商品的消费支出在居民总消费支出中的比例不尽相同，因此不能将这些代表性商品的价格进行简单的算术平均得到 CPI 数据，而是必须根据各代表性商品的重要程度即权重进行测算，即运用加权平均的方法由代表性商品的价格数据得到 CPI 数据。具体而言，某类商品的消费支出在居民消费总支出中的比重越大，则在 CPI 中的权重就越大；反之则反是。现阶段在我国 CPI 编制的过程中，各代表性商品的权重主要是根据对 5.6 万户城市居民和 6.8 万户农村居民消费支出构成的调查来确定。此外，伴随着中国经济的快速发展，居民的消费结构在不断发生改变，从而导致同类商品的消费支出在居民消费总支出中的比例也在快速发生变化。因此，CPI 中各子项的权重需要及时调整，从而更加及时地反映居民消费结构的改变，使 CPI 指数得以更加准确地反映居民生活成本的变化和总体价格水平的变动。

（五）CPI 的计算

在完成价格调查地区与调查点的确定、代表性商品的选择、代表性商品价格数据的收集和整理、代表性商品权重的确定这四个步骤之后，便可着手进行 CPI 的最终计算。CPI 的最终计算是按照单项商品与服务价格、小类价格指数、中类价格指数、大类价格指数、价格总指数的计算顺序逐层推进的。CPI 的最终计算所采取的方法是固定加权算术平均法，也就是说将各分类价格指数汇总为价格总指数时，各分类指数的权重保持相对固定。

四 CPI 指标测度通胀水平存在偏差

通过吸收和借鉴发达国家编制 CPI 的先进经验以及结合中国的实际情况对编制方法进行进一步调整优化，中国现行的 CPI 能够相对准确地衡量总体通胀水平，并为相关部门进行宏观经济管理和调控提供参考。但不可否认，中国目前的 CPI 指标在通货膨胀测度方面依然存在一定的缺陷，还有进一步完善的空间。针对中国 CPI 所存在的问题与缺陷，许多文献进行了探讨。譬如，王军平[1]认为中国CPI编制过程中关于自有住房消费的度量方法存在缺陷，目前的CPI编制体系并未考虑因住房价格上涨而带动的居住类价格指数的上升，却统计了由于住房价格上涨产生的挤出效应所导致的某些消费品及服务的价格下降，致使CPI官方统计结果与实际不符，也和居民的实际感受相背离。高艳云[2]指出在中国CPI的编制过程中，价格指数的权重更新较慢，各子类权重以及消费篮子的代表性方面存在不足，编制的价格指数缺乏季节性调整，此外也缺乏对发生质量变化的产品进行调整的技术。这些研究对于理解中国CPI编制体系所存在的问题具有相当重要的参考价值，但这些研究大多数都是从统计技术角度出发的。诚如Frisch[3]所指出的，价格指数的构造与编制既是一个统计技术问题，也是一个经济理论问题。基于已有研究，本书结合CPI的测度目标，剖析CPI在通货膨胀测度方面所存在的缺陷。

如前文所述，可以将CPI测度目标主要归纳为两个：其一，衡量总体通胀水平，为货币当局实现物价稳定提供决策依据；其二，充当补偿指数，用以调整工资、税收、利息、租金、社会保障福利、合同付款等，以补偿生活费用或消费品价格的变动。在具体的统计实践过程中，我国的统计部门并未明确CPI的测度目标。因此，我国的CPI是多种测度目标折中的结果，致使CPI在测度通货膨胀和补偿生活费用变动两个方面都存在一定程度的偏差。其中，CPI在通货膨胀测度方面的偏差更为明显，且更为社会各界所关注。总体而言，CPI的通货膨胀测度偏差可以主要归纳为以下几个方面。

---

[1] 王军平：《住房价格上涨对CPI的传导效应——兼论我国CPI编制体系的缺陷》，《经济学家》2006年第6期。

[2] 高艳云：《CPI编制及公布的国际比较》，《统计研究》2009年第9期。

[3] Frisch, R., "Annual Survey of General Economic Theory: The Problem of Index Numbers", *Econometrica*, Vol. 4, No. 1, 1936, pp. 1-38.

其一，CPI 编制过程中自有住房费用处理方法不尽合理。我国 CPI 编制过程中所采用的自有住房费用核算方案主要基于 SNA（1993）。按照 SNA（1993），居民新购买的住房属于资本品，从而与此相关的支出皆属于投资支出，不应体现在 CPI 之中。因此，我国目前 CPI 体系中对自有住房的处理方法是虚拟租金法，只包括虚拟折旧、修理维护费和管理费。实际上，关于自有住房属于资本品抑或耐用消费品，或者是二者的结合，理论界与实践界并未达成一致。因此，对于在 CPI 中如何处理自有住房费用并不存在统一的国际惯例。不同国家的统计机构对 CPI 中是否包括自有住房，以及在考虑自有住房费用的情形下如何处理这种费用，呈现多元化格局。此外，同一国家和地区在自有住房相关费用的处理方法上也并不是一成不变的，不同时期的市场条件和政策需求可能导致不同的方法偏好①。

从理论上探讨 CPI 编制中自有住房费用的处理，需要回到 CPI 测度目标上来。在 CPI 编制中，不同的测度目标会导致不同的自有住房费用测度方法。因此，从某种程度上讲，CPI 编制中对自有住房采取何种处理方法关键取决于统计部门的政策取向。对于一国货币当局而言，商品，特别是耐用消费品的实际消费或者使用时间并不重要；从货币政策调控来讲，货币当局对于消费价格指数是否能够"实时"记录价格变动过程以及程度更为关注。换言之，商品以及服务实际交易时的价格水平高低以及变动趋势才是货币当局所关注的焦点问题。因此，从理论上看，如果 CPI 这一指标主要用于通货膨胀测度，应该采用"净购置法"将自有住房价格变动纳入编制过程。而当 CPI 主要用于衡量居民生活费用的变动，且该国处于房地产价格相对稳定、自有住房人口比例相对稳定的状态时，则只需将使用自有住房所产生的费用纳入 CPI 编制，具体而言可以选择等值租金法或者消费成本法。具体到中国的实际情况，伴随着经济的

---

① 徐强：《CPI 编制中的几个基本问题探析》，《统计研究》2007 年第 8 期。

持续高速增长，中国的房地产市场处于快速发展过程中，中国的自有住房比率不断提高，早在2011年就已超过了80%，这一比例甚至高于包括美国、德国在内的绝大多数发达国家。但中国的CPI中自有住房费用所占权重却显著低于将自有住房费用纳入CPI的绝大多数发达国家。在自有住房比率很高但CPI中自有住房费用权重很低的情况下，房地产价格上涨通过自有住房费用向CPI传导的渠道并不通畅，传导效应显著下降，从而导致CPI的通货膨胀测度功能受到较为严重的限制[1]。近年来，中国的房地产价格呈现持续上涨态势，由虚拟折旧、修理维护费以及虚拟租金等相对稳定的费用指标作为居住类费用测算出的CPI显然会与普通民众实际感受到的通胀压力相背离，也会对消费者的实际收入和福利水平产生高估效应。这一方面会对央行治理通货膨胀货币政策的制定与实施产生误导，另一方面也难以为社会保障部门制定经济补偿政策提供可靠的数据支撑，从而难以实现政府的政策初衷。

其二，CPI编制中的权重更新速度慢。当前，中国CPI编制过程中，一般每五年对CPI各子成分权重进行一次大调整，这种更新速度一方面慢于世界很多其他国家，另一方面也与现阶段中国居民实际消费结构调整速度不相匹配。美国自1996年《Boskin委员会报告》发布之后，深刻意识到及时更新权重对于降低CPI通胀测度偏差的重要性，从而于1998年决定从2002年1月起每两年对CPI中各子项权重进行一次更新；英国、法国每年更新一次权重，加拿大每四年更新一次权重。由于权重反映的是居民消费结构，当经济发展到一定阶段以后，居民消费结构一般趋于稳定；但对于经济高速增长的发展经济体而言，居民的消费结构变化速度相当快。根据英国统计局网站提供的信息，1998年英国居民食品支出在居民总消费支出中的比重为14.4%，2009年这一比重为11.8%，12年间这一比

---

[1] 陈立双、祝丹：《中国CPI编制方法面临的问题及进一步改革的若干设想》，《财贸经济》2014年第12期。

重仅下降了 2.6%。而对于处在经济持续高速增长过程中的中国而言，居民消费结构的变化相比于发达国家而言要快得多。以城市居民的恩格尔系数值为例，1996—2007 年这一系数值由 46.64% 下降至 32.00%，下降幅度高达 14.64%。相比之下，英国居民的消费结构相对稳定，而其 CPI 权重的调整频率为每年一次；中国居民消费结构的变化很快，而 CPI 权重更新的周期长达 5 年，因此编制出的 CPI 存在通货膨胀测度偏差具有一定的必然性。

第二节　盯住 CPI 难以真正实现价格稳定

一　盯住 CPI 货币政策框架的由来

在市场经济体制下，货币政策是最重要的宏观经济政策，国家对经济的宏观调控主要是通过货币政策来实现的[1]。货币政策框架是中央银行制定和实施货币政策、进行宏观金融调控的制度性基础，决定了货币政策实施的效果。货币政策框架是运用货币政策工具，借助于货币政策传导机制以最终实现调控目标的基本架构。完整的货币政策框架是一个动态系统，一般包括货币政策目标、工具、实施规则以及货币政策传导机制四大部分。其中，货币政策要解决什么问题，以何为"锚"，即货币政策目标是什么，是货币政策框架的核心与关键所在[2]。

在黄金、白银等贵金属充当本位货币的时代，各个国家的货币当局缺乏自由运用货币政策进行宏观经济调控的基础与手段。只有当各国进入信用货币时代之后，各国的货币当局才有可能通过调整和改变货币供应量、利率水平的方式调节宏观经济运行，从而产生真正意义上的货币政策。自 1929—1933 年的经济大萧条促使货币政

---

[1]　范从来：《中国货币政策目标的重新定位》，《经济学家》2010 年第 7 期。
[2]　张晓慧：《中国货币政策》，中国金融出版社 2012 年版，第 1 页。

策成为主要的需求管理工具以来，全球主要经济体的货币政策框架经历了一个相当复杂的演变过程。20世纪80年代以前，各国货币政策框架的基本特征可以概括为"多重目标、多元手段"。这个阶段的货币政策普遍被赋予追求多重目标的职责，除了稳定物价，还包括提升就业水平、刺激经济增长。譬如，20世纪70年代美国中央银行货币政策目标包括抑制通货膨胀与通货紧缩，保持可持续的高就业、经济增长以及消费水平的不断提高；而同时期英国中央银行的货币政策目标包括低失业率、高增长率、低通货膨胀率以及汇率相对稳定等；而对于经济欠发达的国家来说，货币政策需要实现的目标就更多了。从货币政策调控手段来看，由于这一时期金融发展程度还比较低，金融产品的种类较少，货币供应量的统计相对容易且具有较高的准确度。因此，中央银行在运用利率工具进行政策调控的同时，更为重视货币供应量以及信贷量等数量型指标，十分注重发挥数量型工具的调控作用。

20世纪70年代主要经济体出现了严重的滞胀问题，宏观经济运行在持续高通货膨胀率的同时，伴随着经济的缓慢增长甚至停滞。菲利普斯曲线理论所主张的经济增长与通货膨胀之间的替代关系消失，许多国家与地区试图依赖宽松货币政策刺激经济增长的政策意图并未实现。这引发了理论界对于传统的"多目标、多工具"货币政策框架的深刻反思。在这一过程中，货币政策应将稳定物价作为主要目标的理念得到强化，社会各界逐渐意识到维持物价水平的基本稳定才能最大限度地为经济持续发展创造适宜的环境。此外，由于货币政策对于宏观经济稳定运行具有十分重要的影响，一旦失误可能会给国民经济运行造成巨大的负面冲击。相机抉择型的货币政策尽管具有较大的操作灵活性，但是有可能造成货币政策的短视和机会主义行为，也不利于经济主体预期的稳定性，从而影响货币政策调控的效果。因此，货币政策的规则性和透明度问题也日益受到各方的重视。如何在不确定性的环境下设计出最优的、时间一致的、前瞻的、稳健的货币政策规则，约束与规范中央银行的政策行为并合理引导和稳定市场预期，成为学术界和应用界共同关注的焦点①。从20世纪80年代开始，全球主要经济体的货币政策框架发生明显改变。以"多目标、多工具"为主要特征的传统货币政策框架逐步被"单一目标、单一工具"的新型货币政策框架所取代，其中，单一目标是指CPI稳定，而单一工具是指短期利率。通过政策利率的调控将以CPI衡量的价格水平稳定在目标水平成为许多国家和地区的中央银行的主流选择。社会各界普遍认为以稳定CPI通货膨胀为主要目标的新型货币政策框架，有利于增强货币政策的独立性和透明度，从而更有效地缓解动态不一致问题对货币政策稳定性带来的负面冲击。20世纪90年代之后，全球主要经济体的产出和CPI通货膨胀的波动性明显下降，全球经济在较长时期内保持"高增长、低通胀"的良好态势，呈现出"大缓和"的特征，这无疑进一步增强了人们对"单一目标、单一工具"货币政策框架的信心。然而，突如其来的美国次贷危机以及随后爆发的百年一遇的国际金融危机，彻底颠覆了人们以往对货币政策框架特征所形成的基本研判，也引发了社会各界对现有以CPI通货膨胀为主要目标甚至唯一目标的货币政策框架所存在的问题和缺陷的深刻与系统的反思。

二 以CPI通胀率为主要目标的货币政策框架存在缺陷

尽管自20世纪90年代开始，盯住CPI通货膨胀的货币政策框架可能存在缺陷与问题这一情况逐渐引起了各方的关注，也有许多研究提出应该将资产价格纳入货币政策的调控目标体系，但直到2008年国际金融危机爆发之前，盯住CPI通货膨胀、仅调控政策利率的"单一目标（CPI）和单一工具（短期利率）"货币政策框架仍然被各国货币当局奉为圭臬。主流观点倾向于不应将资产价格作为货币政策的调控目标。

譬如，以曾任美联储主席的格林斯潘为代表的经济学家与中央

---

① 卞志村：《转型期货币政策规则研究》，人民出版社2006年版，第8页。

银行家们认为资产价格不应成为货币政策的调控目标，货币政策仅需盯住 CPI 衡量的通货膨胀。他们认为资产价格波动的原因复杂多样，且在很大程度上与人类的"动物精神"有很大关联，从而中央银行难以准确判定资产价格的合理价值，也无法准确区分引起资产价格波动的基本面因素和非基本面因素。因此，也就无法准确预测和判定资产价格是否存在泡沫，将资产价格纳入货币政策目标体系，可能不仅难以有效稳定资产价格，还会增加货币政策实施的难度，影响货币政策调控物价水平的效果。此外，货币政策工具也并非应对资产价格泡沫的有效工具。面对资产价格膨胀，货币当局小幅度提升利率不但不能有效消除资产价格泡沫，反而可能导致资产价格泡沫的进一步膨胀；而大幅度提高利率尽管可以成功刺破资产泡沫，但又很可能会引发严重的经济衰退。因此，即使货币当局能够有效识别资产价格泡沫，货币政策调控资产价格的效果也极为有限。因此，面对资产价格波动，中央银行的占优选择是"事后救助"（mop up after strategy），即货币政策事前不对资产价格上涨进行干预，而是当资产价格泡沫破裂之后实施宽松的货币政策，释放充足的流动性，缓解资产价格泡沫破裂对经济运行造成的负面冲击，从而稳定金融与经济体系。

此外，也有研究文献提出"仅在资产价格波动影响了央行对于中期通货膨胀的预期的条件下，货币政策才应关注资产价格波动"的观点[①]。持这种观点的经济学家以美国著名经济学家伯南克为典型代表。这种观点尽管主张不应对资产价格波动"善意忽视"，但其出发点和落脚点都在于资产价格波动中所蕴含的未来通货膨胀信息，而并非资产价格波动本身。因此，从本质上来说，这种观点还是将资产价格与通货膨胀相分离，并未将资产价格变动视作币值的改变。在这种观点的主导下，即使资产价格变动改变了中央银行对于通货

---

① Bernanke, B., and M. Gertler, "Monetary Policy and Asset Price Volatility", *Federal Reserve Bank of Kansas City Economic Review*, Vol. 84, No. 4, 1999, pp. 17–52.

膨胀的预期，货币政策也不会对资产价格波动本身做出反应，而是基于弹性通货膨胀目标制框架，对已然发生变化的通货膨胀预期进行反应。

2008年爆发的国际金融危机对全球经济造成了巨大的负面冲击，再次向人们警示了资产价格波动对于金融、经济稳定的重大影响，也提示人们需要对传统的以CPI为主要目标的货币政策框架可能存在的缺陷进行深刻反思。对传统的"单一目标、单一工具"货币政策框架所存在的问题和缺陷进行剖析需要置于经济全球化加速推进与金融业快速发展的时代背景下。20世纪90年代以来，在经济全球化加速推进的大背景下，由于产品、劳务以及信息在各国之间转移成本的大幅度下降，分工得以进一步细化，生产过程发生显著改变，生产效率大幅度提升；市场空间得以拓展，各类资源可以在全球范围内快速整合与配置，规模经济效应得以强化，生产成本降低；此外加上具有低成本优势的新兴经济体的开放程度持续提升，积极融入全球市场，全球制造业生产成本进一步降低。在这些因素的共同作用之下，全球生产与供给能力，特别是全球工业生产与供给能力得以显著增强，使全球市场的供求格局发生深刻改变，抑制了一般消费品价格水平的上涨[①]。与此同时，全球生产能力的大幅度扩张以及新兴经济体快速融入全球市场也导致了对于初级产品和资产需求的大幅度增加。由于供给弹性有限，在需求快速增长的条件下，初级产品与资产的价格极易出现快速上涨的态势。这种"两部门"现象使得现阶段通货膨胀的生成机理和表现形式发生显著变化，结构性价格上涨已成为通货膨胀的主要表现形式。具体表现为：一方面，在全球经济保持中高速增长的同时，总体上CPI衡量的通胀率在较长时期内维持较低水平；另一方面，资产以及初级产品价格的波动明显增强。CPI衡量的通胀率相对稳定与资产价格频繁波动

---

① Chen, N., J. M. Imbs, and A. Scott, "Competion, Globalization, and the Decline of Inflation", CEPR Disscussion Paper, No. 4695, 2004.

长期并存、实体经济部门与金融部门价格运行出现明显分化背离的现象，成为全球经济运行过程中的典型性事实。对于中国而言，长期存在的资产短缺又进一步加剧了中国结构性通货膨胀的程度。CPI 衡量的通胀率相对稳定与资产价格频繁波动长期并存，资产价格上涨向消费物价的传导效应显著下降，加之 CPI 所涵盖的内容在整个经济体系中的代表性不断降低，致使货币当局锚定的 CPI 在衡量总体价格水平上的准确性呈现下降趋势。

金融与经济运行失衡的信号最初并非由 CPI 指标所显现，CPI 指标在衡量经济周期变化方面存在明显的滞后性。审视我国 2003—2008 年经济金融运行态势可以发现，伴随着全球经济的高速增长，CPI 一直保持总体稳定，而资产和初级产品价格却持续上涨，通货膨胀呈现显著的结构性特征。而当美国次贷危机爆发、实体经济出现下行趋势时，CPI 却出现明显上涨，宏观经济运行显现滞胀的迹象。在观测到 CPI 衡量的通货膨胀水平出现明显上升时，各国央行普遍采取了紧缩性的货币政策以稳定物价水平，这在一定程度上加速了金融资产泡沫的破裂。基于以上分析，可以发现在全球化与金融加速发展的大背景下，全球通货膨胀的形成机理与表现形式已发生显著变化，呈现出以下几个突出特点：其一，资产价格波动与 CPI 通货膨胀相对稳定长期并存，实体经济部门与金融部门价格运行出现明显分化背离，结构性通货膨胀已成为通货膨胀的主要表现形式，CPI 测度总体通胀水平的准确性明显下降；其二，金融投机引发的初级产品价格波动成为 CPI 波动的重要原因；其三，当观测到 CPI 出现明显上涨时，往往已经处于金融泡沫破裂的前夜，CPI 指标在衡量经济周期变化方面存在较为明显的滞后性。

诚然，以 CPI 为主要甚至唯一目标的货币政策框架有助于提升货币政策实施的规则性和透明度，从而在一定程度上减轻与缓解动态不一致问题带来的负面冲击，但当 CPI 指标本身存在偏差或问题时，盯住 CPI 的货币政策则可能造成系统性的潜在风险[①]。如前所述，由于经济全球化、金融发展与金融资产膨胀等系列因素的共同影响，通货膨胀形成机理已然发生深刻变化，资产价格变动向通货膨胀的传导效应显著下降，结构性通胀已经成为通货膨胀的主要表现形式，致使 CPI 指标在总体通货膨胀水平测度方面存在明显偏差。货币当局若继续采用 CPI 作为主要的通胀指标实施金融宏观调控，可能无法真正控制总体通胀水平，反而可能将通胀的压力从实体经济领域驱赶至虚拟经济领域，在一定程度上会纵容资产与金融泡沫，加剧金融失衡，累积金融风险，威胁长期物价稳定。

  金融宏观调控效果的改善有赖于货币政策框架的发展与完善。由于我国现阶段仍处于经济社会快速转型的过程中，结构性矛盾较为突出，货币政策目标有其特殊之处。在今后相当长的时期内，我国货币政策调控仍然需要在价格稳定、经济增长、充分就业、国际收支平衡、金融改革等目标之间进行权衡和协调。但维持价格稳定在金融宏观调控目标体系中的地位将更加突出。与以往盯住 CPI 通货膨胀不同的是，当前以及今后的货币政策调控将更加关注更广泛意义上的整体价格水平稳定，更多关注诸如资产价格、大宗商品价格水平、信贷扩张等可能显著影响价格和金融体系稳定的变化因素。鉴于此，本书基于我国长期存在的消费物价与资产价格结构性上涨的典型性事实，剖析 CPI 在衡量总体价格水平方面存在的偏差，讨论盯住 CPI 的货币政策可能造成的系统性潜在风险。在此基础上，本书系统梳理已有广义价格指数的经典编制方法，结合中国价格体系运行特征，综合运用贝叶斯动态因子模型和向量自回归模型等系列计量方法编制符合中国实际的广义价格指数，为

---

  ① 周小川：《新世纪以来中国货币政策主要特点》，《中国金融》2013 年第 2 期。张晓慧：《货币政策框架的前世今生》，载陈元和黄益平主编《中国金融四十人看四十年》，中信出版集团 2018 年版，第 295—315 页。

新时代中国货币政策调控提供有效的通胀"锚"。此外，本书比较分析了广义价格指数与居民消费价格指数在动态特征方面的差异；从广义价格指数通货膨胀预测、"稳物价"与"平周期"协同以及货币政策中介目标选择三大方面分析广义价格指数在货币政策调控中的应用价值。

第 三 章

广义价格指数的编制

　　CPI 在测度真实通货膨胀水平方面的准确性下降，一方面引发了社会各界对于现行物价指数体系的诸多质疑，另一方面也削弱了央行稳定物价货币政策的实施效果。本书认为央行货币政策实施的通胀"锚"亟须修正。央行货币政策的实施不应仅仅盯住 CPI 衡量的通货膨胀，还应努力稳定纳入资产价格的广义价格指数衡量的通货膨胀。编制更为准确地衡量真实通货膨胀水平的广义价格指数具有迫切性。本章运用贝叶斯动态因子指数方法编制广义价格指数。

第一节　广义价格指数编制方法的选择

　　自从 Alchian 和 Klein[①] 开创性地提出应该编制广义价格指数以来，研究者们进行了多方面的探索，提出了多种编制广义价格指数的方法。由于资产价格的变动原因、影响等方面的复杂性，以及各价格指数序列变动在很多时候并不是同步、同量和同向的，广义价格指数的编制具有较大的难度。已有的编制方法各有其优缺点，基

---

① Alchian, A. A., and B. Klein, "On a Correct Measure of Inflation", *Journal of Money Credit and Banking*, Vol. 5, No. 1, 1973, pp. 173 – 191.

于不同的问题需要选择不同的物价指数,并不存在唯一正确、处处适用的物价指数。总体而言,目前已有的广义价格指数编制方法可分为以下三种。

一 跨期生活成本指数

Alchian 和 Klein 认为在通货膨胀测度中被广泛采用的居民消费价格指数并不能准确反映真实的总体通胀水平。他们认为消费者进行消费决策主要是基于对未来收入的预期,故消费者不仅关心当期的价格水平状况,也会关心未来的价格水平。从理论上说,物价指数的编制需要遵循跨期传统,既要包括当前消费价格也需包括未来消费价格。由此,他们认为正确的通货膨胀测度指数应该是同时包含当期商品与服务和未来商品与服务价格水平的跨期生活成本指数,这样能够测度出消费者整个生命周期的生活成本。

具体而言,Alchian 和 Klein 首先定义了一个同时涵盖当期消费品及服务项目和未来消费品及服务项目的商品篮子:

$$C_t = \{(C_{1,t}, C_{2,t}, \cdots, C_{n-1,t}, C_{n,t}), \cdots, (C_{1,T}, C_{2,T}, \cdots, C_{n-1,T}, C_{n,T})\} \quad (3-1)$$

其中,T 表示生命周期的长度,因此在 t 时期的跨期生活成本指数 p_t^k 可以表示为:

$$p_t^k = \frac{\sum_{j=1}^{T}(\sum_{i=1}^{N} P_{i,t+j} C_{i,t+j}^0)}{\sum_{j=1}^{T}(\sum_{i=1}^{N} P_{i,t+j}^0 C_{i,t+j}^0)} = \frac{\sum_{j=0}^{N}(P_{t+j} C_{t+j}^0)}{\sum_{j=0}^{T}(P_{t+j}^0 C_{t+j}^0)} \quad (3-2)$$

公式(3-2)中的分母代表在基期购买整个生命周期消费篮子所需花费的成本,而分子代表在当期购买同样的消费篮子所需付出的成本。这一新的价格指数与传统的居民消费价格指数最为关键的不同点在于,新价格指数的消费篮子包含了未来的消费与服务,具有动态指数的性质。这一新的指数具有良好的理论基础,但是未来消费与服务的价格在当期难以观测,因此难以操作。资产是长期提供消费服务流和货币流的"商品",故资产价格提供了未来消费的当前索取权的价格信息。因此,Alchian 和 Klein 认为资产价格可以作为未来消费与服务的近似替代。Pollak[①] 将跨期生活成本指数的计算公式概括为:

$$\pi_t^k = \alpha \pi_t + (1 - \alpha) \pi_t^{AP} \qquad (3-3)$$

其中,π_t 是以居民消费价格指数测度的传统通胀率,而 π_t^{AP} 代表资产价格的膨胀率。α 等于当期消费占整个生命周期消费的比率。

二 动态均衡价格指数

Shibuya[②] 对 Alchian 和 Klein 提出的跨期生活成本指数进行了进一步的修正,提出了动态均衡价格指数。具体而言,Shibuya 在 Alchian 和 Klein 研究的基础上,用单个商品跨期柯布-道格拉斯效用函数替代一般的效用函数,将跨期生活成本指数具体表达为:

$$p_t^k = \prod_{t=0}^{n} \left(\frac{p_t^T}{p_t^S}\right)^{\alpha_t} \qquad (3-4)$$

公式(3-4)表明,跨期生活成本的变化可以表示为当前和未来价格水平变化 $\left(\frac{p_t^T}{p_t^S}\right)$ 的几何加权平均。经过 Shibuya 修正的跨期生活成本指数,同样面临着未来价格水平在当期难以观测的难题。为了解决这一难题,Shibuya 引入资产市场套利均衡条件,将 $p_t^k = \prod_{t=0}^{n} \left(\frac{p_t^T}{p_t^S}\right)^{\alpha_t}$ 改写为:

$$p_t^k = \prod_{t=0}^{n} \left(\frac{p_t^T}{p_t^S}\right)^{\alpha_t} = \left(\frac{p_0^T}{p_0^S}\right)^{\alpha_0} \prod_{t=1}^{n} \left(\frac{q_0^T}{q_0^S}\right)^{\alpha_t} \qquad (3-5)$$

---

① Pollak, R. A., "Subindexes in the Cost of Living Index", *International Economic Review*, Vol. 16, No. 1, 1975, pp. 135 – 150.

② Shibuya, H., "Dynamic Equilibrium Price Index: Asset Price and Inflation", *Bank of Japan Monetary and Economic Studies*, Vol. 10, No. 1, 1992, pp. 95 – 109.

其中，q_0 代表资产价格。由 $\sum_0^n \alpha_t = 1$，可得：

$$p_t^k = \left(\frac{p_0^T}{p_0^S}\right)^{\alpha_0} \left(\frac{q_0^T}{q_0^S}\right)^{1-\alpha_0} \qquad (3-6)$$

其中，$\alpha_0 = 1/\sum_{s=0}^n (1+\rho)^{-s}$，而 ρ 代表主观贴现率，当 $n \to \infty$，$\alpha_0 = \rho/1+\rho$。公式（3-6）即为 Shibuya 构造的动态均衡价格指数，实质上为传统居民消费价格指数和资产价格指数的几何加权平均，权重取决于 ρ 值。Shibuya 采用方程 $\rho = f - \delta - z - g$ 来估算 ρ 值，其中 f 为资本的真实回报，δ 为资产折旧率，z 为劳动增长率，g 为技术进步增长率。采用日本的相关数据，Shibuya 估算出了日本的 ρ 值约为 3%，直观的经济学含义是，忽略随时间的消费变化，主观贴现率为 3%，则当期消费在一生中的消费权重仅约为 3%，而资产表征的未来消费权重约 97%。

三 动态因子指数

Bryan 等[1]运用动态因子指数方法，将资产价格纳入通货膨胀测度，并构建了美国的纳入资产价格的广义通货膨胀指标。

动态因子指数的思想最早可以追溯到 Burns 和 Mitchell[2]关于经济周期测度的经典研究。按照他们的理论观点，虽然影响经济波动的变量复杂多样，但可以选择一个最为关键且最具代表性的宏观经济变量，譬如 GNP 指标，通过对这个指标的分析和预测来判定经济的波动性。单独的宏观经济变量只能衡量经济运行总体态势的某个重要方面，而无法全面测度其总体状况，因此，Burns 和 Mitchell 的观点有失偏颇。但不可否认，这一思想具有重大价值，对后续的研

---

[1] Bryan, Michael F., Stephen G. Cecchetti, and Roisin O'Sullivan, "Asset Prices in the Measurement of Inflation", *De Economist*, Vol. 149, No. 4, 2001, pp. 405-431.

[2] Burns, A. F., and W. C. Mitchell, "Measuring Business Cycle", NBER Working Paper, 1946.

究具有重要的启发意义。基于 Burns 和 Mitchell 的思想，可以提炼出"宏观经济运行中许多变量包含单一的不可观测的共同趋势变量"这一重要的理论观点，这为后续动态因子方法的产生和发展奠定了重要的理论基础。

基于 Burns 和 Mitchell 的思想，Stock 和 Watson[①]认为众多纷繁复杂的宏观经济变量中存在一个不可观测的共同因子主导这些变量的共同变动，影响着经济周期的变动，他们构建了一个动态单因子模型来估计这一共同因子，并将其作为刻画经济周期变动的所谓"一致景气指数"，该模型也被称为动态因子指数模型（DFI 模型）。借鉴 Stock 和 Watson 的这一思想，Bryan 等[②]估计了美国的核心通货膨胀。Bryan 等[③]提出可以基于动态因子指数模型，把资产价格纳入通货膨胀测度，并构建了美国的纳入资产价格的广义通胀指标。具体而言，按照他们的思路，单一商品、服务和资产价格的通货膨胀由共同部分 π_t 和相对价格变动部分 χ_{it} 组成，总体通货膨胀水平是所有单一商品、服务及资产价格通货膨胀的加权平均。由是，整个经济的总体通货膨胀水平可以表示为共同部分和个别通货膨胀总加权部分的总和，其中 π_t 被称为动态因子指数，它是通货膨胀指标蕴含的共同趋势估计值。虽然 π_t 与 χ_{it} 两者间不存在自相关，但是 χ_{it} 会影响 π_t 的测度，分析资产价格在测度通货膨胀时所计入的权重，应取决于其对测度通货膨胀共同趋势 π_t 所提供的信息含量，因此确定广义价格指数各个组成部分权重的过程就是一个信息提取的过程。

应当承认，上述三种编制广义价格指数的经典方法各有其优劣

---

① Stock, J. H., and M. W. Watson, "A Probability Model of the Coincident Economic Indicators", in Lahiri, K., and G. Moore, eds., *Leading Economic Indicators*: *New Approaches and Forecasting Records*, Cambridge Univertity Press, 1991, pp. 63 – 85.

② Bryan, Michael F., and Stephen G. Cecchetti, "The Consumer Price Index as a Measure of Inflation", NBER Working Paper, No. 4505, 1993.

③ Bryan, Michael F., Stephen G. Cecchetti, and Roisin O'Sullivan, "Asset Prices in the Measurement of Inflation", *De Economist*, Vol. 149, No. 4, 2001, pp. 405 – 431.

之处。其中，跨期生活成本指数方法与动态均衡价格指数方法，具有相同的理论基础，皆是认为物价指数的编制需要遵循跨期传统，既要包括当前消费价格也需包括未来消费价格。由于未来消费的价格当前不可得，可将资产价格作为未来消费价格的近似替代。这使得两种方法编制出的价格指数本质上还是一种消费价格指数，用以衡量整个生命周期的生活成本。这两种广义价格指数编制方法最为突出的问题是，容易导致资产价格的权重过大，致使编制出来的价格指数波动性太大。

Bryan 等[①]所提出的动态因子指数法，在确定各成分价格指数在广义价格指数之中的权重时，主要是依据各成分价格指数对通货膨胀共同趋势的贡献程度。当某个成分价格指数蕴含了更高比重的共同趋势，则其在总体通货膨胀中的权重就更大，反之则反是。因此，动态因子指数方法是一种信息提取的统计方法，能够避免广义价格指数编制过程中资产权重过大以及由此带来的价格指数波动程度过大的弊端。

本书编制广义价格指数的主要目的是更准确地衡量总体价格水平，为货币政策实现更加广泛意义上的整体价格水平稳定提供决策参考。由于货币政策调控具有一定的时滞性，从货币当局运用政策工具进行调控开始到实现货币政策目标需要一个过程，因此货币政策调控必须具有前瞻性和稳定性。重点是关注总体价格水平变动的中长期趋势，而不应该被价格的短期波动所困扰。从提高货币政策前瞻性与稳定性的角度出发，捕捉总体物价变动的中长期趋势是关键。因此，本书在编制广义价格指数的过程中，纳入的各成分价格指数序列权重的确定是基于其对于物价变动长期趋势的贡献程度。这种做法一方面可以避免传统居民消费价格指数对于通货膨胀过于狭隘的测度，另一方面又可以满足货币政策

[①] Bryan, Michael F., Stephen G. Cecchetti, and Roisin O'Sullivan, "Asset Prices in the Measurement of Inflation", *De Economist*, Vol. 149, No. 4, 2001, pp. 405–431.

着眼于价格中长期变动趋势的要求,避免价格短期波动的干扰。从广义价格指数的具体编制来看,动态因子指数方法(DFI)可以很好地达到这一要求,因此本书采用动态因子指数方法编制中国的广义价格指数。

基于动态因子指数方法编制纳入资产价格的广义价格指数,首先需要捕捉多种价格指数中所蕴含的共同趋势,然后基于各个价格指数对于共同趋势的贡献程度来提取权重,从而构建出广义价格指数。由于各价格指数所蕴含的共同趋势难以观测,需要转化成状态空间模型进行估计。Bryan 等[1]采用基于卡尔曼滤波的极大似然方法对状态空间模型进行估计,但正如 Kim 和 Nelson[2] 所指出的,基于卡尔曼滤波的极大似然方法估计出来的结果容易受到参数结构的影响,从而存在一定程度的偏差。针对这种情况,本书采用贝叶斯方法估计状态空间模型,提取多种物价指数中所蕴含的不可观测的共同趋势。

第二节 基于动态因子指数模型的广义价格指数编制

一 动态因子指数模型

本书所采用的动态因子指数模型的形式为:

$$X_t = \gamma C_t + \varepsilon_t \tag{3-7}$$

$$\phi(L) C_t = u_t \tag{3-8}$$

$$\varphi(L) \varepsilon_t = v_t \tag{3-9}$$

---

[1] Bryan, Michael F., Stephen G. Cecchetti, and Roisin O'Sullivan, "Asset Prices in the Measurement of Inflation", *De Economist*, Vol. 149, No. 4, 2001, pp. 405–431.

[2] Kim, C. J., C. R. Nelson, *State - Space Models with Regime Switching*, Masseachusettes, MIT Press, 1999.

其中，X_t 是包含 n 个经济变量的（$n \times 1$）规格向量，由两部分构成，即 n 个时间序列都包含的不可观测的共同成分 C_t 和 n 维白噪声成分 ε_t，且 C_t 与 ε_t 均满足线性结构。L 是滞后因子，$\phi(L)$ 与 $\varphi(L)$ 分别是阶数为 p 和 k 的滞后多项式，根据公式（3-8）可知，带有可变滞后阶数和权重的 C_t 包含在公式（3-8）中的每一个方程之中。根据 Engle 和 Granger[①] 的理论研究，可以将公式（3-7）至公式（3-9）变成以下形式：

$$\Delta X_{it} = A_i + \gamma_i \Delta C_t + e_{it}, \ i = 1, 2, \cdots, n \tag{3-10}$$

$$\phi(L) \Delta C_t = u_t, u_t \sim i.i.d. N(0, 1) \tag{3-11}$$

$$\varphi(L) e_{it} = \nu_{it}, \nu_{it} \sim i.i.d. N(0, \sigma_i^2) \tag{3-12}$$

其中，$(A_i + e_{it})$ 表示每个序列的异质性成分，并且假设向量 $(e_{1t}, \cdots, e_{nt}, \Delta C_t)$ 中的元素领先项和滞后项彼此不相关，并且 $E(\Delta C_t) = \delta$，由于难以直接估计 A_i 和 γ_i，Stock 和 Watson[②] 提出采用均值离差法对公式（3-10）至公式（3-12）进行改写，可以得到公式（3-13）至公式（3-15）：

$$\Delta x_{it} = \gamma_i \Delta c_t + e_{it}, \ i = 1, 2, 3, \cdots, n \tag{3-13}$$

$$\phi(L) \Delta c_t = u_t, \ u_t \sim i.i.d. N(0, 1) \tag{3-14}$$

$$\varphi(L) e_{it} = \nu_{it}, \ \nu_{it} \sim i.i.d. N(0, \sigma_i^2) \tag{3-15}$$

其中，$\Delta x_{it} = \Delta X_{it} - \Delta \bar{X}_i$，$\Delta c_t = \Delta C_t - \delta$，$E(\Delta C_t) = \delta$，由于 Δc_t 为不可观测变量，需要将以上方程组转换成状态空间模型的形式进行估计。

状态空间模型是揭示动态系统中不可观测成分动态特征的经典模型，常被用来估计不可观测的时间变量，许多时间序列模型都能

[①] Engle, R. F., and C. W. J. Granger, "Co-Integration and Error Correction: Representation, Estimation, and Testing", *Econometrica*, Vol. 55, No. 2, 1987, pp. 251-276.

[②] Stock, J. H., and M. W. Watson, "A Probability Model of the Coincident Economic Indicators", in Lahiri, K., and G. Moore, eds., *Leading Economic Indicators: New Approaches and Forecasting Records*, Cambridge Univertity Press, 1991, pp. 63-85.

够改写成状态空间的表示形式。状态空间模型的一般模型形式如下：

观测方程：$y_t = H\beta_t + Az_t + e_t$ （3-16）

状态方程：$\beta_t = \tilde{\mu} + F\beta_{t-1} + \nu_t$ （3-17）

其中，y_t 是时期 t（$t=1,2,\cdots,T$）观测到的（$n\times 1$）维向量，β_t 是不可观测的（$k\times 1$）维状态向量，H 是联系可观测向量 y_t 与不可观测状态向量 β_t 的（$n\times k$）维向量，z_t 是（$r\times 1$）维外生向量，A 是（$n\times r$）维向量；$e_t \sim i.i.d.\ N(0,R)$，$\nu_t \sim i.i.d.\ N(0,Q)$，$E(e_t\nu_t)=0$。

由此，上文中的动态因子指数模型可以改写成状态空间模型形式，并采用贝叶斯方法进行估计：

观测方程：$\Delta x_t = H\beta_t + e_t$ （3-18）

状态方程：$\beta_t = F\beta_{t-1} + \nu_t$ （3-19）

二 指标说明与数据来源

有许多研究提出，虚拟经济特别是金融经济的快速发展，使得金融部门在整个经济体系中的重要性快速提升，仅仅维持实体经济领域的物价稳定是远远不够的，金融领域的价格相对稳定同样重要，因此，广义价格指数的构建应该纳入资产价格。既有文献在构建广义价格指数的过程中使用三种价格指数：CPI、房地产价格指数以及上证综指。本书认为，CPI 是用来度量最终消费品价格水平的指标，并不能完全反映整个实体经济部门的价格水平以及衡量实体经济领域的价格变动趋势，广义价格指数的构建还需要纳入原材料燃料动力购进价格指数（PPIRM）与工业品出厂价格指数（PPI）以反映生产领域部门的价格变动趋势。

已有研究采用 CPI 作为反映实体经济领域价格水平的核心指标，有一个隐含的假设是，从 PPIRM 到 PPI 再到 CPI 的传导是顺畅的。如果生产部门的价格变动可以迅速传导到消费部门，则用 CPI 来反映整个实体经济部门的价格变动趋势是恰当的。但从现实来看，我国 PPIRM 向 PPI 的传导比较顺畅，PPIRM 与 PPI 的变动趋势在大多时候是一致的（见图 3-1），但 PPI 向 CPI 的传导效应较弱，在许多时候出现 PPI 和 CPI 背离的现象（见图 3-2），甚至出现 PPI 几乎不向 CPI 传导的现象①。由于在实体经济体系内部，PPIRM、PPI 与 CPI 背离的长期存在，由原材料、燃料及动力价格上涨引发的通货膨胀无法由 CPI 完全反映出来。因此，编制广义价格指数需要纳入 PPIRM 和 PPI。

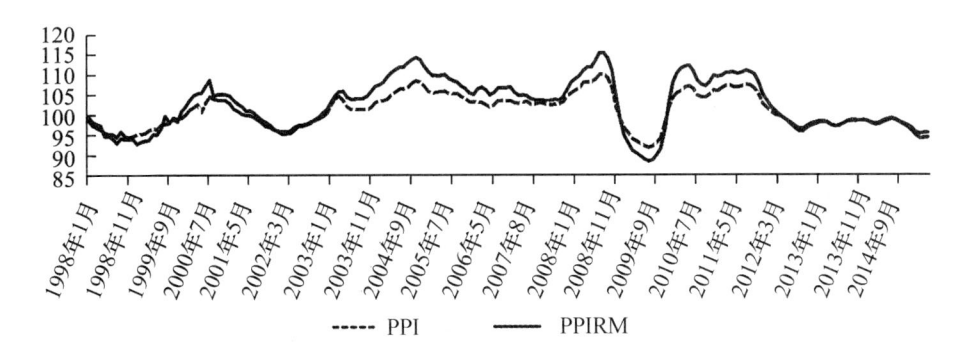

图 3-1　PPI 与 PPIRM 动态走势

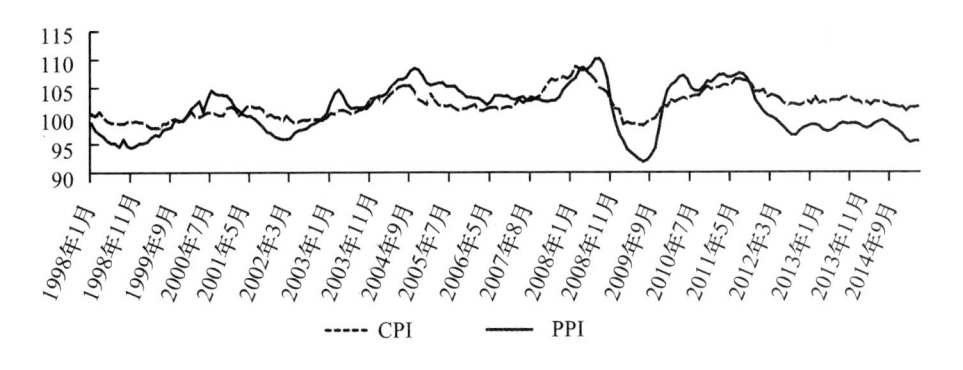

图 3-2　PPI 与 CPI 动态走势

---

① 陈建奇：《PPI、CPI 倒挂与通货膨胀调控——基于非对称供求结构与价格决定机制的实证研究》，《中国工业经济》2008 年第 11 期。吕捷和王高望：《CPI 与 PPI "背离"的结构性解释》，《经济研究》2015 年第 4 期。

在构建广义价格指数的过程中，本书使用 CPI、PPI 和 PPIRM 三种价格指数反映实体经济领域的物价变动。关于资产价格水平的度量，与已有研究一样，本书使用房地产销售价格指数（FJZS）以及上证综合指数（SZZZ）作为衡量资产价格水平的指标。

本书采用 1998 年 1 月至 2015 年 4 月的原材料燃料动力购进价格指数（PPIRM）、工业品出厂价格指数（PPI）、居民消费价格指数（CPI）、房地产销售价格指数（FJZS）以及上证综合指数（SZZZ）的月度同比数据，构建反映中国整体价格水平的广义价格指数。本书使用的大部分数据来自中经网统计数据库，而有关房地产销售价格指数的数据在中经网统计数据库存在部分缺失，因此还采用了万德（WIND）数据库以及中国指数研究院有关房地产销售价格指数的相关数据。

三　模型构建

用来构建广义价格指数的五种成分价格指数的时间序列用 $P_{it}(i=1,2,3,4,5)$ 表示，对 P_{it} 进行一阶差分获取平稳时间序列 ΔP_{it}，参照 Bryan 等[①]，构建动态因子指数模型（DFI）如下：

$$\Delta P_{it} = \gamma_i \Delta C_t + e_{it} \quad (3-20)$$

$$(\Delta C_t - \delta) = \phi_1 C_{t-1} + \phi_2 (\Delta C_{t-2} - \delta) + u_t \quad (3-21)$$

$$e_{it} = \varphi_i e_{i,t-1} + \nu_{it} \quad (3-22)$$

其中，ΔC_t 为共同成分的变化，$E(C_t) = \delta$，$(1 - \phi_1 L - \phi_2 L^2) = 0$，$(1 - \varphi_1 L - \varphi_2 L^2) = 0$，它们的根均落在单位圆之外，并且所有扰动项彼此是独立的、不相关的。为了更好地估计该模型，将模型改写为以下形式：

$$\Delta p_{it} = \gamma_i \Delta c_t + e_{it}, i = 1,2,3,\cdots,n \quad (3-23)$$

$$\Delta c_t = \phi_1 c_{t-1} + \phi_2 \Delta c_{t-2} + u_t, u_t \sim i.i.d. N(0,1) \quad (3-24)$$

[①] Bryan, Michael F., Stephen G. Cecchetti, and Roisin O'Sullivan, "Asset Prices in the Measurement of Inflation", *De Economist*, Vol. 149, No. 4, 2001, pp. 405–431.

$$e_{it} = \varphi_i e_{i,t-1} + \nu_{it}, \nu_{it} \sim i.i.d. N(0, \sigma_i^2) \quad (3-25)$$

其中，$\Delta p_{it} = \Delta P_{it} - \Delta \bar{P}_i$，$\Delta c_t = \Delta C_t - \delta$，$E(C_t) = \delta$，$\Delta \bar{P}_i$ 是选取的样本期间内第 i 类价格指数的均值。以上的 DFI 模型可以改写为状态空间模型的形式，进而可以通过马尔科夫链蒙特卡洛方法（MCMC）进行估计，并对 Δc_t 进行统计推断。上述 DFI 模型的状态空间模型的具体表示形式如下：

观测方程：$\Delta p_t = H\beta_t + e_t$ \quad (3-26)

状态方程：$\beta_t = F\beta_{t-1} + \nu_t$ \quad (3-27)

其中 Δp_t 是 (5×1) 矩阵，H 是 (5×7) 矩阵，β_t 是 (7×1) 矩阵，F 为 (7×7) 矩阵，ν_t 是 (7×1) 矩阵，通过贝叶斯估计可以计算出该状态空间模型的参数估计值。该状态空间模型中的矩阵 H、β_t、β_{t-1} 和 F 的具体形式是：

$$H = \begin{bmatrix} \gamma_1 & 0 & 1 & 0 & 0 & 0 & 0 \\ \gamma_2 & 0 & 0 & 1 & 0 & 0 & 0 \\ \gamma_3 & 0 & 0 & 0 & 1 & 0 & 0 \\ \gamma_4 & 0 & 0 & 0 & 0 & 1 & 0 \\ \gamma_5 & 0 & 0 & 0 & 0 & 0 & 1 \end{bmatrix}, \quad \beta_t = \begin{bmatrix} \Delta c_t \\ \Delta c_{t-1} \\ e_{1t} \\ e_{2t} \\ e_{3t} \\ e_{4t} \\ e_{5t} \end{bmatrix},$$

$$\beta_{t-1} = \begin{bmatrix} \Delta c_{t-1} \\ \Delta c_{t-2} \\ e_{1,t-1} \\ e_{2,t-1} \\ e_{3,t-1} \\ e_{4,t-1} \\ e_{5,t-1} \end{bmatrix}, \quad F = \begin{bmatrix} \phi_1 & \phi_2 & 0 & 0 & 0 & 0 & 0 \\ 1 & 0 & 0 & 0 & 0 & 0 & 0 \\ 0 & 0 & \varphi_1 & 0 & 0 & 0 & 0 \\ 0 & 0 & 0 & \varphi_2 & 0 & 0 & 0 \\ 0 & 0 & 0 & 0 & \varphi_3 & 0 & 0 \\ 0 & 0 & 0 & 0 & 0 & \varphi_4 & 0 \\ 0 & 0 & 0 & 0 & 0 & 0 & \varphi_5 \end{bmatrix}$$

四 实证分析

本章选取构建中国广义价格指数的价格指数序列分别为居民消

费价格指数（P_1，上年=100）、工业品出厂价格指数（P_2，上年=100）、原材料燃料动力购进价格指数（P_3，上年=100）、房地产销售价格指数（P_4，上年=100）以及上证综合指数（P_5，上年=100）。

首先对这五种价格指数序列进行单位根检验，检验过程中均假设检验方程中存在截距项，不存在趋势项。检验结果见表3-1。

表3-1　　　　　　　　　　ADF单位根检验

	ADF检验p值		ADF检验p值
P_1	0.2948	ΔP_1	0.0000 ***
P_2	0.0090 ***	ΔP_2	NA
P_3	0.0070 ***	ΔP_3	NA
P_4	0.0030 ***	ΔP_4	NA
P_5	0.1087	ΔP_5	0.0000 ***

注：*** 代表1%的显著性水平。

表3-1显示，工业品出厂价格指数（P_2，上年=100）、原材料燃料动力购进价格指数（P_3，上年=100）、房地产销售价格指数（P_4，上年=100）是平稳的，居民消费价格指数（P_1，上年=100）和上证综合指数（P_5，上年=100）是非平稳的，对非平稳的价格指数序列进行一阶差分后再进行ADF检验，发现ΔP_1和ΔP_5都成为平稳序列。由于五种价格指数序列中有平稳的，也有非平稳的，为了统一数据格式，将工业品出厂价格指数（P_2，上年=100）、原材料燃料动力购进价格指数（P_3，上年=100）、房地产销售价格指数（P_4，上年=100）进行一阶差分，得到ΔP_2、ΔP_3和ΔP_4。对ΔP_1、ΔP_2、ΔP_3、ΔP_4和ΔP_5建立DFI模型并进行未知参数的估计。本书的研究重点不在于估计模型未知参数，而在于对模型进行识别和估计之后，使用马尔科夫链蒙特卡洛方法（MCMC）提取各价格指数序列中蕴含的不可观测的共同趋势，即动态因子

指数。

在构建广义价格指数的过程中，被纳入的各价格指数序列的权重取决于其对于共同趋势序列的贡献程度。具体而言，本书建立 VAR 模型，通过脉冲响应和乔勒斯基（Cholesky）分解方法，计算共同趋势即动态因子指数对来自各价格指数序列单位冲击的脉冲响应，确定纳入广义价格指数的各价格指数序列的权重。本节构建的 VAR 模型如下：

$$Y_t = A_1 Y_{t-1} + A_2 Y_{t-2} + A_3 Y_{t-3} + \cdots + A_k Y_{t-k} + \mu_t$$

其中，Y_t 代表六维内生变量，其包含的变量顺序依次为：动态因子指数、房地产销售价格指数、居民消费价格指数、工业品出厂价格指数、原材料燃料动力购进价格指数和上证综合指数。VAR 模型中变量的顺序对于脉冲响应函数以及方差分解具有重要的影响，因此需要对以上顺序进行必要说明：动态因子指数是本书运用贝叶斯动态因子模型估计出的通货膨胀共同趋势，其他价格指数在广义价格指数中的权重取决于对动态因子指数动态走势的贡献程度。对中国而言，自 1998 年启动住房制度改革以来，中国的房地产市场飞速发展，现阶段已经成为中国国民经济的支柱产业，房地产价格的走势也在很大程度上主导了其他部门价格水平的走势[①]，因此房价指数排在仅次于动态因子指数的第二位；而 CPI 长期以来都是我国衡量通货膨胀的主要指标，对通胀共同趋势具有十分重要的影响，因此排在房价指数之后；而 PPIRM、PPI 作为上游、中游的价格指数，对共同趋势也有不可忽视的影响；股票价格灵活多变，波动性最为显著，因此放在最后。A_i（$i = 1, 2, \cdots, k$）为待估参数矩阵，μ_t 是六维随机扰动项，服从正态分布，且互不相关。

根据赤池准则选择得到的最优滞后阶数为 8 阶，AR 根图表显示所有参数矩阵特征根的模均在单位圆内，表明 VAR（8）系统是稳定的。利用 VAR 模型得到的脉冲响应函数图描述了特定变量对各种

[①] 张成思：《通货膨胀目标错配与管理研究》，《世界经济》2011 年第 11 期。

冲击的反应。动态因子指数（DFI）对各变量的脉冲响应分析如图3-3所示。

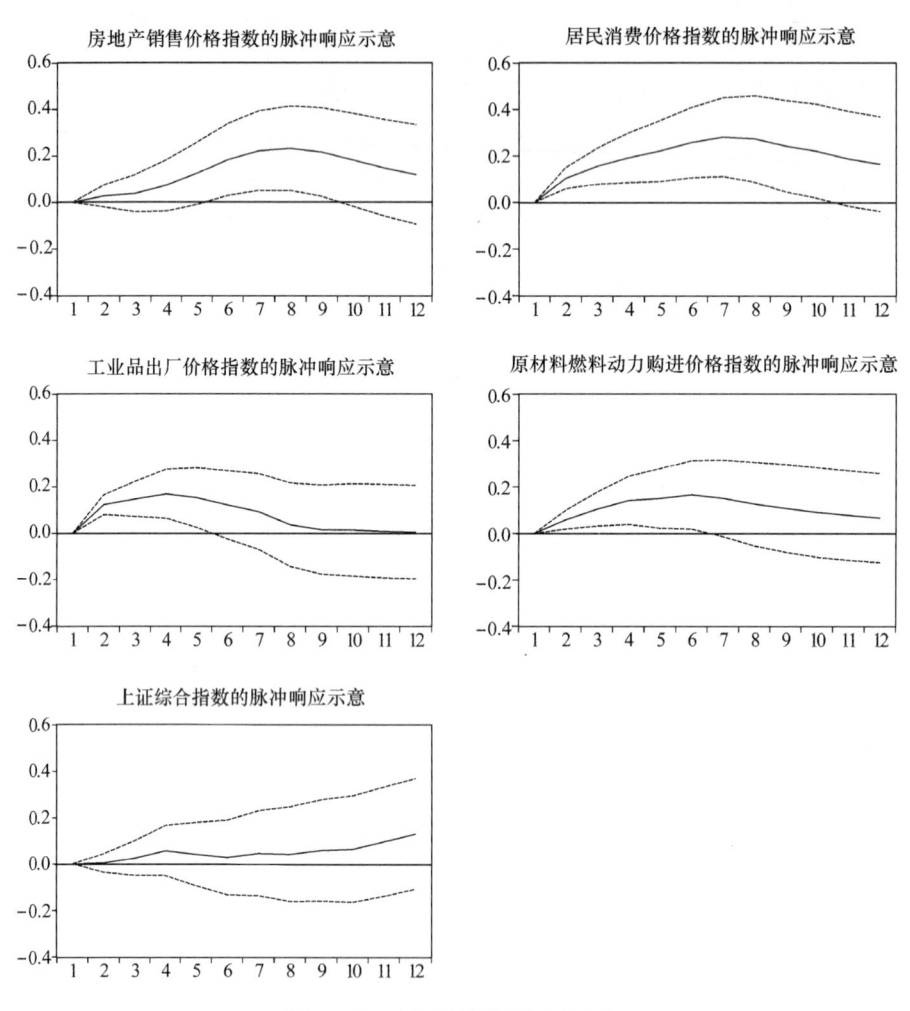

图3-3 动态因子指数脉冲响应

现在进行脉冲响应结果的分析。房地产销售价格指数（FJZS）对动态因子指数所衡量的通胀共同趋势具有显著的正向冲击效应。自1998年启动住房制度改革之后，我国的房地产市场飞速发展，房地产业现阶段已经成为中国国民经济的支柱产业，房地产价格的走势也在很大程度上主导了其他部门价格水平的走势。因此，房地产价格的波动自然会对总体通胀趋势产生重大影响。作为衡量通胀的核心指标，CPI 的波动必然会对通胀共同趋势产生重要影响，且这种影响具有相当程度的持久性。PPI 与 PPIRM 作为衡量生产领域价格水平变动的重要指标，它们的波动也会显著影响总体通胀的变动水平。股票价格波动对动态因子指数的影响相对较弱且并不显著，这一方面与股票价格波动频繁有关，另一方面与中国资本市场的发展阶段有关，股票价格变动引起的财富效应、资产负债表效应对于通胀变动中长期趋势的影响并未充分发挥出来。从脉冲响应图来看，尽管在预测期后期影响有所增大，但平均而言，整个区间的影响幅度较小。在 VAR 脉冲响应的基础上可得到 12 个月度预测期的乔勒斯基（Cholesky）方差分解，如表 3-2 所示。

表 3-2　　12 个月内变量对动态因子指数影响的方差分解

预测期	FJZS	CPI	PPI	PPIRM	SZZZ
1	0	0	0	0	0
2	0.346307	5.065060	7.120601	1.602797	0.006751
3	0.503836	8.066685	8.491639	3.281951	0.151886
4	1.098474	10.504370	9.553522	5.015170	0.579753
5	2.433581	12.816580	9.438220	6.040321	0.612498
6	4.678989	15.509690	8.591376	6.995323	0.543476
7	7.120731	17.961130	7.578482	7.233524	0.584806
8	9.305836	19.910400	6.642372	7.192536	0.611190
9	10.864620	21.075440	6.012454	7.112665	0.733262
10	11.784400	22.061050	5.625556	7.051929	0.888398
11	12.264090	22.680410	5.367419	7.008951	1.286456
12	12.49117	23.120950	5.181762	6.966112	2.001517
平均影响	6.074336	14.897650	6.633617	5.458440	0.666666

广义价格指数中各变量权重的具体计算公式为：

$$\omega_i = \frac{|z_i|}{\sum_{i=1}^{n}|z_i|} \tag{3-28}$$

其中，ω_i 是价格指数序列 i 的权重，而 z_i 是价格指数序列 i 的单位冲击在 12 个月度内对动态因子指数的平均影响。

通过计算，可求得各成分价格指数序列在广义价格指数中的权重，具体见表 3-3。

表 3-3　　广义价格指数（GPI）中各个构成价格指数权重

	居民消费价格指数（CPI）	工业品出厂价格指数（PPI）	原材料燃料动力购进价格指数（PPIRM）	房地产销售价格指数（FJZS）	上证综合指数（SZZZ）
权重（%）	44.2	19.6	16.1	18.2	1.9

表 3-3 显示，在纳入广义价格指数编制过程的各成分价格指数中，居民消费价格指数对通胀共同趋势的贡献程度最大，工业品出厂价格指数次之，房地产销售价格居于第三位，原材料燃料动力购进价格指数居于第四位，上证综合指数表征的股票价格指数的贡献度最小。具体而言，居民消费价格指数在广义价格指数中的权重为 44.2%，工业品出厂价格指数为 19.6%，原材料燃料动力购进价格指数为 16.1%；实体经济领域的物价变动可以解释总体物价变动趋势的 79.9%，仍然是衡量总体物价变动的主体。但与此同时我们必须看到，资产价格变动对我国总体物价变动的影响在逐步增加，房地产销售价格指数在广义价格指数中的权重高达 18.2%，说明房价变动对于中国整体价格水平的影响已不容忽视。需要说明的是，表 3-3 中测算出的权重 18.2% 只是房地产销售价格本身对于通胀共同趋势的贡献，而并未包括房地产价格对其他商品价格走势的显著影响。股票价格的变动对于总体价格水平的影响非常小，权重仅为

1.9%，这既与股票价格自身的波动性特征有关，也和中国金融市场特别是资本市场的发展阶段密切相关。从测算出的权重来看，资产价格波动对于总体通胀中长期趋势的贡献主要源于房地产价格对总体通胀的影响。房地产价格相对于股票价格来说，主导了通胀共同趋势 DFI 的水平与趋势的变动。Bryan 等[1]的研究表明，美国房地产价格可以解释共同趋势的 20% 左右，而股票价格只能解释 4% 左右。因此，如果将 CPI 作为衡量总体通胀水平的唯一指标或者核心指标，会误导货币政策的制定与施行，影响政策调控效果；房地产销售价格水平的影响力应该引起我国决策部门的高度关注；另外，PPIRM、PPI 一起可以解释共同趋势的 35.7%，也验证了中国实体经济领域上、中、下游价格传导存在的阻滞现象。

基于已计算出的各成分价格指数序列的权重，求得广义价格指数（GPI）如下（动态走势具体见图 3 – 4）：

$$GPI_t = 44.2\% \times CPI + 19.6\% \times PPI + 16.1\% \times PPIRM + 18.2\% \times FJZS + 1.9\% \times SZZZ \quad (3-29)$$

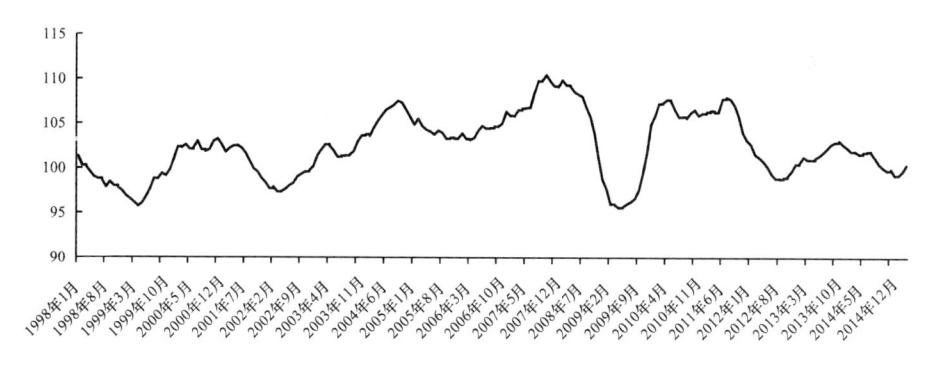

图 3 – 4　广义价格指数（GPI）动态走势

---

[1] Bryan, Michael F., Stephen G. Cecchetti, and Roisin O'Sullivan, "Asset Prices in the Measurement of Inflation", *De Economist*, Vol. 149, No. 4, 2001, pp. 405 – 431.

第三节 广义价格指数的货币政策应用：总体分析

编制广义价格指数是为了更准确地测度真实的通货膨胀水平，为货币政策的制定与施行提供参考。作为一种有别于居民消费价格指数的新通货膨胀指标，广义价格指数在货币政策调控方面可以有哪些应用？本节从广义价格指数衡量的通货膨胀与居民消费价格指数衡量的通货膨胀在动态特征方面的差异切入，对广义价格指数在货币政策调控方面的应用进行总体分析。

一 GPI 通胀率与 CPI 通胀率动态特征的比较分析

总体通胀水平可以通过不同的价格指数来衡量。长期以来，我国货币当局主要以 CPI 作为稳定物价的货币政策实施和调整的依据，并未关注更加广泛意义上的整体价格水平的稳定问题。这使得货币政策的通胀管理效果主要体现在 CPI 通胀率上，而更加广泛意义上的整体价格水平却成了政策调控的盲点。GPI 通胀率与 CPI 通胀率长期存在显著的差异，这种差异性首先体现在两种通胀指标在不同时点的水平值上，其次体现在两种通胀指标的波动性方面；此外，在对经济周期波动的衡量方面，两种通胀指标亦存在较为明显的差别。

基于以上说明，图 3-5 展示了 1998 年 1 月至 2015 年 4 月中国以居民消费价格指数测度的通货膨胀和以广义价格指数测度的通货膨胀的动态走势。

首先，从整体上来看，两种价格指数在总体趋势上基本一致。但是，从细节上观察，以居民消费价格指数衡量的通货膨胀与以广义价格指数衡量的通货膨胀在动态特征方面存在明显差异。这种差异性首先体现在各个时点不同通胀指标的水平值上，具体而言，在

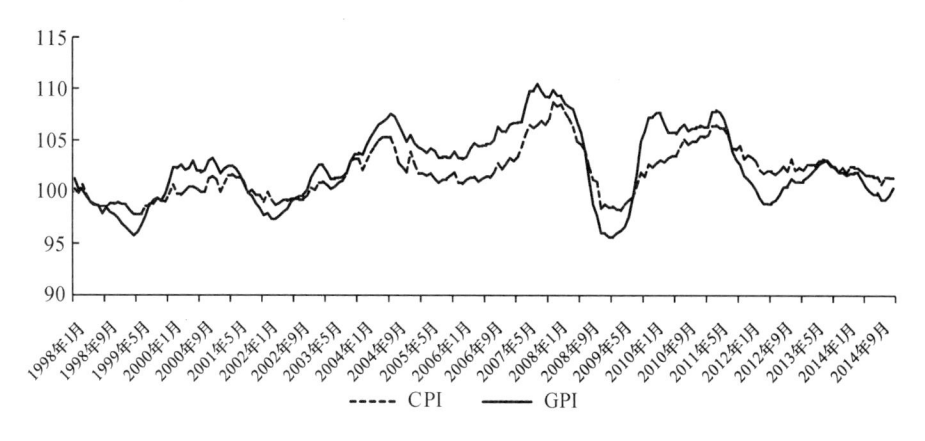

图3-5　CPI与GPI动态走势

大多时候GPI的值要大于CPI,这说明仅仅使用CPI来度量物价水平,可能低估了实际的通胀水平;而当经济运行处于通货紧缩阶段,CPI又会低估真实的通缩水平。譬如在1998年3月至1999年9月这段通货紧缩最为严重的时期,GPI低于CPI,特别是在1999年2月两种物价指数相差达2.155%。而从2011年11月以来,GPI持续低于CPI。尤其值得注意的是2012年8月,GPI低于CPI达3.2%;2012年全年,GPI与CPI平均相差达2.48%。尽管2013年1月至2014年6月这段时期,由于房地产价格水平的上行,GPI与CPI之间的差额有缩小的趋势,特别是2013年9月至2014年4月,房地产价格的快速上涨使两者之间的差额微乎其微,但自2014年5月开始,房地产价格水平的重新下行,加上PPI、PPIRM一直都在负值区间运行,GPI又重新低于CPI,且二者之间的差额有扩大的趋势。从CPI衡量的通胀水平判断,当前我国存在通缩的迹象,而从GPI衡量的物价水平看,我国当前面临较为严重的通缩风险。

其次,从两种通货膨胀指标的波动性来看,GPI通货膨胀的波动性要明显高于CPI通货膨胀的波动性。我们用标准差来度量通货膨胀指标的波动性。根据测算,1998年1月至2015年4月,CPI的标准差为2.37559,而GPI的标准差为3.555297,GPI通货膨胀的波动值比CPI通货膨胀的波动值高出约1.18。GPI通货膨胀的波动性大于CPI通货膨胀，意味着长期以来更加广泛意义上的整体价格水平的稳定并未被货币当局所真正关注。这也说明GPI的编制以及在货币政策制定与实施中的应用具有相当程度的紧迫性。

最后，在经济周期变化衡量方面，CPI相比GPI具有较为明显的滞后性。具体而言，GPI于2007年10月达到该轮物价上涨的峰值110.48，之后进入下行区间，于2009年4月下降至谷值95.63；而CPI于2008年2月达到峰值108.7，之后2008年4月又达到次峰值108.5，然后才进入下行轨道，2009年7月达到谷值98.2。从下行的速度来看，CPI要滞后于GPI；从下降的幅度来看，CPI要小于GPI。2009年中国4万亿元投资刺激计划出台后，中国经济迅速复苏，从物价水平的复苏来看，CPI要滞后于GPI。GPI于2009年5月进入复苏轨道，在当年11月突破100，达到101.8，而12月就攀升至104.9，此后进入快速上升通道，在2010年4月达到年度峰值107.69，此后直到2011年10月一直维持高位运行，并在2011年7月达到本轮物价上涨的峰值108.0；而CPI尽管和GPI同时在2009年11月突破100，达到100.6，但在此后一年多时间内一直维持相对低位运行的态势。由于经济复苏进程的反复以及房地产市场调控政策的出台，GPI从2011年11月进入下行区间，下行趋势明显。由于房价下跌、PPI和PPIRM在负值区间运行，GPI一度跌破100，于2012年8月达到最低值98.85。尽管2013年1月至2014年4月，由于房价复苏和上涨，GPI与CPI之间的差额有缩小的趋势，但自2014年5月，房价的重新下跌，使得GPI和CPI之间的差距有扩大的趋势，显现出较为明显的通货紧缩风险；与此形成鲜明对比的是，CPI于2012年3月显现出下行趋势，但是幅度不大，且较为平稳，这主要得益于货币政策的精准调控。

二 广义价格指数政策应用价值的总体分析

通过对广义价格指数测度的通货膨胀与居民消费价格指数测度

的通货膨胀动态特征的比较分析，本书有三个方面的发现：第一，广义价格指数在测度总体通胀水平方面要优于传统的居民消费价格指数；第二，广义价格指数通货膨胀的波动性大于传统的居民消费价格指数通货膨胀；第三，广义价格指数与经济周期波动的关系相对于居民消费价格指数而言更为密切。

总体而言，相比于传统的居民消费价格指数，广义价格指数在测度总体通胀水平方面的优势以及与经济周期波动有更为密切的关联性，意味着在货币政策实施过程中，以广义价格指数为通货膨胀测度指标可能会改善货币政策的实施效果；广义价格指数测度的通货膨胀的波动程度大于传统的居民消费价格指数测度的通货膨胀，这一事实意味着，长期以来货币当局以 CPI 测度的通货膨胀为主要的通胀"锚"，致使货币政策治理通胀的效果主要体现在居民消费价格指数上面，以广义价格指数测度的通货膨胀治理成了政策的盲区。这从另一个角度说明了当前将广义价格指数衡量的通货膨胀纳入中国货币政策决策信息库具有相当程度的必要性和紧迫性。

众所周知，无论是西方发达国家，还是我们中国，货币政策最核心的目标是稳定物价。由于货币政策实施作用于通货膨胀存在一定的时滞，央行需要借助于通货膨胀预测对未来通胀趋势与水平进行前瞻性研判。鉴于广义价格指数相比居民消费价格指数更能准确地测度总体通胀水平，因此本书认为如果在通货膨胀预测中采用广义价格指数作为通胀测度指标，可能有助于改善中央银行实施的通货膨胀预测的效果。在货币政策实施过程中，如果以广义价格指数作为通胀指标，应该如何实施通胀预测以及通胀预测的效果如何，这是将广义价格指数作为通货膨胀指标，在货币政策实施层面首先需要进行研究的重要问题。

尽管近年来，世界各国，特别是西方发达国家的货币政策的最终目标逐步向稳定物价收敛，但对于处在新兴加转型阶段的中国而言，货币政策的制定与施行，从最终目标来看，除稳定物价之外，还包括经济周期波动的熨平，也就是需要在控制通货膨胀与熨平经济周期之间统筹兼顾以实现通货膨胀与经济周期之间的动态平衡。而这在很大程度上依赖于通货膨胀与经济周期变动之间是否协同。传统的居民消费价格指数在衡量经济周期变动方面存在较为明显的滞后性，这也就意味着居民消费价格指数通货膨胀与经济周期波动之间不协同，无疑给货币当局实现"稳定物价"和"熨平经济周期"的目标带来严峻挑战。相比于传统的居民消费价格指数，广义价格指数与经济周期波动的关系更为密切，本书认为广义价格指数可能会对货币政策更有效地熨平经济周期发挥作用。因此，货币当局在政策操作过程中采纳广义价格指数作为通货膨胀指标时，就需要考虑广义价格指数测度的通货膨胀与经济周期变动之间是否协同，并探索二者之间协同的背后机理是什么。

货币当局采纳广义价格指数作为测度通货膨胀水平的指标，意味着货币政策稳定物价的目标内涵发生了改变，由实现居民消费价格指数的稳定转向广义价格指数的稳定。从货币政策操作的角度来看，货币政策工具无法直接作用于最终目标，有赖于货币政策中间目标的传导。货币政策中间目标包括操作目标和中介目标，其中操作目标与货币政策工具关系更为密切，而中介目标与货币政策最终目标关系更为密切。因此，货币政策中介目标的正确选择关乎货币政策最终目标的实现效果。关于中国货币政策中介目标的选择，是继续坚持数量导向，以货币量指标为中介目标，还是要转向价格导向，以利率作为中介目标，长期以来争论不已，至今并未达成一致意见。当货币政策操作采纳广义价格指数时，货币政策中介目标应如何选择，这是需要认真思考的问题。本书认为，当货币政策操作采纳广义价格指数时，货币政策操作的数量导向仍需坚守。

综上所述，基于对广义价格指数动态机制特征以及货币政策操作过程的分析，本书认为广义价格指数的货币政策应用价值可以分为三个方面：可能使我国通货膨胀预测更加准确，可能会对我国经济周期波动的熨平发挥作用，可能意味着我国货币政策操作的数量导向仍需坚守。

第四章

广义价格指数的应用：通货膨胀预测

本书编制广义价格指数目的在于给货币当局提供更优的通胀衡量指标，助力货币政策调控实现更广泛意义上的整体价格水平稳定。本书认为广义价格指数是一个较好的通胀衡量指标，可以作为我国货币当局衡量总体价格水平的指示器。然而，由于货币政策的作用存在一定的时滞性，特别是在当前世界经济格局加速变动与中国经济结构快速调整的重大背景下，要有效控制通货膨胀、维持长期的物价稳定，提高货币政策的前瞻性就显得尤为必要。而制定和实施具有前瞻性的货币政策在很大程度上依赖于对未来通货膨胀方向与水平的精准预测。从长期来看，随着物价稳定目标在我国货币政策目标体系中重要程度的逐步提升，中国在未来有较大概率会实施明确或者隐含的通货膨胀目标制，这一货币政策框架的实施更需要以精准的通胀预测作为重要基础与前提。有鉴于此，本章从通货膨胀预测的角度讨论在货币政策操作过程中如何应用广义价格指数这一新的通货膨胀指标。

第一节 通货膨胀预测模型的选择

通货膨胀预测长期以来都是国内外学术界研究的重要问题，尤其是在西方学术界，很早就已经开始了对通货膨胀预测相关问题的研究，积累了丰富的研究成果。结合 Ang 等[1]、Stock 和 Watson[2] 及 Faust 和 Wright[3] 等经典文献对通货膨胀预测模型的分类观点，我们可将通货膨胀预测的经典模型主要归纳为三大类：基于通胀持久性理论的预测模型[4]、基于菲利普斯曲线理论的预测模型[5]以及基于通

---

[1] Ang, Andrew, Geert Bekaert, and Min Wei, "Do Macro Variables, Asset Markets, or Surveys Forecast Inflation Better?" *Journal of Monetary Economics*, Vol. 54, No. 4, 2007, pp. 1163–1212.

[2] Stock, J. H., and M. W. Watson, "Phillips Curve Inflation Forecasts", in Fuhrer, J., Y. K. Kodrzycki, J. S. Little, and G. P. Olivei, eds., *Understanding Inflation and the Implications for Monetary Policy: A Phillips Curve Retrospective*, Masseachusettes, MIT Press, 2009, pp. 97–202.

[3] Faust, J., and J. H. Wright, "Forecasting inflation", in Elliott, G., and A. Timmermann, eds., *Handbook of Economic Forecasting*, North Holland, Amsterdam, 2013, pp. 2–56.

[4] Stock, J. H., and M. W. Watson, "Why Has U. S. Inflation Become Harder to Forecast?" *Journal of Money, Credit and Banking*, Vol. 39, No. 1, 2007, pp. 3–34. D'Agostino, A., D. Giannone, and P. Surico, "Predictability and Macroeconomic Stability", European Central Bank Working Paper, No. 605, 2006. D'Agostino, A., and P. Surico, "A Century of Inflation Forecasts", *Review of Economics and Statistics*, Vol. 94, No. 4, 2012, pp. 1097–1106.

[5] Stock, J. H., and M. W. Watson, "Forecasting Inflation", *Journal of Monetary Economics*, Vol. 44, No. 2, 1999, pp. 293–335. Stock, J. H., and M. W. Watson, "Forecasting Output and Inflation: The Role of Asset Prices", *Journal of Economic Literature*, Vol. 41, No. 3, 2003, pp. 788–829. Stock, J. H., and M. W. Watson, *Forecasting in Dynamic Factor Models Subject to Structural Instability*, Oxford: Oxford University Press, 2008. Stock, J. H., and M. W. Watson, "Modelling Inflation after the Crisis", NBER Working Paper, No. 16488, 2010. Groen, J. J. J., R. Paap, and F. Ravazzolo, "Real-Time Inflation Forecasting in a Changing World", *Journal of Business & Economic Statistics*, Vol. 31, No. 1, 2013, pp. 29–44.

胀预期理论的预测模型①。其中，基于菲利普斯曲线理论的预测模型是通货膨胀预测的主流模型，在通货膨胀预测研究中占据着非常重要的地位。已有的通货膨胀预测文献大多基于菲利普斯曲线理论框架，通货膨胀与产出缺口、通货膨胀预期等宏观经济变量之间的关系构成了菲利普斯曲线模型预测通货膨胀的理论基础。菲利普斯曲线最原始的含义是工资增长率与失业率之间存在替代关系。鉴于工资增长率与通货膨胀率之间的同向变动关系以及失业率与产出增长率之间的反向变动关系（即奥肯定律），菲利普斯曲线进而转变为通货膨胀率与产出缺口之间的函数关系。随后，菲利普斯曲线的具体形式又经历了一系列演化，现阶段的菲利普斯曲线模型大致分为两类：菲利普斯曲线后顾模型（三角模型）与新凯恩斯菲利普斯曲线模型。在既有基于菲利普斯曲线理论进行通货膨胀预测的研究文献中，主要采取的是菲利普斯曲线后顾模型（三角模型）。该模型以价格黏性为研究假设条件形成了一套应对供给冲击的理论，运用计量经济学分析方法阐释冲击与惯性的相互作用机制。基于菲利普斯曲线后顾模型进行通货膨胀预测的研究尽管在模型设定具体细节上存在一定程度的差异，但基本的模型形式都是将通货膨胀率作为被解释变量，将通货膨胀率滞后项、产出缺口、货币供应量等变量作为解释变量，通过迭代、回归等方法对通货膨胀动态过程进行拟合，找出通货膨胀的关键驱动因素，估计出模型参数，再对未来的通货膨胀率进行预测。

---

① Mishkin, F. S., "What Does the Term Structure Tell Us about Future Inflation?" *Journal of Monetary Economics*, Vol. 25, No. 1, 1990, pp. 77–95. Mishkin, F. S., "The Information in the Longer–Maturity Term Structure about Future Inflation", *Quarterly Journal of Economics*, Vol. 105, No. 3, 1990, pp. 815–828. Mishkin, F. S., "A Multi–Country Study of the Information in the Term Structure about Future Inflation", *Journal of International Money and Finance*, Vol. 10, No. 1, 1991, pp. 2–22. Nielsen, C. M., "The Information Content of the Term Structure of Interest Rates about Future Inflation: An Illustration of the Importance of Accounting for a Time–Varying Real Interest Rate and Inflation Risk Premium", *The Manchester School*, Vol. 74, No. s1, 2006, pp. 93–115.

已有的通货膨胀预测经典模型至少存在四个方面的不足：一是解释变量的选择过于简化。由于通货膨胀形成机制的复杂性以及影响因素的多元性，较少的解释变量可能难以甚至无法提供足够的预测信息，因此构建包含大量解释变量的预测模型是十分必要的[1]；二是基于待估系数固定假设的预测方法存在局限性。固定系数模型不能有效地捕捉到宏观经济结构突变对于通货膨胀形成机制、持续性等方面的影响，也就不能准确预测通胀的变化[2]，而且有大量研究表明，VAR模型中误差项的协方差矩阵并不是固定不变的[3]。同时，不同的经济状态下模型系数随时间变化的程度也不尽相同，表现为经济稳定状态下系数时变程度较低而经济波动较大的时期系数时变程度较高[4]；三是解释变量固定的预测模型存在缺陷。Stock 和 Watson[5]研究发现，在某些阶段运用多变量的菲利普斯曲线进行通货膨胀预测的效果较好，但在其他一些阶段简单的单变量通胀预测模型表现更佳。由于通货膨胀内在机理和影响因素在经济衰退时期和扩张时期存在差异，因此通货膨胀预测模型所包含的解释变量也应该随时间发生变化；四是单一维度通胀预测模型的预测结果存在不确定性。一般而言，预测模型所包含的变量越多，为保证递归性就需

---

[1] Stock, J. H., and M. W. Watson, "Forecasting Using Principal Components from a Large Number of Predictors", *Journal of the American Statistical Association*, Vol. 97, No. 2, 2002, pp. 1167 – 1179. Banbura, M., D. Giannone, and L. Reichlin, "Large Bayesian Vector Auto Regressions", *Journal of Applied Econometrics*, Vol. 25, No. 1, 2010, pp. 71 – 92.

[2] Sims, C., and T. Zha, "Were There Regime Switches in US Monetary Policy", *The American Economic Review*, Vol. 96, No. 1, 2006, pp. 54 – 81.

[3] Cogley, T., S. Morozov, and T. J. Sargent, "Bayesian Fan Charts for UK Inflation: Forecasting and Sources of Uncertainty in an Evolving Monetary System", *Journal of Economic Dynamics and Control*, Vol. 29, No. 11, 2005, pp. 1893 – 1925.

[4] Koop, G., and D. Korobilis, "Forecasting Inflation Using Dynamic Model Averaging", *International Economic Review*, Vol. 53, No. 3, 2012, pp. 867 – 886. Koop, G., and D. Korobilis, "Large Time – Varying Parameter VARs", *Journal of Econometrics*, Vol. 177, No. 2, 2013, pp. 185 – 198.

[5] Stock, J. H., and M. W. Watson, *Forecasting in Dynamic Factor Models Subject to Structural Instability*, Oxford: Oxford University Press, 2008.

要施加越多的限制，这势必对模型的预测精度造成较大影响；相反，预测模型所包含的变量越少，需要施加的限制条件对模型预测精度的影响就越小。然而，预测模型应包含变量的多寡受制于经济运行稳定程度的制约[①]。具体而言，当经济运行平稳时，包含较少变量的通胀预测模型有较好的预测效果，而当经济波动加剧时，就需要构建包含大量解释变量的通胀预测模型。因此，单一维度的通胀预测模型，不能兼顾不同经济状态对于通货膨胀的深刻影响，从而使得预测效果面临较大的不确定性。

针对通货膨胀预测模型存在的上述不足，国外学者已开始进行相关探索。针对已有经典通胀预测模型中解释变量及待估系数固定这一有悖现实的假定，一些学者开始将"时变性"引入通胀预测模型。一方面，就通货膨胀与其驱动因素之间关系的"时变性"而言，在应用菲利普斯曲线模型预测美国 1970—2007 年季度通胀率的研究中，D'Agostino 等[②]构建了包含随机波动的时变参数向量自回归模型（TVP - VAR），以反映通货膨胀与其影响因素之间关系的"时变性"。他们的实证结果表明，纳入结构变化的时变参数 VAR 模型的通胀预测效果显著优于固定系数 VAR 模型，也显著优于单变量预测模型。借鉴并拓展 D'Agostino 等的研究思路，Barnett 等[③]构建了包括 TVP - VAR 模型在内的一系列时变参数模型对英国的通货膨胀实施预测，实证结果表明，相较于单变量 AR 模型以及固定系数 VAR 模型，他们所构建的这一系列时变参数模型明显改善了通货膨胀预测

[①] Chan, J. C. C., G. Koop, R. Leon - Gonzalez, and R. W. Strachan, "Time Varying Dimension Models", *Journal of Business & Economic Statistics*, Vol. 30, No. 3, 2012, pp. 358 - 367. Koop, G., "Forecasting with Medium and Large Bayesian VARs", *Journal of Applied Econometrics*, Vol. 28, No. 2, 2013, pp. 177 - 203.

[②] D'Agostino, A., L. Gambetti, and D. Giannone, "Macroeconomic Forecasting and Structural Change", *Journal of Applied Econometrics*, Vol. 28, No. 1, 2013, pp. 82 - 101.

[③] Barnett, A., H. Mumtaz, and K. Theodoridis, "Forecasting UK GDP Growth and Inflation under Structural Change", *International Journal of Forecasting*, Vol. 30, No. 1, 2014, pp. 129 - 143.

的精准度，其中 TVP – VAR 模型的预测误差最小。进一步地，Eickmeier 等[①]构建了时变参数—因子增广 VAR 模型（TVP – FAVAR）预测美国 1972—2012 年的季度通胀率，发现相比于固定系数 FAVAR 模型、时变系数 AR 模型等，TVP – FAVAR 模型展现出更优的通胀预测效果，因为它在允许模型参数时变的同时还纳入了众多宏观经济变量所包含的通胀信息。另一方面，就通货膨胀关键驱动因素本身的"时变性"而言，由于不同经济周期阶段下影响通货膨胀的关键因素不尽相同，运用菲利普斯曲线模型拟合、预测通货膨胀时，在潜在预测变量的选择上存在较大不确定性，因而纳入通货膨胀预测模型的解释变量应该随时间发生变化，而不是被"机械"地固定下来。早期研究中选择变量的惯用做法是通过假设检验删除相对不重要的变量，但在包含较多解释变量的模型中，这种做法需要给模型施加大量的假设限制，不可避免地会增加模型估计误差，势必将影响模型预测的准确性。例如，在含有 K 个解释变量的 VAR 模型中，有超过 2^k 个可能的回归，如何选择限制条件从而确定模型中应包含哪些解释变量、删除哪些解释变量，是模型准确预测的重要环节。最新文献处理潜在解释变量选择不确定性问题时主要采取的是贝叶斯模型平均（BMA）和动态模型平均（DMA）两种方法。

贝叶斯模型平均（BMA）方法的核心思想是，使用贝叶斯模型后验概率作为模型权重。一方面，事前对所有可能的备选模型进行平均，避免人为筛选解释变量所造成的信息损失；另一方面，计算出的解释变量后验概率可以度量备选解释变量的重要程度，有助于遴选出最关键的通胀解释变量，从而更准确地拟合通胀动态过程、预测未来通胀水平。动态模型平均（DMA）方法的核心思想是，根据备选模型某时点之前的预测表现来计算各模型在该时点被选中的

---

① Eickmeier, S., W. Lemke, and M. Marcellino, "Classical Time Varying Factor – Augmented Vector Auto – Regressive Models: Estimation, Forecasting and Structural Analysis", *Journal of the Royal Statistical Society*: Series A, Vol. 178, No. 3, 2015, pp. 493 – 533.

概率并将它作为模型权重。一方面，由于各时点预测模型的选择皆是依据之前的预测效果来决定，从而可以在每个时点选择最优模型，确立那些最为核心的通胀预测变量；另一方面对所有模型的预测值按权重进行加权平均可以最大限度地利用解释变量中包含的通胀信息。Groen 等[1]运用包含结构断点的 BMA 方法建模，兼顾参数时变性与模型变量不确定性，对美国 1960—2011 年的季度通胀率进行实时点预测与密度预测，发现预测效果良好，特别是在 1984 年以后的时期，预测效果往往更优。Van Der J. Maas[2] 采用允许参数时变的 BMA 方法预测了美国 1960—2011 年的季度 PCE 通胀率，研究结果表明，尽管在点预测方面 BMA 的方法不敌简单的随机游走模型，但在密度预测方面，BMA 方法的效果优于其他备选的通胀预测模型。Koop 和 Korobilis[3] 基于广义菲利普斯曲线框架，采用 DMA 方法预测美国的通胀率，该方法可以同时处理模型变量时变与系数时变，相较于基准的 AR 模型、随机游走模型以及一般时变参数模型，它可以显著改善通胀预测的效果。Koop 和 Korobilis[4] 构建了基于动态模型平均的时变参数向量自回归（TVP - VAR - DMA）模型预测美国 1959—2010 年的季度通胀率，该模型根据预测表现来动态选择解释变量、系数时变程度及模型维度，在有效控制模型和参数不确定性的同时，最大限度地综合利用宏观经济信息，实证结果表明，TVP - VAR - DMA 模型的预测效果优于普通 VAR 模型和 TVP - VAR 模型。

---

[1] Groen, J. J. J., R. Paap, and F. Ravazzolo, "Real – Time Inflation Forecasting in a Changing World", *Journal of Business & Economic Statistics*, Vol. 31, No. 1, 2013, pp. 29 – 44.

[2] Maas, Van Der J., "Forecasting Inflation Using Time – Varying Bayesian Model Averaging", *Statistica Neerlandica*, Vol. 68, No. 3, 2014, pp. 149 – 182.

[3] Koop, G., and D. Korobilis, "Forecasting Inflation Using Dynamic Model Averaging", *International Economic Review*, Vol. 53, No. 3, 2012, pp. 867 – 886.

[4] Koop, G., and D. Korobilis, "Large Time – Varying Parameter VARs", *Journal of Econometrics*, Vol. 177, No. 2, 2013, pp. 185 – 198.

此外，传统的通胀预测模型虽具有较强的理论支撑，但由于经济学界在通胀运行机理研究方面至今尚未形成一种能够为大家所普遍认可的学说，使得预测效果受限。一般而言，基于通胀理论的预测方法仅聚焦于通货膨胀的某类或某几类影响因素，在变量选取上受到较大的限制，无法将更多潜在的重要因素涵盖进去，致使研究视野相对狭隘。例如，基于通胀持久性理论的单变量预测法只包含通货膨胀滞后项。尽管 Atkeson 和 Ohanian[①]、Stock 和 Watson[②] 等经典文献发现单变量预测法也可以取得良好的通胀预测效果，但这些文献预测通货膨胀的样本区间皆处于"大缓和"时期；这段时期内通货膨胀具有波动小、惯性大的突出特征，使仅纳入通胀滞后项的单变量模型表现出令人惊奇的通胀预测能力。而随着"大缓和"时期的终结，通货膨胀呈现波动程度加大、惯性变小的新特征，导致单变量方法的预测效果不再理想。此外，基于菲利普斯曲线的多变量法也往往只选取产出缺口、通胀预期等有限几个变量进行通货膨胀预测。虽然菲利普斯曲线模型被 Stock 和 Watson[③] 称作最具影响力的通胀预测模型，被许多研究所采用；但不可否认的是，该模型的通胀预测效果并不十分稳定，这实际上正是通货膨胀运行机理日益复杂化的真实写照。现阶段在通货膨胀形成机制越发复杂、影响因素日趋多元的背景下，仅包含少量解释变量的传统预测方法可能将难以提供足够的预测信息，而且从模型构建角度来看，预测模型中若只包含较少的解释变量，可能会导致"变量遗漏误差"（variable

---

[①] Atkeson, A., and L. E. Ohanian, "Are Philips Curves Useful for Forecasting Inflation?" *Federal Reserve Bank of Minneapolis Quarterly Review*, Vol. 25, No. 1, 2001, pp. 2 – 11.

[②] Stock, J. H., and M. W. Watson, "Why Has U. S. Inflation Become Harder to Forecast?" *Journal of Money, Credit and Banking*, Vol. 39, No. 1, 2007, pp. 3 – 34.

[③] Stock, J. H., and M. W. Watson, "Phillips Curve Inflation Forecasts", in Fuhrer, J., Y. K. Kodrzycki, J. S. Little, and G. P. Olivei, eds., *Understanding Inflation and the Implications for Monetary Policy: A Phillips Curve Retrospective*, Masseachusettes, MIT Press, 2009, pp. 97 – 202.

omitting error），致使预测精准度下降。因此，构建包含众多解释变量的通胀预测模型具有相当的必要性和紧迫性[1]。但与此同时，不可忽视的问题是，当预测模型所包含的变量越多，为保证递归性需要施加越多的限制，从而增加估计误差，这势必又会反过来影响到模型的预测精度。如何在不增加估计误差的条件下，纳入更多的预测变量信息，实现二者间的有效平衡，从而保证最大限度地综合利用宏观经济变量中蕴含的未来通胀信息，成为构建包含大量解释变量通胀预测模型的关键所在。对此，最新相关研究文献运用动态因子方法进行建模，扩展通胀预测模型的变量数量，以达到这一目的。

具体而言，运用动态因子模型（dynamic factor model）预测通货膨胀的机理是通过提取众多通胀驱动因素中蕴含的共同因子，实现最大限度利用通胀预测信息的目标。Gavin 和 Kliesen[2]通过构建动态因子模型对美国1983年1月至2007年9月的通货膨胀率实施预测时发现，纳入丰富预测变量信息的动态因子模型的预测效果要优于简单的 AR 模型和 AO 模型，特别是当预测期限变长时，这种优势就更为明显。Gupta 和 Kabundi[3]构建了包含267个季度宏观经济变量的动态因子模型，对南非2001—2006年的季度通胀率实施预测，实证结果表明，动态因子模型的预测效果明显优于 VAR 模型、BVAR 模型以及 DSGE 模型。

国内部分学者也进行了富有启发性的探索。崔百胜[4]运用解释变

---

[1] Banbura, M., D. Giannone, and L. Reichlin, "Large Bayesian Vector Auto Regressions", *Journal of Applied Econometrics*, Vol. 25, No. 1, 2010, pp. 71–92.

[2] Gavin, W. T., and K. L. Kliesen, "Forecasting Inflation and Output: Comparing Data-Rich Models with Simple Rules", *Federal Reserve Bank of St. Louis Review*, Vol. 90, No. 3, 2008, pp. 175–192.

[3] Gupta, R., and A. Kabundi, "A Large Factor Model for Forecasting Macroeconomic Variables in South Africa", *International Journal of Forecasting*, Vol. 27, No. 4, 2011, pp. 1076–1088.

[4] 崔百胜：《基于动态模型平均的中国通货膨胀实时预测》，《数量经济技术经济研究》2012年第7期。

量和系数随时间变化的动态模型平均方法，选取9个宏观经济变量对我国通货膨胀进行预测，并根据模型的预测表现确定了最佳参数设置。陈伟和牛霖琳[1]采用允许变量动态选择的贝叶斯模型平均方法，选取28个宏观经济变量预测我国的通货膨胀，发现该方法优于较为流行的单一模型。郭永济等[2]构建了基于动态模型平均的时变向量自回归模型预测我国的通货膨胀，实证结果表明同时考虑解释变量动态选择、系数时变程度动态选择和模型维度动态选择的通胀预测模型，其预测表现优于单一维度的随机游走模型、时变向量自回归模型、贝叶斯模型平均方法，特别是在经济波动较大时综合考虑这些因素的通胀预测模型表现更加出色，增加不同维度的子模型也提高了经济波动增大时的通胀预测能力。

从已有研究可知，这些代表性文献在进行通胀预测的过程中选择了较多的解释变量，并解决了解释变量动态选择、系数时变的问题，然而这些文献的实证研究往往只构建了单一维度的通胀预测模型，并没有解决通胀预测模型维度动态选择的难题，而且也没有考虑不同经济状态下系数时变程度不同的可能性。在国际经济政治格局加速变动和中国经济结构快速调整、发展方式深刻转变的背景下，通货膨胀形成机制日益复杂、影响因素更加多元。在通货膨胀预测过程中，考虑不同经济状态对于通胀的影响，并将模型维度和系数时变程度的时变特征纳入通胀预测模型显得十分必要。允许模型维度动态选择的方法是由 Koop 和 Korobilis[3] 新近提出的一种计量经济学方法。这种方法可以在不增加模型估计误差的情况下，最大限度地利用宏观经济变量中蕴含的未来通胀信息。所谓预测模型的维度

---

[1] 陈伟和牛霖琳:《基于贝叶斯模型平均方法的中国通货膨胀的建模及预测》,《金融研究》2013年第11期。

[2] 郭永济、丁慧和范从来:《中国通货膨胀动态模型预测的实证研究》,《中国经济问题》2015年第5期。

[3] Koop, G., and D. Korobilis, "Large Time – Varying Parameter VARs", *Journal of Econometrics*, Vol. 177, No. 2, 2013, pp. 185 – 198.

是指模型中所包含的解释变量的数量。预测模型维度的动态选择则是指预测模型中的变量数量并非固定，而是随时间发生改变，体现为预测模型中应包含预测变量的多寡是伴随经济运行状态的变化而变化的。具体而言，当经济运行平稳时，只需包含较少变量就可以实现较好的预测效果，而当经济波动加剧时，就需构建包含更多解释变量的通胀预测模型[1]。预测模型维度的动态选择，一方面有利于兼顾不同经济状态对通货膨胀的深刻影响，从而减小预测效果面临的不确定性；另一方面有助于增加模型维度的灵活性，实现模型降维的效果，减小因大量解释变量的纳入可能引发的估计误差，提高通胀预测模型的精准度。

基于此，本章构建基于动态模型平均的时变向量自回归模型（TVP－VAR－DMA）来预测我国的广义价格指数通货膨胀，重点考察允许模型维度和系数时变程度随时间变化时的通胀预测效果。在实现变量动态选择、系数时变的基础上，模型维度和系数时变程度动态选择允许根据经济状态的变化动态来选择包含不同信息量的通胀预测模型，最大限度地综合利用宏观经济信息的同时，避免了模型维度和系数时变程度固定带来的预测不确定性。本章的贡献在于，在变量动态选择和系数时变的已有模型基础上允许动态选择模型维度和动态设定系数时变程度，使本书所构建的通胀预测模型能够充分捕捉经济系统的不同状态和宏观经济变量之间的复杂关系，这在国内已有通货膨胀预测的研究中尚不多见，且本书的实证研究证明了同时考虑这些因素对提升通货膨胀的预测精度是非常必要的。

---

[1] Chan, J. C. C., G. Koop, R. Leon－Gonzalez, and R. W. Strachan, "Time Varying Dimension Models", *Journal of Business & Economic Statistics*, Vol. 30, No. 3, 2012, pp. 358－367. Koop, G., "Forecasting with Medium and Large Bayesian VARs", *Journal of Applied Econometrics*, Vol. 28, No. 2, 2013, pp. 177－203.

第二节 通胀预测模型设定与数据描述

一 模型设定

(一) 引入遗忘因子简化 TVP – VAR 模型的估计

允许系数时变的 TVP – VAR 模型可表示为如下状态空间模型形式：

$$y_t = Z_t \beta_t + \varepsilon_t, \quad \varepsilon_t \sim N(0, \Sigma_t) \quad (4-1)$$

$$\beta_t = \beta_{t-1} + \mu_t, \quad \mu_t \sim N(0, Q_t) \quad (4-2)$$

其中，公式 (4 – 1) 为量测方程，公式 (4 – 2) 为状态方程。量测方程 (4 – 1) 中，y_t 为包含 M 个时间序列变量的 $M \times 1$ 向量，$t = 1, \cdots, T$；$Z_t = [1, y_{t-1}, \cdots, y_{t-p}]$ 为包含截距项与因变量滞后项的 $M \times (1 + p)$ 维预测因子矩阵，时变系数 β_t 为 $(1 + p) \times 1$ 维系数向量，残差项 ε_t 服从独立正态分布 $N(0, \Sigma_t)$。状态方程 (4 – 2) 中随机扰动项 μ_t 服从独立正态分布 $N(0, Q_t)$。TVP – VAR 模型的传统估计方法为蒙特卡洛模拟 (MCMC) 的贝叶斯推断法。由于这种方法是一种后验模拟算法，当模型包含大量解释变量时，需要进行大量的后验抽样以确保模拟算法服从马尔科夫链收敛，从而导致巨大的运算量。Koop 和 Korobilis[①] 在估计大变量 TVP – VAR 模型的过程中采用遗忘因子方法替代传统的 MCMC 算法，避免了过大的运算负担，从而解决了大变量 TVP – VAR 模型的估计问题。

假设 $y^s = (y_1, \cdots, y_s)'$ 表示 s 时点的观测值，估计时变系数 β_t 的更新方程为：

$$\beta_{t-1} | y^{t-1} \sim N(\beta_{t-1|t-1}, V_{t-1|t-1}) \quad (4-3)$$

[①] Koop, G., and D. Korobilis, "Large Time – Varying Parameter VARs", *Journal of Econometrics*, Vol. 177, No. 2, 2013, pp. 185 – 198.

之后通过预测方程进行卡尔曼滤波：

$$\beta_t | y^{t-1} \sim N(\beta_{t|t-1}, V_{t|t-1}) \quad (4-4)$$

$$V_{t|t-1} = V_{t-1|t-1} + Q_t \quad (4-5)$$

卡尔曼滤波法要求提供先验初始值，通过选择初始值 $\beta_{0|0}$ 和 $V_{0|0}$ 计算出 $\beta_{0|y^0}$，然后重复运算公式（4-3）和（4-4），即可过滤出所有时变系数 β_t。同时，卡尔曼滤波运用 y_{t-1} 之前的数据预测 y_t 时，可以计算出预测密度 $\tau(y_t | y^{t-1})$。公式（4-5）是卡尔曼滤波过程中唯一出现的方程，可以通过以下方式移除 Q_t，令：

$$V_{t|t-1} = \frac{1}{\lambda} V_{t-1|t-1} \quad (4-6)$$

λ 被称为遗忘因子，取值范围在 0 与 1 之间，其含义为在估计系数 β_t 时过去 j 期的观测值所占的预测信息权重为 λ^j。λ 值越大，表明系数时变速度越慢，当 $\lambda = 1$ 时，系数 β_t 不随时间变化。不同的 λ 值反映不同的系数时变程度，由于经济状态复杂多变，难以判断系数时变程度的变化轨迹，因此本书设置由数据决定不同时刻的 λ 值。

Koop 和 Korobilis[1] 结合指数加权移动平均法用相似的方法估计 Σ_t：

$$\Sigma_t = \kappa \Sigma_{t-1} + (1-k) \varepsilon_t \varepsilon_t' \quad (4-7)$$

其中，$\varepsilon_t = y_t - \beta_{t|t} Z_t$ 由卡尔曼滤波生成，κ 被称为衰减因子，该值的大小直接影响 Σ_t 的估计结果。若 $\kappa = 1$ 则表明残差 ε_t 的各期方差相同。

用 Q_t 和 Σ_t 的近似值估计时变系数 β_t 时可以避免使用 MCMC 方法，有效降低了运算量，为估计包含大量变量的 TVP-VAR 模型创造了条件。

---

[1] Koop, G., and D. Korobilis, "Large Time-Varying Parameter VARs", *Journal of Econometrics*, Vol. 177, No. 2, 2013, pp. 185–198.

(二) 模型选择

在选择变量时,通常的做法是通过假设检验删除不重要的变量。然而在包含大量解释变量的模型中这就需要施加大量的假设性限制,这样势必会影响模型预测的准确性。如在含有 k 个解释变量的 VAR 模型中,就有超过 2^k 个可能的回归。如何恰当选择限制条件以确定哪些解释变量应包含在模型中,而哪些解释变量应从模型剔除,是实现模型准确预测的重要环节。大量文献针对该问题进行研究,并得到了卓有成效的解决方法,即动态模型选择法、动态模型平均法和动态先验收缩法。

1. 动态模型平均和动态模型选择

动态模型平均(DMA)和动态模型选择(DMS)方法由 Raftery 等[①]提出,其思想是根据每个待选模型在某时点的预测表现,计算出该时点选择每个模型的概率。动态模型平均是对所有模型的预测值按权重进行加权平均,而动态模型选择是在每个时点选择预测效果最佳的一个模型,因此 DMS 是随时间进行模型转换的。他们运用类似于卡尔曼滤波法的递归算法估计模型选择概率,并结合遗忘因子计算出模型选择概率的近似值,表达式如下:

$$p_{t|t-1,j} = p_{t-1|t-1,j}^{\alpha} \Big/ \sum_{\ell=1}^{J} p_{t-1|t-1,\ell}^{\alpha} \qquad (4-8)$$

其中, $p_{t|t-1,j}$ 为在时点 t 选择模型 j 的概率, $j = 1, \cdots, J$ 。为该算法设置初始化先验条件 $p_{0|0,j}$,即每一个模型在初始状态下具有相同的概率。模型的更新方程为:

$$p_{t|t,j} = p_{t|t-1,j} \tau_j(y_t | y^{t-1}) \Big/ \sum_{\ell=1}^{J} p_{t|t-1,\ell} \tau_\ell(y_t | y^{t-1}) \qquad (4-9)$$

动态模型平均(选择)过程就是对公式(4-8)和公式(4-9)

[①] Raftery, A., M. Karny, and P. Ettler, "Online Prediction under Model Uncertainty via Dynamic Model Averaging: Application to a Cold Rolling Mill", *Technometrics*, Vol. 52, No. 1, 2010, pp. 52-66.

进行 J 次卡尔曼滤波，其运算效率远高于 MCMC 法，可以估计包含大量解释变量的 TVP – VAR 模型。α 为遗忘因子，与 λ 具有相似的功能，为了更方便地理解遗忘因子 α 对模型选择的影响，将公式（4 – 9）简化为：

$$p_{t|t,j} = \prod_{i}^{t-1} \left[\tau_j(y_{t-i} | y^{t-i-1}) \right]^{\alpha^i} \qquad (4-10)$$

其中，$\tau_j(y_t | y^{t-1})$ 为模型 j 的预测似然值，即模型对宏观经济变量的预测密度，由卡尔曼滤波估计所得，用于衡量模型的预测表现。如果模型 j 用 t – 1 时点之前的数据对 t 时点观测值的预测表现较好，则对该模型在 t 时赋予较大的权重。遗忘因子 α 用来控制过去预测表现占最近一期预测表现的权重，即 t – d 期观测值预测 t + 1 期观测值的预测表现与 t 期观测值预测 t + 1 期观测值预测表现的比较。如 α = 0.99 对月度数据来说意味着两年前数据预测下一期观测值的预测表现最多达到上一期之前数据预测下一期观测值表现的 80%。Geweke 和 Amisano[1] 等将预测似然值的对数用作衡量模型预测表现的评价标准。

通常情况下，对时变系数施加限制以减少待估系数个数时很难把握某个时点是否符合该限制。允许模型的维度随时间变化是降低过度参数化风险和避免因系数收缩度设置不当而造成模型误设的有效方法。Chan 等[2] 构建时变维度的向量自回归模型（TVD – VAR）预测了美国通货膨胀，发现维度随时间变化的模型预测表现更为出色。鉴于此，本章在动态变量选择的基础上增加了 3 个不同维度的子模型，分别为包含 3 个变量的小型模型、7 个变量的中型模型和 25 个变量的大型模型。同时，本章还运用预测似然值根据不同时点

---

[1] Geweke, J., and G. Amisano, "Hierarchical Markov Normal Mixture Models with Applications to Financial Asset Returns", *Journal of Applied Econometrics*, Vol. 26, No. 1, 2011, pp. 1 – 29.

[2] Chan, J. C. C., G. Koop, R. Leon – Gonzalez, and R. W. Strachan, "Time Varying Dimension Models", *Journal of Business & Economic Statistics*, Vol. 30, No. 3, 2012, pp. 358 – 367.

不同维度模型的预测表现估计在该时点选择各维度模型预测通货膨胀的概率。因此，本章构建的通货膨胀预测模型不仅允许变量动态选择，同时允许模型维度动态选择，解决了单一维度模型在复杂的经济系统中经常面临较大不确定性的问题。

2. 动态先验收缩

先验收缩（prior shortage）的原理是在数据信息较弱的情况下，结合先验信息可以获得更准确的推断，并且有效地减轻了模型过度拟合问题。当模型中包含较多的潜在解释变量而大部分解释变量不重要时，通常设定这些不重要变量的先验平均值接近于0以使其收缩系数总体趋近于0，这样就避免了估计不重要变量的系数，从而大大简化了模型的复杂度[①]。动态模型平均、动态模型选择和先验收缩的紧密关系可由下式表达：

$$\beta_i | \psi_i^2 \sim N(0, \sigma \psi_i^2) \qquad (4-11)$$

其中，$\beta = (\beta_1, \ldots \beta_k)'$ 为变量的收缩系数，ψ_i^2 为变量的先验值。若 ψ_i^2 的值较小，则意味着为变量系数施加了大量的收缩直到先验均值趋于0，相反则表明为变量施加了较小的收缩。如果运用分层先验对 ψ_i^2 进行不同的处理，则会产生大量不同的收缩、选择或平均方法。例如，Park 和 Casella[②] 采用指数混合密度分层先验，Frühwirth-Schnatter 和 Wagner[③] 在指数混合密度基础上又加入一个层次。参照 Koop[④]的做法，我们选择明尼苏达（Minnesota）先验，即 $\beta_0 \sim$

[①] De Mol, C., D. Giannone, and L. Reichlin, "Forecasting Using a Large Number of Predictors: Is Bayesian Shrinkage a Valid Alternative to Principal Components", *Journal of Econometrics*, Vol. 146, No. 2, 2008, pp. 318 – 328.

[②] Park, T., and G. Casella, "The Bayesian Lasso", *Journal of the American Statistical Association*, Vol. 103, No. 482, 2008, pp. 681 – 686.

[③] Frühwirth-Schnatter, S., and H. Wagner, "Stochastic Model Specification Search for Gaussian and Partial Non-Gaussian State Space Models", *Journal of Econometrics*, Vol. 154, No. 1, 2010, pp. 85 – 100.

[④] Koop, G., "Forecasting with Medium and Large Bayesian VARs", *Journal of Applied Econometrics*, Vol. 28, No. 2, 2013, pp. 177 – 203.

$N(\beta_{0|0}, V_{0|0})$。假设 β_0 的先验协方差系数矩阵为对角矩阵，Λ_i 为方程 i 的系数先验方差，则 r 阶滞后的系数先验值为 γ/r^2，截距项为 a，其中 $r = 1, \cdots, p$，γ，用以控制 VAR 系数的收缩度。通常，将 a 赋予较大的值以确保先验值不包含额外的信息。

（三）参数设定

根据上文的分析，我们可以选择性设定四个参数来控制通货膨胀预测模型，分别为两个遗忘因子 λ 和 α、一个衰减因子 κ 和一个先验信息 γ。其中，λ 控制系数的时变速度，α 控制模型预测密度，κ 控制误差项的协方差特征，γ 控制系数的收缩程度，通过设定不同的参数可以构建不同的模型。遗忘因子 λ 通常为略小于 1 的数值以构建较为稳定的模型[1]，λ 的选择范围为 {0.97，0.98，0.99，1}，为便于比较，本章分别设定系数时变程度随时间变化、系数时变程度不随时间变化（$\lambda = 0.99$）和系数不时变（$\lambda = 1$）三种情况；设定遗忘因子 α 的选择范围为 {0.001，0.95，0.99，1}，以测试遗忘因子 α 对模型选择影响的灵敏度[2]；当 $\lambda = \alpha = 1$ 的情况下，预测方法就成为传统的贝叶斯模型平均（BMA）法[3]；借鉴 Korobilis[4] 的研究，设定衰减因子 κ 的选择范围为 {0.94，0.96，0.98}；贝叶斯估计中，不同的先验引导不同的模型，因此本章为明尼苏达先验设置不同程度的先验收缩供模型进行选择，设定 γ 的选择范围为 {1×10^{-10}，1×10^{-5}，0.001，0.005，0.01，0.05，0.1}，模型可以根据通货膨胀的预测表现自动选择最优的先验收缩。

---

[1] Raftery, A., M. Karny, and P. Ettler, "Online Prediction under Model Uncertainty via Dynamic Model Averaging: Application to a Cold Rolling Mill", *Technometrics*, Vol. 52, No. 1, 2010, pp. 52 – 66.

[2] Koop, G., "Forecasting with Medium and Large Bayesian VARs", *Journal of Applied Econometrics*, Vol. 28, No. 2, 2013, pp. 177 – 203.

[3] Koop, G., and D. Korobilis, "Forecasting Inflation Using Dynamic Model Averaging", *International Economic Review*, Vol. 53, No. 3, 2012, pp. 867 – 886.

[4] Korobilis, D., "VAR Forecasting Using Bayesian Variable Selection", *Journal of Applied Econometrics*, Vol. 28, No. 2, 2013, pp. 204 – 230.

除设定上述参数外，本章还做了以下设置：

（1）分别用包含3个、7个和25个变量的单一维度模型对通货膨胀进行预测，每一个单一维度模型均允许自动选择最优的先验信息，因而允许模型自动选择变量和系数时变程度；

（2）分别将遗忘因子 λ 设定为非时变（$\lambda \sim \lambda^s$）和时变（$\lambda \sim \lambda^d$）两种状态。

（3）采用两种方法进行预测模拟。第一种方法用 T 时点的 VAR 系数预测 $T+h$ 时点的变量值，即在样本外预测的 h 期内系数是固定不变的（$\beta_T = \beta_{T+h}$）。另一种方法是在样本外预测的 h 期内允许 VAR 系数服从随机游走（$\beta_T \sim RW$）；

（4）本章旨在构建 TVP - VAR - DMA/DMS 模型并分析其通货膨胀预测的表现，设置该基准模型重点是与其他模型进行比较，所选参数主要参考 Raftery 等[1]和 Koop[2]，所有模型中变量的滞后期设为4阶，对我国通货膨胀的预测长度均为8期，同时将 TVP - VAR - DMA（$\alpha = 0.99$, $\kappa = 0.96$, $\beta_T = \beta_{T+h}$, $D = 3$, $\lambda \sim \lambda^d$）作为本章预测通货膨胀的基准模型。

（四）模型评价标准

除了预测似然值可作为模型预测的评价标准，Banbura 等[3]和 Chan 等[4]还运用均方预测误差（MSFE）对模型的预测表现进行评价。MSFE 表达式如下：

---

[1] Raftery, A., M. Karny, and P. Ettler, "Online Prediction under Model Uncertainty via Dynamic Model Averaging: Application to a Cold Rolling Mill", *Technometrics*, Vol. 52, No. 1, 2010, pp. 52 - 66.

[2] Koop, G., "Forecasting with Medium and Large Bayesian VARs", *Journal of Applied Econometrics*, Vol. 28, No. 2, 2013, pp. 177 - 203.

[3] Banbura, M., D. Giannone, and L. Reichlin, "Large Bayesian Vector Auto Regressions", *Journal of Applied Econometrics*, Vol. 25, No. 1, 2010, pp. 71 - 92.

[4] Chan, J. C. C., G. Koop, R. Leon - Gonzalez, and R. W. Strachan, "Time Varying Dimension Models", *Journal of Business & Economic Statistics*, Vol. 30, No. 3, 2012, pp. 358 - 367.

$$MSFE_{i,t}^h = \sqrt{(\hat{y}_{i,t+h|t} - y_{i,t+h}^0)^2} \qquad (4-12)$$

其中，$\hat{y}_{i,t+h|t}$是通货膨胀在$t+h$时点的预测值，$y_{i,t+h}^0$是$t+h$时刻通货膨胀的实际值，因此 MSFE 值越小表明模型预测越准确。在滚动预测过程中，预测期内 MSFE 的平均值表达式为：

$$(\widehat{MSFE})_i^h = \frac{1}{\nu_1 - h - \nu_0} \sum_{t=\nu_0}^{\nu_1-h} MSFE_{i,t}^h \qquad (4-13)$$

ν_0和ν_1分别是预测样本的起点和终点。为获取足够的预测信息，本章从 2003 年 5 月开始滚动预测通货膨胀。

二 数据选择与描述

鉴于通货膨胀发生机制的复杂性以及影响因素的多元性，为了尽量避免通货膨胀信息的流失，本章在通胀预测模型的构建过程中纳入了尽可能多的解释变量，构建包含大量解释变量的通货膨胀预测模型。借鉴已有的通货膨胀预测经典文献，本章将广义价格指数通货膨胀率、产出增长率和银行间同业拆借加权利率三个变量作为主要变量，贯穿于所有 TVP - VAR 模型之中。除此以外，本章还选取了 22 个经济变量用作广义价格指数通货膨胀预测[①]。所有相关数据来自中经网统计数据库和万德（WIND）数据库。通货膨胀预测的时间跨度为 1998 年 1 月至 2015 年 4 月，其中 1998 年 1 月至 2003 年 4 月作为通货膨胀预测起步预热期区间，为模型进行通货膨胀预测提供先验信息。从 2003 年 5 月开始进行一步向前滚动预测，即根据 1998 年 1 月至 2003 年 4 月这一起步预热期区间的数据估计 2003 年 5 月的通货膨胀预测值，然后将 2003 年 5 月的通货膨胀真实值加入预热期，估计 2003 年 6 月的通货膨胀预测值，依次类推，直到估计出 2015 年 4 月的通货膨胀预测值。Stock

---

[①] 主要参考 Stock 和 Watson（2008）、Carriero 等（2011）以及陈伟和牛霖琳（2013）的研究。

和 Watson[①] 以及 Carriero 等[②] 在进行通货膨胀预测时，提出运用 TVP - VAR 模型等时变系数模型进行通货膨胀预测时，需要确保预测变量的平稳性，因此，本章对所选取的通胀预测变量进行相应的平稳性转换，所有变量平稳性转换的处理方法详见表 4 - 1。

表 4 - 1　　　　　　　　　　变量选择和处理

变量	转换代码	变量	转换代码
1. 工业增加值同比增速	1	14. 消费品零售总额同比增速	1
2. 广义价格指数	5	15. 进出口总额同比增速	1
3. 银行间同业拆借加权利率	2	16. 国家财政支出同比增速	1
4. M0 同比增速	1	17. 6 个月短期贷款利率	2
5. M1 同比增速	1	18. 3—5 年中长期贷款利率	2
6. M2 同比增速	1	19. 人民币实际有效汇率指数	5
7. 金融机构贷款余额同比增速	1	20. 美元兑人民币平均汇率	2
8. 金融机构中长期贷款余额	5	21. 进口商品价格指数	5
9. 金融机构当期贷款余额	5	22. 全球初级产品价格指数	5
10. 外汇储备余额	5	23. 国际石油价格指数	5
11. 固定资产投资同比增速	1	24. 宏观经济景气指数：先行指数	5
12. 房地产投资同比增速	1	25. 宏观经济景气指数：一致指数	5
13. 货运量同比增速	1		

注：转换代码分别表示如下。1：不做转换；2：一阶差分；3：二阶差分；4：取对数；5：对数一阶差分；6：对数二阶差分。

---

① Stock, J. H., and M. W. Watson, *Forecasting in Dynamic Factor Models Subject to Structural Instability*, Oxford: Oxford University Press, 2008.

② Carriero, A., T. Clark, and M. Marcellino, "Bayesian VARs: Specification Choices and Forecast Accuracy", Federal Reserve Bank of Cleveland Working Paper, 2011.

借鉴 Koop 和 Korobilis[①] 的做法，本章将所有的变量进行标准化处理，用做标准化处理的均值和方差由 1998 年 1 月至 2003 年 4 月的数据计算而来，即开始进行滚动预测之前的数据。

第三节　基于广义价格指数的通货膨胀预测

一　模型动态选择过程[②]

动态模型选择（DMS）可以根据模型的预测表现在不同的时点选择最优的解释变量、系数时变程度和模型维度。

图 4 - 1 描绘了不同维度 TVP - VAR 模型明尼苏达先验收缩的时变最优值。可以看出，系数的收缩度会随着模型包含变量的增多而增加，即对高维度模型的系数施加较大的限制，这符合我们的理论预期。TVP - VAR（3）与 TVP - VAR（7）的收缩系数大多数时间为 0.05，TVP - VAR（25）的收缩系数在 2008 年 5 月之前长期接近 0，而 2008 年 5 月后绝大部分时期内为 0.005 和 0.001。这意味着伴随着国际金融危机的爆发，模型先验收缩度变小，模型对变量系数施加的限制减少，即在经济不确定性增大的状态下模型选择了更多的变量来预测通货膨胀。

图 4 - 2 展示了系数时变程度的时变最优值。尽管不同维度模型的 λ 值（系数时变程度）表现出较为明显的时变特征，但从趋势上看，不同模型的 λ 值都在 1 附近波动，表明模型的系数变化速度相对较慢。具体看不同模型，TVP - VAR（3）的系数在 1998—1999 年、2002—2004 年变化较为频繁，2005 年以来固定在 0.997；TVP - VAR（7）的系数在 1998 年 5 月至 2003 年 6 月波动频繁，而 2003 年 6 月

[①] Koop, G., and D. Korobilis, "Large Time - Varying Parameter VARs", *Journal of Econometrics*, Vol. 177, No. 2, 2013, pp. 185 - 198.

[②] 该部分为基准模型的估计结果。

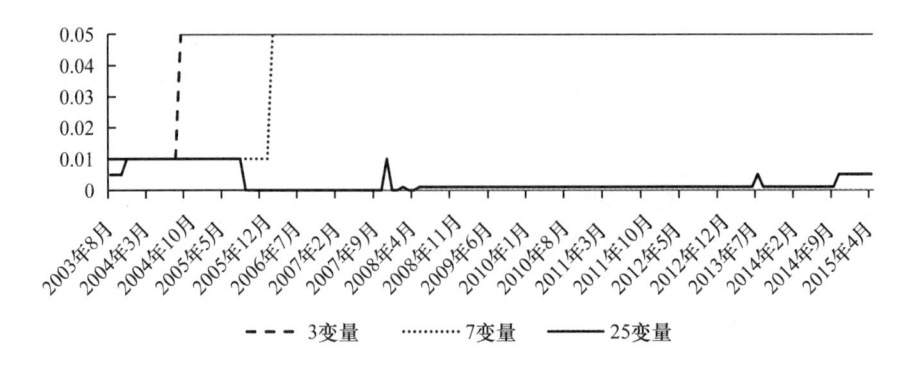

图 4-1 收缩系数的时变最优值

至今大部分时期内固定在 0.990 与 0.997；TVP-VAR（25）的系数在 1998 年 5 月至 2000 年 5 月、2007 年 9 月至 2008 年 9 月两个时间段表现出明显的变化。这意味着在我国经济波动不确定性较大的时期，TVP-VAR-DMA 模型能够有效地捕捉到经济状态的结构性变化信息。

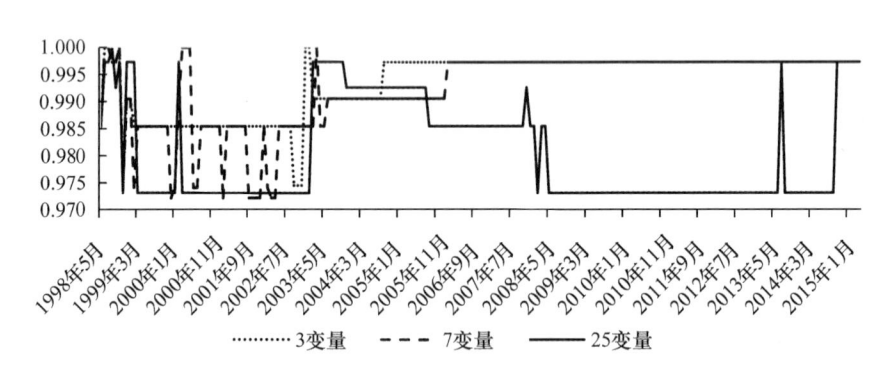

图 4-2 遗忘因子的时变最优值

图 4-3 给出了不同维度模型的动态选择概率，从图示可以看出，从不同维度模型的动态选择概率来看，并不存在所谓最优维度的模型。就考察样本期间的情况来看，2002 年 5 月之前的大部分时

期内，TVP-VAR（7）与 TVP-VAR（25）的被选概率一直低于 TVP-VAR（3），其中，TVP-VAR（25）的被选概率最低。2002年5月至2004年8月，TVP-VAR（7）的被选概率超过 TVP-VAR（3），成为被选概率最大的模型，而 TVP-VAR（25）的被选概率也有较大幅度的上升，TVP-VAR（3）的被选概率出现明显的下降趋势。自2004年9月始至2007年年初，TVP-VAR（3）被选概率又重新大于 TVP-VAR（7）与 TVP-VAR（25），背后可能的原因是这段时期中国经济的运行状况相对平稳，从通货膨胀预测来说，包含较少变量的模型就可以实现较为准确的预测。而伴随着国际金融危机的爆发，经济运行不确定性增大，通货膨胀的机制与影响因素更加复杂与多元化，只包含少量变量的预测模型很难把握中国通货膨胀的变动趋势，从而难以提供足够的通胀信息，而包含较多变量的中、大型维度的预测模型被选择概率上升。从实证结果来看，被选概率最大的模型并非 TVP-VAR（25）这一"大型"模型，而是 TVP-VAR（7）这一"中型"模型。这可能是由于模型所含变量越多就要求施加的限制越多，从而会影响模型的预测精度。而 TVP-VAR（7）这一中型预测模型既可以提供足够的通胀预测信息，又可以避免变量过多造成预测精度下降的情况。

二　模型预测结果比较

为评价模型的预测表现，本章估计每个模型对通货膨胀预测的 MSFE 和对数预测似然值。预测模型的 MSFE 和对数预测似然值越小，表明其预测通货膨胀的效果越好。

（一）MSFE 的比较

表4-2展示了各 TVP-VAR 模型通货膨胀预测的相对 MSFE 值。为便于比较，参照 Koop 和 Korobilis[1] 的做法，将相对 MSFE 值

---

[1] Koop, G., and D. Korobilis, "Large Time-Varying Parameter VARs", *Journal of Econometrics*, Vol. 177, No. 2, 2013, pp. 185-198.

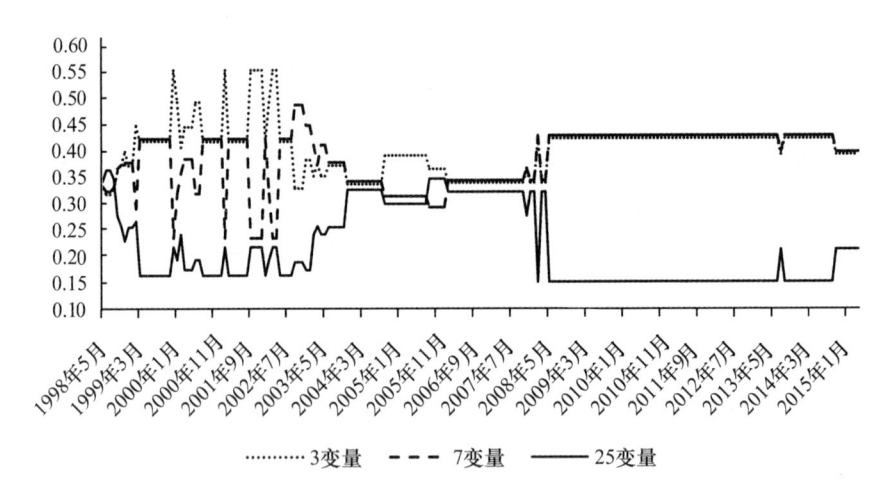

图 4-3 不同维度模型的动态选择概率

设定为各类 TVP - VAR 模型在各预测步长的 MSFE 值与基准预测模型相应预测步长的 MSFE 之间的比值。表 4-2 中有两组共 18 个 TVP - VAR 模型，分别为单一维度的 TVP - VAR 模型与 TVP - VAR - DMA/DMS 模型。通过设置不同的模型参数与模型维度，以及不同的预测步长和不同的预测模拟方法，本章对模型的通胀预测效果进行全方位的比较与评价。

表 4-2　　　　　　　　通货膨胀预测的相对 MSFE 值

模型	h = 1	h = 2	h = 3	h = 4	h = 5	h = 6	h = 7	h = 8
3 变量模型								
1. TVP - VAR ($\beta_T = \beta_{T+h}$)	0.937	1.212	1.300	1.416	1.483	1.520	1.553	1.604
2. TVP - VAR ($\lambda = 0.99$)	0.941	1.225	1.292	1.415	1.474	1.510	1.543	1.584
3. TVP - VAR ($\beta_T \sim RW$)	0.939	1.220	1.286	1.385	1.426	1.459	1.493	1.525
4. BMA ($\lambda = \alpha = 1$)	0.970	1.227	1.281	1.342	1.380	1.392	1.417	1.444
7 变量模型								
5. TVP - VAR ($\beta_T = \beta_{T+h}$)	0.905	1.107	1.311	1.476	1.545	1.612	1.689	1.769
6. TVP - VAR ($\lambda = 0.99$)	0.908	1.099	1.272	1.430	1.517	1.584	1.665	1.738

续表

模型	h = 1	h = 2	h = 3	h = 4	h = 5	h = 6	h = 7	h = 8
7. TVP – VAR ($\beta_T \sim RW$)	0.904	1.082	1.243	1.370	1.441	1.498	1.567	1.632
8. BMA ($\lambda = \alpha = 1$)	0.914	1.083	1.211	1.304	1.350	1.389	1.438	1.491
25 变量模型								
9. TVP – VAR ($\beta_T = \beta_{T+h}$)	2.508	1.422	1.500	1.305	1.237	1.236	1.217	1.196
10. TVP – VAR ($\lambda = 0.99$)	2.546	1.482	1.513	1.323	1.262	1.255	1.233	1.196
11. TVP – VAR ($\beta_T \sim RW$)	2.584	1.488	1.539	1.341	1.263	1.249	1.219	1.196
12. BMA ($\lambda = \alpha = 1$)	2.626	1.718	1.587	1.348	1.257	1.227	1.211	1.192
TVP – VAR – DMA/DMS								
13. TVP – VAR – DMA ($\beta_T = \beta_{T+h}$)	1.000	1.000	1.000	1.000	1.000	1.000	1.000	1.000
14. TVP – VAR – DMS ($\beta_T = \beta_{T+h}$)	0.884	1.136	1.261	1.411	1.497	1.579	1.636	1.666
15. TVP – VAR – DMA ($\beta_T \sim RW$)	0.962	1.133	1.238	1.319	1.388	1.442	1.488	1.514
16. TVP – VAR – DMS ($\beta_T \sim RW$)	0.878	1.140	1.262	1.407	1.497	1.584	1.638	1.673
17. TVP – VAR – DMA ($\lambda = 0.99$)	0.996	1.004	1.007	1.013	1.015	1.018	1.019	1.020
18. TVP – VAR – DMS ($\lambda = 0.99$)	0.888	1.173	1.321	1.454	1.563	1.637	1.708	1.750

注：$\lambda = 0.99$ 表明遗忘因子 λ 设定为固定值0.99，即系数时变程度不随时间变化，若无特别说明，所有模型参数均与基准模型一致。BMA ($\lambda = \alpha = 1$) 为贝叶斯模型平均方法，也就是陈伟和牛霖琳（2013）所用的研究方法。

观察各单一维度 VAR 模型（模型1—12）的相对 MSFE 值可以发现，总体而言，单一维度的 VAR 模型的预测误差要明显大于基准模型。具体而言，除 TVP – VAR（3）与 TVP – VAR（7）在预测步长为1的情况下，相对 MSFE 略小于1，其他情况下各单一维度的 VAR 模型的相对 MSFE 值都要明显大于1，值得一提的是，TVP – VAR（25）在预测步长为1时，相对 MSFE 超过了2.5，意味着预测误差远远大于基准模型。尽管单一维度 TVP – VAR 模型可以实现系数时变，从而反映经济状态变化条件下通货膨胀与其驱动因素之间关系的"时变性"，亦可以根据变量对通货膨胀的影响程度实现变量的自动选择，但由于模型维度固定，从而无法在不增加模型估计误差的条件下,最大限度地利用宏观经济变量中所蕴含的通胀信息。这导致了单一维度的 TVP – VAR 模型的预测精准度比不上基准模型。结合图 4 – 3 可以发现,预测模型的最优维度即模型包含变量数量的最优值,会随着经济运行状态的变化而改变,但这一事实无法在单一维度 TVP – VAR 模型中得到体现。允许模型维度动态选择的基准模型,一方面可以兼顾不同经济状态对通货膨胀的动态影响,从而减少模型预测的不确定性;另一方面有助于增加模型维度的灵活性,实现模型降维的效果,降低因大量解释变量纳入可能引发的模型估计误差,从而提高通胀预测的精确度。此外,通过各单一维度模型的相对 MSFE 值,可以看出随着单一维度模型中所包含的预测变量数量的增加,通胀预测误差也有增大的趋势,这符合理论的预期。因为随着单一维度模型中所包含变量数量的增加,给模型施加的假设限制也在增加,而这势必会加大模型的预测误差,最终影响模型预测的精准度。

TVP – VAR – DMS 模型的预测效果不敌 TVP – VAR – DMA 模型。究其原因,TVP – VAR – DMS 模型为每一时点预测效果最佳从而被选概率最大的模型,但任一模型的被选概率都不可能为 1,因此 TVP – VAR – DMS 模型存在通胀信息的遗漏。观察图 4 – 3 可以发现,从不同维度模型的动态选择概率来看,最大概率值为 0.55,且在多数时期,占优预测模型的被选概率都不超过 0.45。也就是说,从概率意义上来看,多数时期,预测效果最佳从而被选概率最大的模型只能实现不超过 45% 的预测效果。而动态模型平均(DMA)的核心思想是,根据备选模型某时点之前的预测表现来计算各模型在该时点被选概率并将其作为模型权重进行加权平均。这样一方面能够遴选出那些最为核心的通胀预测变量;另一方面对所有备选模型的预测值按照权重进行加权平均可以避免有效通胀信息的遗漏,最大限度地利用预测变量中所蕴含的通胀信息,提高通货膨胀预测的精准度。

无论是单一维度的 TVP – VAR 模型抑或 TVP – VAR – DMA/DMS

模型，在多数情况下，采用 ($\beta_T \sim RW$) 这一预测模拟方法对通货膨胀实施预测的效果相较于采用 ($\beta_T = \beta_{T+h}$) 有一定程度的改善。但值得注意的是，对于 TVP – VAR – DMA 模型，采用 $\beta_T \sim RW$ 的预测模拟方法进行通胀预测的效果明显不敌采用 $\beta_T = \beta_{T+h}$ 这一预测模拟方法。允许遗忘因子 λ（模型系数时变程度）随时间发生变化时的预测效果并非总是优于将遗忘因子 λ 设为固定值时的预测效果，如模型 4、模型 8 及模型 12 将遗忘因子 λ 设为固定值 1 时，预测效果反而要优于某些允许 λ 时变的预测模型，如模型 1、模型 5 及模型 9。其可能的原因是，在本章考察的样本期间内，中国经济运行总体而言比较平稳，通货膨胀与其驱动因素之间的关系也并未出现明显的结构性突变。这使得通货膨胀预测模型中模型系数时变的速度相对平缓。结合图 4 – 2 可以发现，尽管不同维度模型的 λ 值（系数时变程度）表现出较为明显的时变特征，但从趋势上看，不同模型的 λ 值都在 1 附近波动，表明模型的系数变化速度相对较慢。在这种情况下，通货膨胀预测模型允许遗忘因子 λ 时变并未明显改善通货膨胀预测的效果。

（二）对数预测似然值的比较

以上，通过相对 MSFE 这一指标对各 TVP – VAR 模型通货膨胀预测效果进行了较为系统的比较分析，论证了通胀预测过程中允许模型维度动态选择可以改善通胀预测效果。下面，本章通过对数预测似然值这一指标对各 TVP – VAR 模型的通胀预测效果作进一步的比较分析。不同预测步长下各 TVP – VAR 模型的相对 MSFE 值是对各模型在样本观测期通胀预测效果的总体评判，而通过对比不同模型的相对对数预测似然值随时间的演化路径可以评价各模型在不同时点的通胀预测效果。各模型的相对对数预测似然值为各模型对数预测似然值减去基准模型的对数预测似然值。若某模型的相对对数预测似然值大于 0，则说明该模型的通胀预测效果优于基准模型；而若该值小于 0，则意味着该模型的通胀预测效果不如基准模型。图 4 – 4 展示了 TVP – VAR (3)、TVP – VAR (7) 及 TVP – VAR (25)

这三个单一维度 TVP – VAR 模型进行一步向前通胀预测时的相对对数预测似然值。从图 4 – 4 可以看出大多数时期，三个单一维度 TVP – VAR 模型的相对对数预测似然值小于 0，这意味着总体而言，单一维度的 TVP – VAR 模型的通胀预测效果不敌允许模型维度自动选择的 TVP – VAR – DMA 模型，这与前文通过分析相对 MSFE 值得到的结论一致。具体而言，2003—2008 年国际金融危机爆发前这一段时期内，在多数时点，TVP – VAR（3）与 TVP – VAR（7）的相对对数预测似然值稍大于 0。究其原因，这段时期中国经济处于平稳的高速增长期，包含较少变量的单一维度模型也可以实现较为准确的通胀预测，模型维度时变的 TVP – VAR – DMA 模型的优势并未充分显现。但当国际金融危机爆发之后，经济运行的不确定性陡增，通货膨胀的形成机制日趋复杂、影响因素更加多元，此时考虑不同经济状态对通货膨胀影响并将模型维度动态选择纳入通胀预测模型就显得尤为必要。结合图 4 – 4 可以发现，2008 年国际金融危机后，TVP – VAR（3）、TVP – VAR（7）及 TVP – VAR（25）这三个单一维度模型的相对对数预测似然值在绝大多数时点都要显著小于 0，意味着 TVP – VAR – DMA 模型在经济运行不确定性加大的时期能够显著改善通货膨胀预测的效果。此外，由单一维度模型的相对对数预测似然值可以发现，TVP – VAR（25）的相对对数预测似然值在多数时点都要小于 TVP – VAR（3）与 TVP – VAR（7），说明对于单一维度 TVP – VAR 而言，随着模型变量的增加，模型的通胀预测误差呈现出加大的趋势，预测准确度下降。这也与前文通过相对 MSFE 值得出的研究结论具有一致性。

三 稳健性检验

以上通过相对 MSFE 值和相对对数预测似然值这两个指标对各 TVP – VAR 模型的通胀预测效果进行了较为系统的比较分析，发现 TVP – VAR – DMA 模型的通胀预测效果最优。下面本章分别从改变控制模型预测密度的遗忘因子 α 值、改变模型预测预热期区间以及

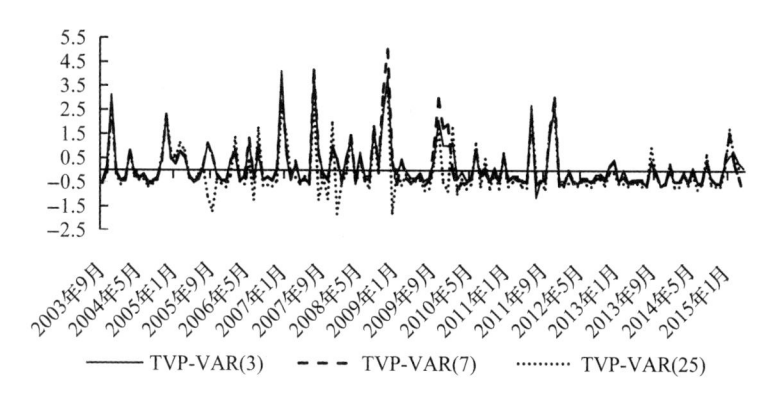

图 4-4 向前一步预测的相对对数预测似然值

增加模型预测步长三个方面对 TVP – VAR – DMA 模型的通胀预测效果进行稳健性检验。具体而言，在不改变遗忘因子 λ、衰减因子 κ 等其他参数的前提下，将遗忘因子 α 值分别设为 0.95、0.001 和 1[①]；将模型预测预热期区间由 1998 年 1 月至 2003 年 4 月扩展为 1998 年 1 月至 2005 年 12 月，从 2006 年 1 月开始进行滚动预测并计算 MSFE 值；将模型的预测步长由原来的 8 期扩展为 12 期。

稳健性检验结果表明，在不改变其他参数的条件下，将控制预测密度的遗忘因子 α 分别设定为 0.001、0.95 以及 1 时，TVP – VAR – DMA 模型的相对 MSFE 值都在 1 附近波动。尽管 TVP – VAR – DMA 模型的大部分相对 MSFE 值都略大于 1，但最大的相对 MSFE 值仅为 1.008，此外还有一部分的相对 MSFE 值略小于 1（见表 4 – 3）。这意味着改变控制预测密度的遗忘因子 α 的值并未明显改变 TVP – VAR – DMA 模型的预测效果，这也说明上文中 TVP – VAR – DMA 模型的通胀预测结果是稳健的。此外，当采用 1998 年 1 月至 2005 年

---

① $\alpha = 0.95$ 时，意味着两年前的月度数据预测下一期观测值的预测表现最多达到上一期之前数据预测下一期观测值表现的 35%；$\alpha = 1$ 时，则意味着预测概率等于边际似然值，即等同于传统的贝叶斯模型平均方法；$\alpha = 0.001$ 时，则可近似认为所有模型在所有的时点具有相同的预测表现。通过设置不同的 α 值可以检测动态模型选择对通货膨胀预测影响的灵敏性。

12 月这一新的预热期区间进行通货膨胀预测时，模型的预测表现并未发生明显改变，说明本章构建的 TVP – VAR – DMA 模型具有自动修正模型先验信息和及时更新样本信息的特征，从而能够有效防止模型先验信息不足而导致的预测失真状况；而将预测步长由 8 期扩展为 12 期后，TVP – VAR – DMA 模型的各预测步长相对 MSFE 值亦与前文的结果具有一致性[①]。本章从三个方面进行的模型稳健性检验结果表明，TVP – VAR – DMA 模型所具有的一系列特征能够有效控制模型的预测误差，确保模型预测结果的准确性与稳健性。

表 4 – 3　　　　　　　　　不同 α 值模型的相对 MSFE

模型	$h=1$	$h=2$	$h=3$	$h=4$	$h=5$	$h=6$	$h=7$	$h=8$
TVP – VAR – DMA ($\alpha=0.001$)	1.000	1.002	1.005	1.004	1.002	1.006	1.008	1.005
TVP – VAR – DMS ($\alpha=0.001$)	0.985	1.122	1.283	1.417	1.498	1.580	1.634	1.664
TVP – VAR – DMA ($\alpha=0.95$)	1.008	1.008	1.007	1.003	0.997	0.999	0.998	0.996
TVP – VAR – DMS ($\alpha=0.95$)	1.010	1.160	1.258	1.426	1.474	1.564	1.625	1.654
TVP – VAR – DMA ($\alpha=1$)	0.989	1.000	1.001	1.000	1.002	1.001	1.001	1.001
TVP – VAR – DMS ($\alpha=1$)	0.873	1.116	1.259	1.378	1.484	1.552	1.617	1.644

注：若无特别说明，所有模型参数均与基准模型一致。

综上所述，在考虑预测模型变量时变与系数时变的同时，允许预测模型维度和系数时变程度动态选择可以优化通胀预测的精确度，使预测效果优于单一维度时变向量自回归模型，以及允许变量动态选择的贝叶斯模型平均方法，特别是当经济波动增大、经济运行不确定性增加时，这种优势就会更加明显。

[①] 在稳健性检验过程中，将预测模型的预热期区间由 1998 年 1 月至 2003 年 4 月扩展为 1998 年 1 月至 2005 年 12 月，并将模型预测步长由 8 期调整为 12 期时，预测模型的相对 MSFE 值都在 1 附近变动，一部分相对 MSFE 值略大于 1，而另一部分相对 MSFE 值略小于 1。这意味着相对于基准预测模型，用作稳健性检验的预测模型的预测效果并未发生明显改变。

第五章

广义价格指数的应用：通货膨胀与经济周期波动的协同

对于我国货币当局而言，从最终目标来看，货币政策的制定与实施，不仅是稳定物价，还包括经济周期的熨平，也就是需要在控制通货膨胀与熨平经济周期之间进行统筹协调，从而实现通货膨胀与经济周期之间的动态平衡。近年来，由于居民消费价格指数通胀率对经济周期变化的敏感程度下降，菲利普斯曲线呈现出扁平化的趋势，我国货币政策"稳定物价"和"熨平经济周期"目标的实现面临挑战。因此，对于货币当局而言，采用广义价格指数作为新的通胀指标，需要考虑广义价格指数测度的通货膨胀与经济周期变动之间的协同程度如何，也就是纳入广义价格指数的菲利普斯曲线形状如何。理论模型分析与实证检验表明，如果采用广义价格指数作为通货膨胀的衡量指标，菲利普斯曲线扁平化趋势并不存在；从货币政策实施的角度来看，广义价格指数测度的通货膨胀与经济周期波动之间更为协同，运用广义价格指数测度通货膨胀，可以更好地实现通货膨胀与经济周期的动态平衡。

第一节 广义价格指数通货膨胀与经济周期波动

一 广义价格指数通货膨胀与经济周期波动的相关性分析

已有研究大多采用 GDP 作为衡量产出与经济增长变动的指标，但囿于 GDP 数据发布频率的限制——GDP 按季度进行发布，运用 GDP 这一指标往往难以及时刻画出产出波动对于通货膨胀的动态影响。另外也有不少研究采用工业部门增加值指标作为 GDP 的替代变量。尽管工业部门增加值这一指标可以获取月度数据，但不可否认的是，由于工业部门增加值数据仅记录了工业部门的产出变动情况，从而并不适宜作为衡量整个宏观经济总体运行态势的有效指标。当代景气分析理论认为任何一个单独的经济变量指标都难以代表经济周期波动过程，要准确测度宏观经济波动，需要对生产、消费、投资、贸易等各领域的景气变动状况及其相互影响加以深入考察。王金明[①]基于景气分析的思想，采用一致合成指数（coincident composite index）作为刻画宏观经济景气波动的指标，探讨了宏观经济景气波动对通货膨胀的动态影响。本章借鉴这一思路，采用一致合成指数作为衡量经济周期波动的指标，使用 H-P 滤波法得到"景气缺口"作为"产出缺口"的替代变量；采用广义价格指数 GPI 作为通货膨胀的衡量指标，减去 100 得到通货膨胀率 π_t。

图 5-1 描绘了自 1998 年 1 月至 2015 年 4 月中国景气缺口指数与 GPI 通胀指数的动态时序路径。从图中可以看出，景气缺口与 GPI 通胀率动态走势基本一致，伴随着经济周期的扩张与收缩，GPI 通胀率也随之出现上行与下行态势。尽管景气缺口指数的变动会领先

[①] 王金明：《我国经济周期波动对通货膨胀的动态影响——基于合成指数的实证研究》，《金融研究》2012 年第 3 期。

第五章　广义价格指数的应用：通货膨胀与经济周期波动的协同　115

于 GPI 通胀率的变动，但大部分时期领先的时间不会超过三个月。GPI 通胀率指数与景气缺口指数呈现出密切的关联，同期相关系数达到 0.68。进一步计算 GPI 通胀率与景气缺口之间的交叉相关系数（GPI 通胀率与景气缺口各期领先与滞后之间的相关系数）发现，交叉相关系数最大值出现在景气缺口滞后 1 个月，此时的相关系数达到 0.69，说明景气缺口波动领先于广义价格指数波动 1 个月。这意味着当景气缺口为正，即当经济周期处于上升阶段时，将在一个月之后拉动广义价格指数上升；而当经济周期处于下行阶段，同样将在一个月之后导致广义价格指数下降。这说明 1998 年之后，中国以广义价格指数衡量的通货膨胀表现出与景气缺口协同波动的特征，广义价格指数度量的通胀率与景气缺口波动具有较高程度的一致性，可以较为及时准确地反映经济周期变化。不过，相关系数仅仅刻画了景气缺口与 GPI 通货膨胀变化方向的一致性特征，并不能反映景气缺口对广义价格指数衡量的通货膨胀的确切影响。以下，本章运用广义矩估计（GMM）方法和滚动回归模型进一步分析景气缺口对通货膨胀的拉动效应，研究广义价格指数衡量的通货膨胀与经济周期变化之间的动态关联，检验中国的菲利普斯曲线是否呈现扁平化趋势。

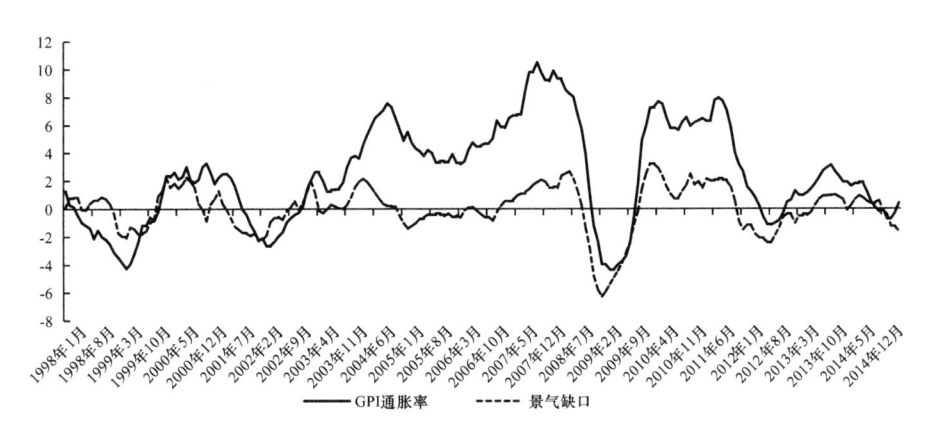

图 5-1　景气缺口与 GPI 通胀率动态走势

二 纳入广义价格指数的菲利普斯曲线

菲利普斯曲线将通货膨胀与经济周期置于统一的分析框架之中，是分析通货膨胀与经济周期之间关系的经典理论框架。研究广义价格指数衡量的通货膨胀与经济周期变动之间是否协同，可以通过菲利普斯曲线的形状进行判定。

（一）菲利普斯曲线概述

菲利普斯曲线最早由新西兰经济学家菲利普斯于1958年提出。菲利普斯运用英国1861—1957年的数据，分析了该国失业率与货币工资变化率之间的关系，发现二者之间存在稳定的此消彼长关系。1960年，美国著名经济学家萨缪尔森和索罗在菲利普斯研究成果的基础上，使用通货膨胀率替代工资变动率，发现美国的通货膨胀率和失业率之间存在替代关系，并正式将这种替代关系命名为"菲利普斯曲线"。奥肯定律指出，失业率与产出增长率之间具有稳定的反向变动对应关系。基于奥肯定律，萨缪尔森和索罗所提出的"失业—通胀"型菲利普斯曲线可被进一步扩展为"产出—通胀"型菲利普斯曲线。这种类型的菲利普斯曲线刻画了通货膨胀与产出缺口（实际产出对潜在产出的偏离程度）之间的正向关系，成为现阶段经济学家主要采用的菲利普斯曲线形式，也为货币当局在货币政策施行过程中权衡通货膨胀与经济周期变动提供了重要的理论依据。"产出—通胀"型菲利普斯曲线是对通货膨胀与经济周期波动之间关系的经典描述。尽管伴随着菲利普斯曲线理论的发展，菲利普斯曲线模型的具体形式也在发生改变，但菲利普斯曲线所揭示的产出缺口与通货膨胀的同向变动关系并未发生改变。无论是原始的"产出—通胀"型菲利普斯曲线，还是纳入供给冲击、需求冲击以及通胀惯性的菲利普斯曲线后顾模型抑或新凯恩斯菲利普斯曲线模型，都表明通货膨胀与产出缺口之间呈正相关关系，即当产出缺口为正，整个经济体面临通胀压力；反之则存在通货紧缩压力。

(二) 基于广义价格指数通货膨胀的菲利普斯曲线

本章采用的菲利普斯曲线模型形式为:

$$\pi_t = \alpha \pi_{t+1}^e + \beta y_t + \varepsilon_t \tag{5-1}$$

其中,y_t 表示"产出缺口",参数 β 为菲利普斯曲线的斜率,决定菲利普斯曲线的形状,当 β 值越大,菲利普斯曲线越陡峭,意味着通货膨胀率对产出缺口变化越敏感;而 β 值越小,则菲利普斯曲线越平缓,此时产出缺口变动对通胀变动的影响相对较小。π_{t+1}^e 表示对下一期通货膨胀率的预期,一般而言可以将预期分为静态预期、适应性预期和理性预期等形式,由于目前缺乏广义价格指数通胀预期的测度,因此本章采用适应性通胀预期,即用广义价格指数衡量的通货膨胀的滞后序列加权平均表征通胀预期;另外,用"景气缺口"作为"产出缺口"的替代变量,构建如下估计菲利普斯曲线的计量方程:

$$\pi_t = \sum_{i=1}^{p} \alpha_i \pi_{t-i} + \beta \times jqqk_t + \varepsilon_t \tag{5-2}$$

由于上述计量模型包含不同时点的变量关系,可能会出现解释变量与误差项之间的相关,采用传统的 OLS 方法容易出现估计误差,本章采用 GMM 方法估计菲利普斯曲线的具体形式。运用 GMM 方法,寻找合适的工具变量是重点亦是难点,工具变量既要与内生变量相关,又要与被解释变量的扰动项不相关[1]。参照刘金全和姜梅华[2]选取工具变量的做法,本章选择解释变量 $jqqk_t$ 的滞后项作为工具变量,在计量模型的估计过程中,本章对于各解释变量的估计结果进行了反复测算,最终确定模型形式如下(系数下面括号中的数据为相应的 p 值):

---

[1] 巩师恩和范从来:《二元劳动力结构与通货膨胀动态形成机制——基于新凯恩斯菲利普斯曲线框架》,《财经研究》2013 年第 3 期。

[2] 刘金全和姜梅华:《金融危机后期的新凯恩斯菲利普斯曲线估计与经济政策启示》,《吉林大学社会科学学报》2011 年第 2 期。

$$\pi_t = 0.896 + 0.785 \times \pi_{t-1} + (-0.297) \times \pi_{t-2} + 0.175 \times \pi_{t-3} + 0.579 \times jqqk + \varepsilon_t$$
$$(0.006)\quad(0.019)\quad\quad(0.56)\quad\quad\quad(0.63)\quad\quad\quad(0.01)$$

其中，调整的 R^2 为 0.93，P-J 为 0.293，DW 统计量为 0.424。

从模型回归结果来看，景气缺口的系数估计值为 0.579，在 5% 显著水平上通过检验，说明中国存在较为显著的通货膨胀——景气缺口形式的菲利普斯曲线关系，同时也说明中国的广义价格指数通货膨胀对于经济周期变化的反应较为敏感。滞后一期的通胀率对于当期通胀率的影响系数为 0.785，且在 1% 的显著水平上通过检验，说明中国的广义价格指数通货膨胀存在相当程度的惯性，这与国内许多关于通货膨胀惯性研究文献的结论一致[1]。

以上在整个样本区间内考察广义价格指数通货膨胀对于经济周期变化的敏感程度，且假定估计参数为固定值。但由于现实经济环境处于不断变化的过程中，这些被人为固定的参数可能随着整个经济系统的演变而呈现出较为明显的动态变化特征，特别是对于处在经济社会重要转型期的中国而言尤为显著。滚动回归模型可以较为准确地呈现模型参数的时变特征，在一个大样本范围内通过滚动的方式连续选取一系列小样本进行估计，通过给定每次回归模型的窗宽，可以捕捉到等价意义下不同时期内模型参数的动态变化[2]。为了进一步考察经济周期波动对于广义价格指数通货膨胀的动态影响，同时也为了检验以上 GMM 模型估计系数的稳健性，本章采用滚动回归分析。具体而言，本章设定滚动回归样本长度即窗宽为 84 个月度即 7 年，步长为 1，最终得到 125 个 GPI 通胀率对于经济周期变化的敏感系数。本章重点关注景气缺口对通货膨胀的影响，因此只展示景气缺口对于通货膨胀的动态影响，具体见图 5-2。

---

[1] 张成思：《中国通胀惯性特征与货币政策启示》，《经济研究》2008 年第 2 期。胡军、郭峰和龙硕：《通胀惯性、通胀预期与我国通货膨胀的空间特征——基于空间动态面板模型》，《经济学（季刊）》2014 年第 1 期。

[2] 曹伟和倪克勤：《人民币汇率变动的不完全传递——基于非对称性视角的研究》，《数量经济技术经济研究》2010 年第 7 期。

第五章 广义价格指数的应用：通货膨胀与经济周期波动的协同　119

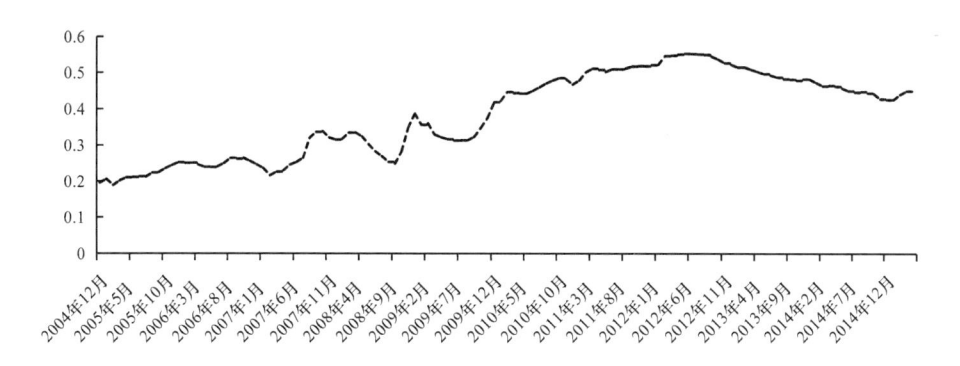

图 5-2　景气缺口对 GPI 通货膨胀的时变拉动

由图 5-2 可知，景气缺口当期就对 GPI 通胀率产生显著的正向冲击效应，意味着当宏观经济出现总需求扩张或者受到扩张性货币和财政政策的冲击而使经济周期进入上行期的时候，会显著拉动价格总水平上升；相反，如果面临总需求下降的负向冲击，则会产生降低价格总水平的紧缩效应。总体而言，1998 年以来，宏观经济景气波动对我国 GPI 通胀率具有顺周期的拉动效应，在 2012 年 5 月达到峰值 0.5516 之前，一直呈现上升趋势，之后有短期缓慢下降趋势，在 2015 年 1 月触底达到 0.4254，之后又呈现上升趋势，整个样本区间的影响系数均值达 0.385。尽管目前许多研究表明，由于中国经济结构不断优化，生产技术逐步提高，加之受全球化加速推进的影响，使得普通商品特别是一般工业品的供给能力大幅度提升，宏观经济景气波动对这些一般工业品价格的影响弱化，使得宏观经济景气缺口对 CPI 通胀率的影响不断削减，表现为菲利普斯曲线的扁平化。但是不可否认的是，近年来供给弹性小的初级产品和资产价格波动频繁和剧烈，宏观经济景气缺口对于纳入资产价格的广义价格指数的拉动效应并没有减小。在通货膨胀机理发生深刻变化的背景下，CPI 特别是核心 CPI 在衡量经济周期变化方面呈现明显的滞后性，而纳入资产价格的广义价格指数却可以较为及时和准确地反映经济周期的变化。

三 广义价格指数菲利普斯曲线与传统菲利普斯曲线的差异

通过对纳入广义价格指数的菲利普斯曲线的实证分析，可以发现广义价格指数测度的通货膨胀与经济周期波动之间具有较高的协同性，广义价格指数能够及时准确地反映经济周期的变动。为了进一步展现广义价格指数对货币当局实现通货膨胀与经济周期变动之间动态平衡的意义，我们对广义价格指数菲利普斯曲线和传统的居民消费价格指数菲利普斯曲线进行比较分析，着重分析传统的居民消费价格指数菲利普斯曲线所呈现出的扁平化趋势及其对货币政策实施所造成的挑战。

现阶段，货币政策操作的主流框架是以动态 IS 曲线、纳入 CPI 的菲利普斯曲线、泰勒规则三大方程为主要内容的新共识框架[1]。在这一框架下，中央银行货币政策的制定与实施的过程为：通过估计产出缺口判定社会总供求的状况，再依据"产出—通胀"型菲利普斯曲线对总体价格水平的动态走势做出预测，然后根据泰勒规则方程决定政策利率的水平，借助于利率传导体系和市场间套利机制分别影响中长期利率水平和改变整个市场的流动性状况，最终实现货币政策"低通胀"和"稳增长"的目标。由此可见，菲利普斯曲线模型所展现的价格总水平与经济周期波动之间所存在的协同关系，是货币政策操作所依赖的新共识框架中的关键性节点。菲利普斯曲线在货币政策制定与实施的过程中具有举足轻重的地位。

根据菲利普斯曲线理论框架所展现的通货膨胀与经济周期波动之间的关系，至少在短期内价格总水平和经济周期变化之间存在正相关关系，即经济周期处于上行期，价格总水平上升，经济周期进入下行轨道，价格总水平下降。然而近年来，受经济全球化加速推进等多重因素的影响，经济周期波动与通货膨胀之间的关联特征出

---

[1] 刘元春和杨丹丹：《金融危机后产出缺口理论的回顾、反思与最新进展》，《中国人民大学学报》2016 年第 2 期。

现了一些新的变化，主要表现为 CPI 通胀率对于经济周期变动反应的明显滞后。对于经济周期与通货膨胀之间出现的新变化，从菲利普斯曲线的形状来看，意味着纳入 CPI 通货膨胀的传统菲利普斯曲线的斜率变小，呈现出扁平化的趋势。菲利普斯曲线扁平化会对货币政策调控带来较为严峻的挑战，影响货币政策调控的时机与效果。因此，近年来关于菲利普斯曲线是否呈现扁平化趋势以及背后的驱动因素，引起了国内外学术界的高度关注。

Kuester 等[1]基于新凯恩斯菲利普斯曲线分析框架研究了美国的通货膨胀动态过程，发现通货膨胀率对总需求与总供给条件变化的反应存在明显滞后，平均滞后时间为 12 个月，说明美国的菲利普斯曲线具有较为显著的扁平化特征；国际货币基金组织（IMF）报告[2]认为通货膨胀与失业率之间的关系（菲利普斯曲线）趋于弱化，这种现象在发达国家尤为明显；Borio 和 Filardo[3]估算了美国 1980—1992 年和 1993—2005 年两个时期的菲利普斯曲线，发现通货膨胀对产出缺口的敏感系数由 0.13 下降为 0.09，并主要归因于全球化快速推进导致的市场竞争加剧；Mishkin[4]则认为较为平滑的菲利普斯曲线的出现主要是由于通胀预期趋于稳定，而并非全球化的发展；Iakova[5]运用英国的统计数据分析了其国内需求冲击与通货膨胀之间的关联，发现通货膨胀对于国内需求冲击的反应程度有下降趋势，并

---

[1] Kuester, K., Gernot J. Müller, and Sarah Stölting, "Is the New Keynesian Phillips Curve Flat?" ECB Working Paper, No. 809, 2007.

[2] IMF, "How Has Globalization Affected Inflation?" *IMF World Economic Outlook*, 2006. IMF, "The Dog That Didn't Bark: Has Inflation Been Muzzled or Was It Just Sleeping?" *IMF World Economic Outlook*, 2013.

[3] Borio, C., and A. Filardo, "Globalization and Inflation: New Cross-Country Evidence on the Global Determinants of Domestic Inflation", Bank for International Settlements Working Paper, No. 227, 2007.

[4] Mishkin, F. S., "Globalization, Macroeconomic Performance and Monetary Policy", *Journal of Money, Credit and Banking*, Vol. 41, No. S1, 2009, pp. 187–196.

[5] Iakova, D., "Flattening of the Phillips Curve: Implications for Monetary Policy", IMF Working Paper, 2007.

讨论了菲利普斯曲线扁平化条件下货币政策施行所面临的一系列困境；Bayoumi 等[1]提出在菲利普斯曲线呈现扁平化趋势的背景下，利率反应函数中是否应该赋予产出稳定更大的权重取决于"扁平化"背后的驱动因素。

国内学者也对菲利普斯曲线扁平化问题进行了一些探索。耿强等[2]根据新凯恩斯主义理论框架，采用中国宏观经济数据实证分析了全球化对中国菲利普斯曲线的影响。研究发现随着中国对外开放程度的不断加深，通胀与产出之间的短期替代性在下降，中国的菲利普斯曲线变得更加平坦，物价水平对国内产出缺口的敏感度趋于下降。经济过热或者宽松的政策环境并不会立即导致 CPI 通胀的高企；而一旦通胀高企，又需要加大政策紧缩的力度从而带来更多的产出牺牲和更大的产出波动，通胀的治理成本明显增加。王金明[3]基于动态因子模型计算了反映我国经济周期波动的景气缺口，并测算了景气缺口与通货膨胀率的滚动相关系数和景气缺口对通货膨胀的时变拉动效应。研究发现中国通货膨胀具有顺周期的特征，但顺周期性近期有所下降，景气缺口对于通货膨胀的拉动效应减小。张成思[4]提出全球化可以通过外部产品市场或要素市场的供给与需求，平抑我国的供需失衡，从而稳定我国物价水平，可以在一定程度上解释中国通货膨胀低位运行和同时期的经济高速增长长期并存的所谓"缩长之谜"。

---

[1] Bayoumi, T., Giovanni Dell'Ariccia, Karl Habermeier, Tommaso Mancini – Griffoli, and Fabián Valencia, "Monetary Policy in the New Normal", IMF Staff Discussion Note, 2014.

[2] 耿强、付文林和刘荃：《全球化、菲利普斯曲线平坦化及其政策含义——中国数据的实证分析》，《学海》2011 年第 2 期。

[3] 王金明：《我国经济周期波动对通货膨胀的动态影响》，《金融研究》2012 年第 3 期。

[4] 张成思：《全球化与中国通货膨胀动态机制模型》，《经济研究》2012 年第 6 期。

张步昙[①]发现进入 21 世纪以后，全球化因素对各国国内通货膨胀的影响增强。无论是对于新兴市场国家而言，还是对于工业化国家来说，国内产出与价格水平之间的联动机制逐渐被削弱。这种新的通胀作用机制要求各国央行在应对产出波动与治理通货膨胀时应更重视国际市场供需状况。黄峰[②]采用公司层面的微观数据，研究了资本深化、经济全球化推进对菲利普斯曲线的影响。研究发现，伴随着资本深化和经济全球化的加速推进，一方面，资本深化程度不同的行业的菲利普斯曲线呈现出明显的差异性；另一方面，内向型与外向型行业的菲利普斯曲线也表现出显著的差异。具体而言，在内向型行业之中，相比于劳动密集型行业，资本密集型行业的菲利普斯曲线更为平坦；而在外向型行业之中，劳动密集型行业的菲利普斯曲线更为平坦。

菲利普斯曲线呈现扁平化趋势意味着经济周期波动对于通货膨胀的影响弱化或者说通货膨胀对于经济周期波动的敏感度下降。这对于货币政策的制定与施行有重要的影响：一方面，意味着当经济周期处于上行期，甚至出现经济过热时并不会立即引起通货膨胀，导致"政策幻觉"，营造出"高增长、低通胀"的假象，误导货币当局的政策调控方向和力度。另一方面，意味着当通胀高企时，治理通货膨胀需要付出更大的产出波动代价，即货币政策紧缩的力度和持久度都需要增强。

而当经济周期处于下行期时，尽管出现产出水平萎缩和就业状况恶化，但 CPI 衡量的通货膨胀水平却并不会立即下降，而是会在较长的一段时期内保持相对稳定，甚至还会出现短期上扬的态势，呈现出滞胀的迹象。譬如，2008 年国际金融危机爆发初期，尽管呈现出产出和就业水平下降迹象，但 CPI 衡量的通货膨胀水平并未随

---

① 张步昙：《经济全球化对通胀机制的影响——基于世界主要经济体的分析》，《财经科学》2015 年第 9 期。
② 黄峰：《全球化、资本深化与菲利普斯曲线——来自我国公司层面的证据》，《武汉金融》2012 年第 11 期。

之下滑。CPI 衡量的通货膨胀水平保持相对稳定，导致以 CPI 通货膨胀为主要政策目标的发达经济体货币当局按照以往的经验只进行政策的微调，而并未出台大规模的经济刺激计划；致使这些国家的央行在危机初期的政策调控并不得力，错过了应对危机的最佳时机。

显而易见的是，传统的 CPI 菲利普斯曲线呈现扁平化趋势，会使我国货币政策的"稳定物价"与"熨平经济周期"目标的实现面临挑战。根据前文的研究，相较于居民消费价格指数测度的通货膨胀，广义价格指数测度的通货膨胀与经济周期变化之间能够实现较高程度的协同。广义价格指数菲利普斯曲线并不存在扁平化的趋势。因此，对于货币政策实施而言，可以考虑将广义价格指数菲利普斯曲线作为金融宏观调控的理论依据。

第二节 广义价格指数通货膨胀与经济周期波动协同的机理

广义价格指数测度的通货膨胀与经济周期变动之间协同的理论机制是什么？传统的居民消费价格指数菲利普斯曲线为什么会呈现扁平化的趋势？这些问题需要在理论层面进行说明。

在新形势下，由于通货膨胀形成机理与表现形式的变化，以及 CPI 本身的构成与特点，致使 CPI 并不能完全反映真实的通胀水平。这是因为随着经济全球化与虚拟经济的快速发展，一方面，通货膨胀机理发生了深刻的变化，呈现出较为显著的结构性特征：一般商品价格水平相对稳定和资产价格频繁波动在较长时期内并存、实体经济部门与金融部门价格运行出现明显分化背离。尤其是对于现阶段的中国而言，由于金融市场体系还不是十分发达，存在较为严重的"资产短缺"，使得通货膨胀的结构性特征更为明显。另一方面，金融变量交易量远大于实体经济交易量，经济周期波动在很大程度上体现为信贷、货币等金融变量的周期波动，资产价格的影响越来越不容忽视。

传统的 CPI 在衡量结构性通胀这一新现象上失效，而纳入资产价格的广义价格指数能够更好地测度结构性通胀。结构性通胀与经济周期具有密切的关系，从这个角度看，广义价格指数测度的通货膨胀与经济周期的协同具有必然性。受张晓慧等[①]的启发，以下本章从部门供给弹性差异入手分析结构性通货膨胀与产出波动之间的关系，阐述广义价格指数测度的通货膨胀与经济周期变化之间的协同机理。

一 结构性通货膨胀的形成与演化机制分析

结构性通胀的理论观点最早由部分发展经济学家于 20 世纪 60 年代提出，后续的相关研究将这一理论观点进行了模型化。在 20 世纪 60 年代，发展中国家普遍存在结构刚性的现象，导致许多重要商品特别是粮食的供给缺乏弹性甚至无弹性。伴随着人口的快速增长以及城市化的加速推进，农村剩余人口大量涌入城市，但采用传统耕作技术的农业部门无法提供足够的粮食满足城市居民在食品方面日益增长的需求，导致粮食价格持续快速上涨，推动城市部门工资水平上升，进而形成由工资水平上升推动的价格水平上涨螺旋，结构性通货膨胀出现。此外，当时的发展中国家普遍采用进口替代策略，对某些种类的外国工业品的进口设置限制，以促进本国工业的发展。然而，囿于结构刚性的存在，这些发展中国家在许多工业品的供给方面存在供给瓶颈，使得实行进口替代的工业品生产成本增加、生产效率水平低下，从而导致工业产品的价格水平上升，引发通货膨胀。

后续"巴拉萨－萨缪尔森"效应（以下简称巴萨效应）理论观点的提出，为结构性通胀的形成提供了一种新的解释。按照巴萨效

---

① 张晓慧、纪志宏和李斌：《通货膨胀机理变化及政策应对》，《世界经济》2010 年第 3 期。

应的表述，可将一国的经济体系分为可贸易部门和不可贸易部门，其中可贸易部门以制造业部门为代表，而不可贸易部门主要指服务业部门。一般而言，可贸易部门的生产效率相比于不可贸易部门增长得更快。伴随着可贸易部门生产效率的提升，该部门的工资水平也相应提高，导致可贸易部门的工资水平普遍高于不可贸易部门。但由于劳动力等要素能够在不同部门之间自由流动，不可贸易部门的劳动力会要求本部门工资水平也相应提高，从而与可贸易部门劳动力的工资水平持平。在这种情况下，不可贸易部门的工资水平增长速度将会超过其平均劳动生产效率的提升速度，导致产品单位生产成本的上升，从而不可贸易部门的商品价格水平上升，出现结构性通胀。

上述关于结构性通胀形成的两种经典理论，都认为结构性物价上涨源于经济体自身存在的结构性矛盾，基于"成本推动型"通胀假说来阐述通货膨胀的发生机理，因此都属于成本推动型通货膨胀理论[1]。具体而言，以上两种理论都强调由于生产率相对低的部门要求其工资水平与生产率较高的部门持平，从而引发货币工资—物价水平的螺旋上升，是结构性通胀的主要成因。但这类将经济部门结构矛盾所引发的成本推动型物价上涨作为结构性通胀形成机理的传统理论，难以解释中国经常出现的以通胀周期波动与需求周期波动高度耦合为主要特征的结构性通胀。处于快速发展与转型阶段的中国经济经常会面临由于某些部门投资潮涌所引发的需求冲击[2]。当"潮涌现象"引发的需求冲击出现时，工业部门特别是制造业部门由于生产效率高、产品供给弹性大，从而可以迅速与需求实现对接。而由于资产部门与初级产品部门的供给弹性小，由需求冲击所引发

---

[1] 李斌：《从流动性过剩（不足）到结构性通胀（通缩）》，《金融研究》2010年第4期。

[2] 万光彩、陈璋、刘莉：《结构失衡、"潮涌"现象与通胀—通缩逆转》，《数量经济技术经济研究》2009年第12期。张成思、姜筱欣、袁江：《资本轮动、行业潮涌与中国通货膨胀形成机制》，《世界经济》2013年第2期。

的供求矛盾会在资产部门与初级产品部门累积，推动初级产品和资产价格水平的持续快速上涨，导致中国出现由初级产品和资产价格上涨带来的结构性通胀。

不失一般性，假定整个经济体系分为两大部门：一般商品生产部门与资产、初级产品供给部门。一般商品生产部门生产效率高，竞争性强，产品供给弹性大，主要面临来自需求方面的约束；而资产、初级产品供给部门的特点是需求具有刚性而供给弹性小，主要面临来自供给方面的约束。为了分析的便利，"需求约束"与"供给约束"部门分别以 A 和 N 来表示。A 部门与 N 部门的产品都是经济主体所需要的，因此两个部门之间存在相互需求。令 P_A 表示需求约束部门的价格水平，P_N 表示供给约束部门的价格水平，Q_A，Q_N 分别表示两大部门产品的数量，M 表示货币总量，V_A，V_N 表示两大部门用于交易的货币量的流通速度。e_A^s，e_N^s 表示两大部门产品供给弹性，r_A，r_N 表示两大部门的收益率。

为了分析的严谨，本节对模型作如下假定：

假定一：部门供给弹性决定部门价格水平波动的大小。具体而言，当面临需求冲击时，供给弹性越小，价格波动幅度越大；反之则反是。

假定二：基于资本的逐利性，假定理性投资者进行投资时，追求投资于两大部门的单位货币净收益率相等。

假定三：货币量在两大部门之间的分配由单位货币的净收益率来决定。假定 r_i 表示部门收益率，易知随着收益率的上升，流入该部门的货币量会增加，即 M_i 是 r_i 的增函数，$M_i = M(r_i)$。

假定四：两大部门的产品转化为货币存在成本，且短期内成本不会发生变化。假定 A 部门产品转化的成本为 δ_A，N 部门产品转化的成本为 δ_N。

用 M_A 表示存在于 A 部门中的货币量（包括媒介产品交易的货币量以及以储蓄形式存在的货币量），则 $M_A V_A$ 表示 A 部门经济总量：$P_A Q_A = M_A V_A$。

类似,用 M_N 表示流入 N 部门的货币量(包括媒介资产等交易的货币量以及以资产等形式存在的货币量),则 $M_N V_N$ 表示 N 部门经济总量:$P_N Q_N = M_N V_N$。

如此,则传统的货币数量方程可以扩展为:$M_A V_A + M_N V_N = P_A Q_A + P_N Q_N$。基于货币数量论,假定其他条件不变,可以认为 A 和 N 两大部门价格变动的差异主要源于流入货币量的差异,通胀率是流入货币量的增函数,为了分析的简便,假定 $\pi_i = k_i M_i, k_i > 0, k_i$ 外生。

基于前文假定,处于均衡状态下的两大部门的单位货币投资净收益率应该相等,即:

$$\frac{(P_N - \delta_N) \cdot V_N}{M_N} = \frac{(P_A - \delta_A) \cdot V_A}{M_A} \qquad (5-3)$$

进一步变形为:

$$\frac{r_N \cdot V_N}{r_A \cdot V_A} = \frac{M_N}{M_A} = \frac{M(r_N)}{M(r_A)} \qquad (5-4)$$

当 $\frac{(P_N - \delta_N) \cdot V_N}{M_N} > \frac{(P_A - \delta_A) \cdot V_A}{M_A}$,亦即 $\frac{r_N \cdot V_N}{r_A \cdot V_A} > \frac{M_N}{M_A} = \frac{M(r_N)}{M(r_A)}$ 时,由于 N 部门的投资收益率相对较高,理性的投资者会将货币投向 N 部门,导致 $M_N > M_A$,从而 $P_N Q_N$ 会不断增大,理论上会直至两大部门收益率重新相等为止。

反之,当 $\frac{(P_A - \delta_A) \cdot V_A}{M_A} > \frac{(P_N - \delta_N) \cdot V_N}{M_N}$,亦即 $\frac{r_A \cdot V_A}{r_N \cdot V_N} > \frac{M_A}{M_N} = \frac{M(r_A)}{M(r_N)}$ 时,由于 A 部门的投资收益率相对较高,理性的投资者会将货币投向 A 部门,导致 $M_A > M_N$,从而 $P_A Q_A$ 会不断增大,理论上会直至两大部门收益率重新相等为止。

从以上的分析可以看出,理性投资者遵循 $\frac{(P_N - \delta_N) \cdot V_N}{M_N} = \frac{(P_A - \delta_A) \cdot V_A}{M_A}$ 的原则,将货币量按照 α_t 与 $1 - \alpha_t$ 的比例分别投入产

品部门与资产部门，这样可以实现两部门的均衡和收敛。而当二者出现背离时，理性的投资者就会通过调整投资（货币）的流向来使上述不等式的两边相等，直至货币资金在产品部门与资产部门的配置达到均衡水平为止。

假定经济系统初始时处于均衡状态，当外在冲击发生时，原有的均衡状态会发生改变。例如，某种关键生产技术的突破导致生产率大幅度提升，使经济主体对于未来形成乐观预期；与此同时，宽松的货币政策释放出充分的流动性，引起了总需求的扩张，生产技术进步也使生产成本大幅度下降。来自总需求与总供给方面的正向冲击使得 A 部门扩大投资与生产变得有利可图，在 A 部门生产扩张的带动下，整个经济进入上行期，产出与收入增加，从而对于 N 部门产品的需求也增加。由于 A 部门竞争程度高，产品供给弹性大，超额需求可以在较短时期内得到有效满足从而使价格水平 P_A 保持相对稳定；而 N 部门由于供给弹性小，产品供给速度无法满足超额需求增长的速度，使得该部门的价格水平 P_N 在短期内有较大幅度的上升，从而出现 A 部门价格水平 P_A 相对稳定与 N 部门价格水平 P_N 明显上升并存的结构性通胀现象。

二 结构性通货膨胀与经济周期的关系

结构性通胀与经济周期具有密切的关系。一方面，在不同部门供给弹性存在差异的情形下，经济波动会促使结构性通胀形成与演化；另一方面，结构性通货膨胀形成之后，又会反过来引致进一步的经济波动。结构性通胀体现为金融部门与实体部门价格水平变动的差异，价格水平变动的差异会导致收益率的差异，引发金融投资对实体投资的挤出与替代，进而放大经济波动，因此结构性通胀会加剧经济波动程度。在上文中，已经阐述了经济波动通过影响部门收益率，促使结构性通胀长期存在，下面将重点分析结构性通胀引发经济波动的机理。结构性通胀表现为金融部门和实体部门之间的价格差异，它将导致两部门投资的替代进而引起经济周期波动。

(一) 金融部门投资与实体部门投资的关系

为构建金融部门投资与实体部门投资的关联模型,参考陈雨露和马勇①的思路,本书假定经济体中存在实体经济部门与金融部门这两大部门。令 Q 表示实体经济部门在初期时刻的资产存量,以 F 表示金融部门在初期时刻的资产存量,以 $\Delta I(\Delta I > 0)$ 代表现阶段新增的投资量。ΔI 可用于 A 部门的投资(实体投资)或者 N 部门的投资(金融投资),实体部门的投资记为 I_A,金融部门的投资记为 I_N,故 $\Delta I = I_A + I_N$。由于实体经济部门的资产存在折旧,因此对于实体经济部门而言,只有当部门新增投资量 I_A 超过用于弥补折旧的投资增量(以 I_0 表示)时,实体经济部门才能实现扩大再生产,从而增加部门的资产存量。令实体经济部门资产总量与实体经济部门新增投资之间的比率关系为 $\left(\dfrac{I_A - I_0}{Q + \Delta I}\right)^\alpha$,其中 α 大于 0、小于 1。当实体经济部门新增投资量 I_A 大于用于弥补折旧的投资增量 I_0,即 $I_A > I_0$ 时,则 $\left(\dfrac{I_A - I_0}{Q + \Delta I}\right)^\alpha > 0$,实体经济部门的资产总量按照 $\left(\dfrac{I_A - I_0}{Q + \Delta I}\right)^\alpha$ 增长;而当实体经济部门新增投资量 I_A 小于用于弥补折旧的投资增量 I_0,即当 $I_A < I_0$,由于新增投资数量无法弥补折旧,则实体经济部门的资产总量将按 $\left(\dfrac{I_A - I_0}{Q + \Delta I}\right)^\alpha$ 的比率减少。

基于前文对两部门收益率的设定,即实体部门投资收益率为 r_A,金融部门投资收益率为 r_N,可以得到全社会的总收益增量 $R = Q\left(\dfrac{I_A - I_0}{Q + \Delta I}\right)^\alpha r_A + I_N r_N$,进而可以得到全社会的总利润增量 $\Pi = Q\left(\dfrac{I_A - I_0}{Q + \Delta I}\right)^\alpha r_A + I_N r_N - \Delta I$。作为理性主体,社会投资决策者需要在新增投资量 ΔI 给定的条件下,确定其在实体经济部门和金融部门的最

---

① 陈雨露和马勇:《大金融论纲》,中国人民大学出版社 2013 年版。

优分配比例，即寻求最优的 I_A 和 I_N，实现总利润的最大化，如公式（5-5）：

$$\max \Pi = Q \left(\frac{I_A - I_0}{Q + \Delta I} \right)^{\alpha} r_A + I_N r_N - \Delta I \qquad (5-5)$$

由于 $\Delta I = I_A + I_N$，目标函数可进一步转化为：

$$\max \Pi = Q \left(\frac{I_A - I_0}{Q + \Delta I} \right)^{\alpha} r_A + (\Delta I - I_A) r_N - \Delta I \qquad (5-6)$$

对实体投资 I_A 求一阶导数：

$$\frac{\partial \Pi}{\partial I_A} = Q r_A \alpha \frac{(I_A - I_0)^{\alpha-1}}{(Q + \Delta I)^{\alpha}} - r_N \qquad (5-7)$$

进一步求二阶导数：

$$\frac{\partial^2 \Pi}{\partial I_A^2} = \frac{Q r_A}{(Q + \Delta I)^{\alpha}} \alpha (\alpha - 1)(I_A - I_0)^{\alpha-2} \qquad (5-8)$$

以下分三种情形对实体部门投资 I_A 与金融部门投资 I_N 之间的关联性进行分析：

情形1：当 $I_A > I_0$，即当期新增投资超过折旧所需投资量

根据前述设定，由于 $0 < \alpha < 1$，$Q > 0$，$r_A > 0$，$\Delta I > 0$，容易得到二阶导数 $\frac{\partial^2 \Pi}{\partial I_A^2} < 0$，则社会总利润函数存在极大值，由以下的一阶条件可以求得实现极大值的实体经济部门投资增量 I_A：

$$\frac{\partial \Pi}{\partial I_A} = Q r_A \alpha \frac{(I_A - I_0)^{\alpha-1}}{(Q + \Delta I)^{\alpha}} - r_N = 0 \qquad (5-9)$$

求解上式可得，最优化的实体投资量 I_A^* 为：

$$I_A^* = I_0 + \left[\frac{r_N}{r_A \alpha Q} (Q + \Delta I)^{\alpha} \right]^{\frac{1}{\alpha-1}} \qquad (5-10)$$

由于 $0 < \alpha < 1$，可知当实体经济部门初始时刻资产存量 Q 以及新增投资 ΔI 给定时，实现社会总利润最大化的实体经济部门投资增量最优值 I_A^* 随着金融部门投资收益率 r_N 的增大而减小，随着实体经济部门投资收益率 r_A 的增大而增大。

对金融投资收益率与实体投资收益率的比值 $\frac{r_N}{r_A}$ 求一阶导数：

$$\frac{\partial I_A^*}{\partial \left(\frac{r_N}{r_A}\right)} = \frac{1}{\alpha-1}\left[\left(\frac{r_N}{r_A}\right)\frac{1}{\alpha Q}(Q+\Delta I)^\alpha\right]^{\frac{2-\alpha}{\alpha-1}}\frac{(Q+\Delta I)^\alpha}{\alpha Q} \quad (5-11)$$

由于 $0 < \alpha < 1$，可知 $\frac{\partial I_A^*}{\partial (r_N/r_A)} < 0$，这意味着实现社会总利润最大化的实体经济部门投资增量最优值 I_A^* 和金融部门投资收益率与实体经济部门投资收益率的比值 $\frac{r_N}{r_A}$ 之间存在反向变动关系。当 $\frac{r_N}{r_A}$ 越大，实现社会总利润最大化的实体经济部门投资增量最优值 I_A^* 越小，反之则反是。由此可知，存在金融投资对实体投资的挤出效应，当 $\frac{r_N}{r_A}$ 越大时，金融投资对实体投资的挤出效应越强。

考虑一种极端情形，当 $\frac{r_N}{r_A} \to +\infty$ 时，$\lim\left[\frac{r_N}{r_A}\frac{1}{\alpha Q}(Q+\Delta I)^\alpha\right]^{\frac{1}{\alpha-1}} \to 0$，$\lim I_A^* \to I_0$。金融部门的投资收益率 r_N 无限大于实体经济部门的投资收益率 r_A，实现社会总利润最大化的实体经济部门投资增量最优值 I_A^* 向用于弥补折旧所需投资量 I_0 无限趋近。此时，实体经济部门新增的投资量仅能弥补折旧，从而实体经济部门的扩大再生产活动无法进行，社会总产出水平不变。由上述推导，可得命题1：

命题1：金融部门投资对于实体经济部门投资的"挤出"效应是存在的。金融部门投资收益率与实体经济部门投资收益率的比值 $\frac{r_N}{r_A}$ 是决定金融部门投资对实体经济部门投资"挤出"效应程度的关键变量。当 $\frac{r_N}{r_A}$ 变大，则"挤出"效应也随之增大。考虑一种极端情形，当 $\frac{r_N}{r_A} \to +\infty$，此时实体经济部门新增的投资量仅能弥补折旧，从而实体经济部门的扩大再生产活动无法进行。

情形 2：当 $I_A = I_0$，即实体部门新增投资等于折旧所需投资量

当 $I_A = I_0$ 时，实体经济部门的新增投资量恰好与实体经济部门当期折旧水平相等。这意味着实体经济部门的投资增量只能满足实体经济部门资产存量的折旧损耗，则净投资为零。在这种情况下，实体经济部门的资产存量会维持在原有水平之上，扩大再生产活动无法进行，从而社会总产出水平不变。由此得到的社会总收益增量为：$R_{I_A = I_0} = (\Delta I - I_A) r_N$。相应的社会总利润增量为 $\Pi_{I_A = I_0} = (\Delta I - I_A) r_N - \Delta I$。

情形 3：当 $I_A < I_0$，即实体部门新增投资小于折旧所需投资量

当 $I_A < I_0$ 时，实体经济部门的新增投资量不能弥补实体经济部门资产存量的折旧损耗，勿论实体经济部门进行扩大再生产，在这种情况下，连实体经济部门原来的生产水平都难以维持，导致实体经济部门的资产存量逐渐减少。在 $I_A < I_0$ 的条件下，可以分两种情况考虑：第一，$I_A \in [0, I_0)$，实体资产的减少源自折旧带来的损耗；第二，$I_A < 0$，在这种情况下，实体经济部门的投资水平出现负增长，也就是说金融部门的投资量 I_N 大于总的新增投资量 ΔI。从经济学的视角来看，$I_N > \Delta I$ 的实现途径只有一条，即变卖实体经济部门资产存量，将其转化为金融部门的投资。能够变卖的实体资产存量的最大值是 Q，因此 I_A 的下限最低可为 $-Q$。综合 $I_A \in [0, I_0)$ 和 $I_A < 0$ 的情况，容易得到当 $I_A < I_0$ 时，I_A 的定义域为 $I_A \in [-Q, I_0)$。

当 $I_A \in [-Q, I_0)$ 时，容易得到 $\frac{\partial \Pi}{\partial I_A} < 0$，总利润函数 Π 单调递减，所以 Π 在 $I_A = -Q$ 时取得最大值，且最大值为 $\Pi_{I_A = -Q} = Q \left(\frac{-Q - I_0}{Q + \Delta I} \right)^{\alpha} r_A + (\Delta I + Q) r_N - \Delta I$。

基于上述推导，可以得到命题2：

命题 2：当 $I_A < I_0$ 时，即实体经济部门的新增投资量不能弥补实体经济部门资产存量的折旧损耗时，将使得实体经济部门原来的

生产水平难以维持，导致实体经济部门资产存量的减少。若金融部门投资收益率与实体经济部门投资收益率的比值 $\frac{r_N}{r_A}$ 大于1，将会导致金融部门资产对实体经济部门资产的"替代"，最终使得实体经济部门的资产完全被金融资产所取代。

(二) 结构性通胀引发经济波动的机制

上述分析表明，两部门之间资本的替代会引发经济波动；结构性通胀的发生与演化会加剧两部门资本之间的替代，从而加剧经济波动。从演变过程看，分为两个阶段，结构性通胀首先会转向全面通胀，然后引起供给约束部门的泡沫破裂，从而引发经济波动，甚至导致经济危机的爆发。

1. 结构性通胀转向全面通胀

假定最初的新增投资 ΔI 全部用于 A 部门的投资。在发生结构性通货膨胀的条件下，由于成本 δ_A 与 δ_N 会在短期内保持相对稳定，则两大部门的价格水平 P_A 与 P_N 变动的差异会打破两大部门单位货币收益率原有的平衡状态。当面临需求的正向冲击时，$\frac{(P_N - \delta_N) \cdot V_N}{(P_A - \delta_A) \cdot V_A} > \frac{M_N}{M_A}$，即 N 部门的投资收益率相对较高。随着 N 部门的投资收益率相对于 A 部门投资收益率不断增大，理性的投资者将会把越来越多的投资份额投向 N 部门。由于此时实体经济的投资仍然大于实现扩大再生产的门槛值，即 $I_A > I_0$，实体经济的产出还会继续保持增长。但在部门垄断性强、供给弹性小、货币流入以及超额需求冲击等多重因素的共同驱动下，极易诱发 N 部门的金融投机和炒作，使得"追涨杀跌"的"羊群效应"大行其道，导致 N 部门的收益率出现非理性上扬，大量货币涌入该部门。价格水平越高、上涨速度越快，N 部门吸纳的货币资本与资源投入反而越多，引致价格水平 P_N 进一步上涨，使正反馈机制居于主导地位，金融的泡沫也不断增大。在这种状况下，伴随着金融部门投资数量的不断增加，实体经济部门的投资数量被不断"挤出"，直至实体经济部门的投资数量与弥补资产存量的折旧损耗持平。不过在这一阶段，金融部门投资对于实体经济部门投资的"挤出"还只是导致实体经济部门资本在增量层面的调整，尚未影响到实体经济部门的资产存量，因此这种程度的"挤出"效应可视为经济主体依据不同部门投资收益水平的高低所进行的投资策略调整，因而可将这一阶段定义为"资产配置阶段"。但随着金融部门投资对实体部门投资"挤出"程度的不断增强，当实体经济部门新增投资量降至实体经济部门折旧水平之下时，由于新增投资量已无法弥补实体经济部门资产存量的损耗，致使实体经济部门的资产存量逐渐减少，由此进入"损耗阶段"。进一步，当实体经济部门新增投资量 I_A 小于零，即实体经济部门的投资水平出现负增长，金融部门的投资量 I_N 大于总的新增投资量 ΔI。从经济学的视角来看，$I_N > \Delta I$ 的实现途径只有一条，即变卖实体经济部门的资产存量，将其转化为金融部门的投资。当出现这种金融资产"替代"实体资产的现象并不断持续时，意味着经济金融运行进入了所谓的"投机阶段"，最终实体经济部门的资产存量将会被消耗殆尽，导致整个经济体系的完全"金融化"。在这种情况下会出现 N 部门价格水平大幅度上涨带动的通货膨胀与实体经济部门萎缩并存的现象，呈现类似滞胀的情形，结构性通胀转向全面通胀。

2. 供给约束部门泡沫的崩溃

上文关于金融部门投资与实体部门投资关系的理论分析清晰地展现了伴随着金融投资收益率与实体投资收益率的比值 $\frac{r_N}{r_A}$ 的增大，实体经济部门的投资如何被金融部门投资一步步"挤出"、实体资本如何被金融资本所逐渐"替代"。但在现实的经济金融运行过程中，金融资本对实体资本的"挤出"与"替代"不可能一直持续到实体经济部门的资产存量被全部消耗的阶段，在此之前，金融资产的泡沫就已经破裂了。也就是说上文论述的这种滞胀迹象只是阶段性的，不可能长期持续。在实际经济运行过程中，虚拟经济部门泡沫膨胀对于实体经济部门的挤出效应和替代效应不可能一直持续下去直至实体经济部门消失。从根本上来说，人们对于金融投资的乐观预期来源于实体经济部门的有力支撑，当实体经济部门收益率的持续下跌以及投资数量与比例的不断收缩致使实体经济部门萎缩出现并不断持续，市场主体的乐观预期就会面临逆转风险。经济主体一旦意识到实体经济部门的支撑难以为继，就会立马动摇甚至丧失对于未来经济持续增长的信心，从而乐观预期发生快速逆转，产生悲观预期。由此，N 部门的泡沫会在短时期内破裂，房地产、股票等资产价格水平大幅度回落，资源、能源等初级产品的价格水平亦会急剧下行，人们的悲观预期与恐慌心情进一步加剧。由于"金融加速器"效应的存在，金融资产价格的大幅度回落会进一步打击实体经济，加剧实体经济的下行调整，严重时甚至会引发金融、经济危机。此前由金融资产与初级产品价格快速上涨引发的通货膨胀也将伴随着资产和初级产品价格泡沫的破裂转向结构性通缩。金融泡沫的破裂将导致人们的财富水平大幅度缩水，加之市场的悲观预期，引发总需求的全面萎缩。当金融资产与初级产品价格经历大幅度回落，逐步企稳之后，在总需求全面萎缩的大背景下，经济繁荣时期掩藏的实体经济部门过剩产能问题会很快凸显，使得 A 部门价格水平下跌，结构性通缩由此转向全面通缩，出现金融泡沫破裂导致的经济衰退甚至经济危机。

综上所述，虚拟经济部门与实体经济部门供给弹性差异引发的结构性通胀使得经济周期与通货膨胀之间的内在关联呈现新特点：第一，经济周期波动对于不同部门价格水平的影响存在差异，使得一般商品价格水平的相对稳定与资产价格频繁波动会在较长时期内并存；第二，以 CPI 衡量的通货膨胀对于经济周期变化的反应存在较为明显的滞后性，导致经济周期处于上行区间和宽松的货币政策环境下并不会使得 CPI 衡量的通货膨胀水平立即高企，而当 CPI 衡量的通货膨胀水平出现明显上涨时，往往已经处于金融投机异常活跃、资产价格泡沫即将破裂的前夜。

可见，作为结构性通胀更加准确的测度指标，广义价格指数与经济周期具有更加密切的关系，从而使纳入广义价格指数的菲利普斯曲线并不具有扁平化特征。

第 六 章

广义价格指数的应用：货币政策中介目标的选择

货币政策发挥作用存在时滞，因此需要借助于货币政策中介目标对货币政策最终目标的实现程度进行前瞻性研判。我国的货币政策到底应该以什么指标作为中介目标，货币供应量抑或利率，长期以来争论不已，至今也并未取得一致。近年来，随着利率市场化的逐步推进，以及 CPI 通货膨胀与货币量指标之间关联度的逐步下降甚至"脱钩"，主张放弃货币量指标的观点渐成主流。但本章的研究发现，在货币政策实施过程中，采纳广义价格指数作为通货膨胀衡量指标时，货币供应量的变动与广义价格指数衡量的通货膨胀之间存在稳定可靠的关系，现阶段以货币供应量为中介目标仍然是恰当的。货币政策调控采纳广义价格指数作为通货膨胀指标，中介目标选择的数量导向仍需坚守。

第一节 货币政策中介目标选择的价格导向与数量导向

当货币政策的最终目标由维持居民消费价格指数稳定转向稳定

广义价格指数时,应该选择何种指标充当货币政策中介目标?要回答这个问题,首先需要分析货币政策中介目标的选择应当坚持什么准则。

总体而言,货币政策中介目标的选择可以分为价格导向与数量导向。长期以来,围绕货币政策中介目标的选择是应该坚持价格导向还是数量导向,争论不已,至今也并未完全达成一致。尽管货币量、信贷量、利率、汇率以及股票价格等变量都在货币政策传导中发挥着重要作用,从而都具备充当货币政策中介目标的条件;但长期以来,无论是在理论层面抑或政策操作层面,货币政策中介目标选择的争论主要是围绕利率和货币供应量展开。

一 西方学者的理论主张

(一) 凯恩斯主义学派的理论主张

基于各自对货币作用以及传导机制的理解,不同的学派关于货币政策中介目标的理论主张往往存在差异。与其他学派不同,凯恩斯主义学派认为应将利率作为货币政策的中介目标。这一理论学派提出利率是货币政策传导机制之中最为关键的变量,能够对投资产生十分重要的影响,从而显著影响社会总支出。从该学派理论主张之演进来看,将利率作为货币政策传导机制核心变量的理论主张可最早追溯至现代宏观经济学创始人凯恩斯提出的流动性偏好理论,之后希克斯和汉森对这一理论进行了模型化,从而演变为宏观经济学中经典的 IS – LM 模型。

流动性偏好理论认为,货币供应量变动通过影响利率,进而对就业和收入产生影响。具体表现为:货币供应量增加会导致利率水平降低,从而会使投资相应增加,经由乘数效应最终引致就业以及收入的增加。而当货币供应量减少时,利率水平会上升,投资水平会相应下降,从而使得就业和收入水平减少。此外,凯恩斯主义学派认为货币当局具有调控利率的能力和手段。从而,可以认为利率指标符合充当货币政策中介目标所应具备的条件。一方面,利率与就业水平、国民收入等货币政策最终目标之间具有密切的关联，也能够被货币当局所调控；另一方面，利率水平的变化还能及时有效地宣示货币当局的政策意图。利率水平下降，意味着货币当局有扩张性的政策意图；反之则意味着货币当局具有紧缩性的政策意向。

以上关于利率的讨论，并未区分长期利率与短期利率在货币政策传导之中的差异性。Taylor[1] 提出短期利率对于投资基本不产生影响，投资需求主要与长期利率水平的高低有关。进而，他将短期利率和长期利率统一纳入理论框架，并对经典的货币政策利率传导机制进行了修正。具体体现为：货币供给量增加（减少），首先导致短期利率下降（上升），经由利率体系的传导，使得长期利率水平下降（上升），从而刺激投资水平的上升（下降），最终使就业和国民收入增加（减少）。

总体而言，凯恩斯主义学派对于利率在货币政策传导中的作用特别推崇，主张货币当局应将利率作为货币政策的中介目标，对宏观经济进行调控，熨平经济周期波动。具体而言，当宏观经济运行出现过热时，货币当局应通过货币政策工具的运用提高利率，抑制过旺的社会总需求；而当宏观经济趋冷甚至出现经济衰退迹象之时，货币当局应运用货币政策工具进行反向操作，降低市场利率水平，稳定经济运行。

（二）货币主义学派的理论主张

与凯恩斯主义学派以利率为中介目标的理论主张不同，弗里德曼等货币主义学派的学者认为利率不宜充当货币政策中介目标，而应将货币供应量作为中介目标。按照弗里德曼的观点，货币政策只能调控货币量而并不能调控利率水平，从而货币政策中介目标只能由货币供应量充当。

货币主义学派之所以认为中央银行能够控制货币量，其理论依

---

[1] Taylor, J. B., "Discretion Versus Policy Rules in Practice", *Carnegie – Rochester Conference Series on Public Policy*, Vol. 39, No. 2, 1993, pp. 195 – 214.

据是弗里德曼－施瓦茨货币供给模型。弗里德曼与施瓦茨1963年出版的《美国货币史（1867—1960）》[①]中，对美国近百年的货币史进行实证研究，详细分析了影响货币供给的各种主客观因素，提出了一种货币供给决定模型。这一经典的货币供给模型认为，货币供应量由基础货币（高能货币）与货币乘数共同决定，为二者之乘积。其中，基础货币是货币当局所能直接控制的，它由两部分构成：社会公众持有的通货和银行的准备金（包括库存现金和中央银行的存款准备金）；而货币乘数尽管会受到商业银行以及社会公众行为的影响，但由于货币当局能够对货币乘数的关键决定因素产生影响，从而也能够间接调控货币乘数，因此归根结底是货币当局在最终决定着整个社会的货币供给。因此，货币主义学派认为货币供应量是央行所能调控的外生变量。

此外，货币主义学派关于货币政策无法调控利率的主张，源于弗里德曼提出的货币供应"三效应"理论。弗里德曼认为，凯恩斯提出的"流动性效应"假说并不能完整反映货币供应量变动对利率变动的全部影响。除此之外，货币供应量变动还会通过"收入效应""价格效应"以及"通胀预期效应"对利率产生影响。以货币供应量增加为例，由于流动性效应的存在，在短期会导致利率水平的下降。但从较长时期来看，货币供应量增加还会导致收入水平的增加与一般价格水平的上升。其中，收入水平上升会导致货币需求增加，一般价格水平的上升会引致实际货币供给量的下降。无论是货币需求的增加抑或实际货币供应量的下降，都会导致利率水平的上升。这就是所谓的"收入效应"和"价格效应"。此外，一般价格水平的上升，可能还会引发人们的通货膨胀预期，从而导致价格水平的进一步上升，进而使人们的通胀预期得以进一步强化，导致价格水平出现"上升螺旋"。为了规避未来通货膨胀的负面影响，贷款人将

[①] ［美］米尔顿·弗里德曼、安娜·J. 施瓦茨：《美国货币史（1867—1960）》，巴曙松等译，北京大学出版社2009年版。

会要求更高的借贷利率，由此导致市场利率上升。很显然，由通胀预期引发的利率变动难以被货币政策所控制。

此外，货币主义学派认为货币需求与利率无关。与凯恩斯主义学派所认为的"货币仅是债券为代表的金融资产之替代"观点不同，货币主义学派认为货币是所有资产的替代品。货币供应量的增加会导致资产组合的重新调整。具体而言，当央行增加货币供给时，金融资产与实物资产都会增加，从而社会总需求也会增加。也就是说，货币供应量的变动无须经过利率渠道的传导，就能够对就业和收入产生影响，具有"名义产出效应"。因此，货币主义学派认为以利率作为中介目标有失偏颇。

总体而言，按照货币主义学派的观点，货币供应量与名义产出具有稳定可靠的关联性，经济波动源于货币供给的波动。此外，货币供应量是央行能够调控的外生变量。因此，在央行货币政策的制定与实施中，应将货币供应量作为中介目标。

（三）后凯恩斯主义学派的理论主张

在货币政策中介目标选择这一问题上，后凯恩斯主义学派尽管与凯恩斯主义学派的结论相同，即应以利率作为中介目标；但与凯恩斯主义学派不同，后凯恩斯主义学派对货币主义学派观点的批评是基于货币内生理论。温特劳布提出的货币理论在所有内生货币理论中具有代表性。按照温特劳布的理论，货币供给的变动是由货币需求变动经由政府压力所决定。也就是说，经济运行引致的货币需求变动决定货币供给变动，而不是相反。因此，中央银行只是货币需求变动向货币供给变动转换的传导部门，并不能自主地决定货币供给数量。

温特劳布所提出的货币供给具有内生性的理论观点建立在他所构建的"工资定理"基础之上。温特劳布指出，商品价格由劳动成本及某种加成所决定。当劳动生产率调整的速度保持相对稳定时，若名义工资率增长的速度超过劳动生产率提高的速度，则总体物价水平就会上升。从而，总体物价水平为名义工资的函数，而并非货币供应量的函数，其与货币供应量并无直接关联。在温特劳布提出的工资定理框架下，货币流通速度是既定的，从而在实际产出水平一定的情况下，当工资水平上涨引发物价水平上升时，货币当局为了保持就业水平不下降，只能被迫增加货币供给量。这就是说，由于货币工资是由货币当局之外的其他力量所决定的，当货币工资增长率超过平均劳动生产率的提高速度，货币供给只能随之增加。货币供给并不是由央行所独立决定，而是由经济运行中客观的货币需求所决定，因此央行只能顺应经济运行之客观要求调整货币供给的数量。在温特劳布的理论框架下，物价、名义工资、货币需求和货币供给是在一个内生的系统中调整变动的。基于此，温特劳布提出货币当局并不能通过货币供给的调整来有效调控物价水平，故货币供应量不宜充当货币政策中介目标。

综上，西方主流经济学派在货币政策中介目标选择问题上存在诸多争论，到底是以货币供应量为中介目标还是以利率为中介目标并未取得一致。尽管不同学派坚持着不同的理由，但从他们的争论中可以提炼出中介目标选择之准则：其一，作为货币政策中介目标，要能为央行所控制，即需要满足可控性要求；其二，作为货币政策中介目标，应与最终目标存在稳定可靠之联系，即满足相关性要求。

二 国内学者的争论

具体到我国货币政策中介目标的选择问题，国内学者对于我国货币政策中介目标应该坚持数量导向还是转向价格导向也存在诸多争论。国内学者关于货币政策中介目标变量选择的判断标准沿袭了中介目标变量自身的可控性以及中介目标变量与最终目标变量之间的相关性这两个准则。关于货币供应量能否继续充当货币政策中介目标，现阶段存在两种截然不同的理论观点。

一部分学者认为应该继续将货币供应量作为货币政策中介目标。

范从来①认为，现阶段尽管货币供应量在充当货币政策中介目标时存在一定程度的局限性，面对这种局限性，简单地以利率来替代货币供应量指标作为货币政策中介目标的做法并不可取，进一步优化货币供应量的统计内涵，创造更加有利于货币供应量发挥中介作用的环境，才是具有现实性的可靠方案。刘明志②通过理论分析和实证检验发现，当前货币供应量的变动对于通货膨胀仍有较为显著的影响，有鉴于此，仍应将货币供应量作为货币政策中介目标。盛松成和吴培新③提出中国的货币政策具有"两中介目标、两调控对象"的特征，信贷规模和货币供应量作为货币政策中介目标共同发挥作用，其中货币供应量作为中介目标主要对资产市场发挥作用，而信贷规模主要对实体经济运行产生影响。莫万贵和王立元④分析了货币供应量和贷款与货币政策最终目标的相关性和可控性，发现 M2 和贷款与通货膨胀、经济增长是密切相关的，央行对 M2 和贷款的调控是有成效的。因此，货币供应量和贷款仍是当前合适的货币政策调控目标。张春生和蒋海⑤指出当前中国还并未真正实现利率市场化，将货币供应量作为货币政策中介目标仍具有一定的合理性和现实性。盛松成和翟春⑥提出尽管当前中国的利率市场化在快速推进，但囿于符合中国国情的基准利率体系尚未建立且利率体系中各利率之间的传导尚存诸多障碍，因此真正实现利率市场化尚需时日。这一现实情况决定了在未来较长时期内以货币数量论为理论基础的数量型调

---

① 范从来：《论货币政策中间目标的选择》，《金融研究》2004 年第 6 期。

② 刘明志：《货币供应量和利率作为货币政策中介目标的适用性》，《金融研究》2006 年第 1 期。

③ 盛松成和吴培新：《中国货币政策的二元传导机制——"两中介目标、两调控对象"模式研究》，《经济研究》2008 年第 10 期。

④ 莫万贵和王立元：《货币供应量和贷款仍是当前合适的货币政策调控目标》，《经济学动态》2008 年第 2 期。

⑤ 张春生、蒋海：《社会融资规模适合作为货币政策中介目标吗：与 M2、信贷规模的比较》，《经济科学》2013 年第 6 期。

⑥ 盛松成、翟春：《中央银行与货币供给》，中国金融出版社 2015 年版。

控仍需坚守，依然需要将货币供应量作为中介目标。因此，还需要重视货币供应量指标。郝冬冬等①指出外汇占款萎缩和银行同业业务扩张改变了基础货币的投放方式和货币派生机制，增强了价格型调控的有效性。而双轨制经济环境与融资结构单一的市场环境扭曲了价格机制和利率传导路径，制约了价格调控方式的有效实施。使用FAVAR模型对两种调控方式的有效性进行实证分析，结果表明，数量调控方式的有效性要优于价格调控方式。因此，在面对不同约束主体和政策目标时，中央银行需兼顾两种调控方式，只有持续推进直接融资市场扩容，解决预算软约束问题，价格调控方式才能有效实施。盛松成和谢洁玉②采用2002—2014年月度金融经济数据，在理论分析的基础上运用SVAR模型，对社会融资规模增量与新增人民币贷款指标在货币政策传导机制中的作用进行比较分析，发现社会融资规模增量与货币政策最终目标的相关性和可控性优于新增人民币贷款（尤其在2009年之后）。社会融资规模存量与M2不仅在绝对数值和增速上相当接近，且二者与货币政策最终目标和操作目标的关系高度一致。社会融资规模（增量与存量）统计的完善，有利于促进我国金融宏观调控、经济结构调整和供给侧结构性改革。张晓慧③认为由于预算"软约束"等问题的存在，利率传导机制尚未完全理顺，还不能完全放弃数量型调控，数量型工具在货币政策调控中仍发挥着必要的作用。高玉强和秦浩钦④研究发现，在经济运行平稳时期，货币供应总量在未来的很长一段时间内，仍然是我国货币政策中介目标的主流标准，而社会融资规模在经济下行周期中

---

① 郝冬冬、王晓芳和郑斌：《数量调控还是价格调控——新常态下货币政策调控方式选择研究》，《财贸研究》2018年第6期。

② 盛松成和谢洁玉：《社会融资规模与货币政策传导——基于信用渠道的中介目标选择》，《中国社会科学》2016年第12期。

③ 张晓慧：《货币政策框架的前世今生》，载陈元和黄益平主编《中国金融四十人看四十年》，中信出版集团2018年版，第295—315页。

④ 高玉强和秦浩钦：《社会融资规模与货币供应量：货币政策中介目标有效性分析——基于拔靴滚动窗口因果关系检验》，《重庆社会科学》2019年第8期。

具有较高的有效性，可以与货币供应总量相互补充、相辅相成，形成以货币供应总量为主、社会融资规模为补充的货币政策中介目标体系。建议应该坚持以广义货币供应量为主的货币政策中介目标，建立包括社会融资规模的货币政策中介目标体系。

另外一部分学者认为现阶段不应继续将货币供应量作为货币政策中介目标。夏斌和廖强[1]指出作为货币政策中介目标的货币供应量在可控性、可测性以及与货币政策最终目标之间的相关性方面皆存在明显问题，因此主张放弃货币供应量指标，直接盯住通货膨胀率，建立通货膨胀目标制。封思贤[2]围绕利率和货币供应量充当货币政策中介目标的有效性问题进行了实证分析，研究结果表明，由于基础货币控制难度增加、货币流通速度下降等问题的存在，以利率为货币政策中介目标进行货币政策操作的实施效果要优于以货币供应量为中介目标。彭兴韵[3]从货币供应、信贷总量的数量控制的可控性、相关性及调控手段等方面对数量型调控框架的有效性进行分析，提出着重于数量控制的传统货币政策框架的效果越来越弱，应该加强利率机制在货币调控中的作用。奚君羊和贺云松[4]通过理论模型对利率变动和货币供应量变动所造成的福利损失进行了对比分析，研究结果表明货币供应量变动所造成的福利损失更大，由此提出中国货币政策的中介目标选择应从货币供应量转向利率，构建以利率为中介目标的货币政策新框架。项卫星和李宏瑾[5]在对央行以数量指标和

---

[1] 夏斌和廖强：《货币供应量已不宜作为当前我国货币政策的中介目标》，《经济研究》2001 年第 8 期。

[2] 封思贤：《货币供应量作为我国货币政策中介目标的有效性分析》，《中国软科学》2006 年第 5 期。

[3] 彭兴韵：《加强利率机制在货币调控中的作用》，《经济学动态》2008 年第 2 期。

[4] 奚君羊和贺云松：《中国货币政策的福利损失及中介目标的选择——基于新凯恩斯 DSGE 模型的分析》，《财经研究》2010 年第 2 期。

[5] 项卫星和李宏瑾：《我国中央银行数量型货币调控面临的挑战与转型方向》，《国际金融研究》2012 年第 7 期。

工具为主的货币政策所面临的问题进行详细分析后指出：当前我国货币数量目标的可控性、与最终目标的相关性以及可测性并不理想，且容易引发顺周期性，致使货币政策的有效性下降和政策行为扭曲。随着我国金融市场化改革的深入和金融市场的迅速发展，我国的微观经济主体已对利率和汇率等价格变量具备一定的敏感度，央行货币政策已具备了向利率间接货币调控转型的基本条件。胡志鹏[1]在已有文献的基础上，以动态随机一般均衡模型（DSGE）为框架深入分析货币当局对货币政策调控模式的最优选择问题，并考虑理性预期下货币当局对中间目标的进一步修正和优化，推导出货币政策最优调控模式选择的解析条件，证明当货币需求函数波动性超过利率调控波动性、总需求波动性和总供给波动性一定程度时，价格型调控模式将优于数量型调控模式。选取2001—2011年的月度数据进行实证分析，发现我国货币需求函数已随着金融创新、直接融资的发展而变得不稳定，数量型调控模式效果已难以保证，中国的货币政策过渡到价格型调控模式的条件目前已经成熟。陈小亮等[2]使用SVAR模型，从金融创新的视角对社会融资规模能否成为货币政策中介目标进行了实证研究。研究结果表明，社会融资规模的有效性的确优于M2，但是随着金融创新的不断发展，社会融资规模的有效性同样已呈现下降趋势，因为它难以涵盖金融创新过程中不断涌现的新型融资方式。据此，他们认为社会融资规模不适合作为货币政策的中介目标，中国人民银行应彻底转变思路，培育出以Shibor利率为核心的价格型中介目标。杨春蕾[3]分别就数量型指标与价格型指标在中国货币政策传导机制中的有效性进行了深入讨论，实证结果显示：

---

[1] 胡志鹏：《中国货币政策的价格型调控条件是否成熟？——基于动态随机一般均衡模型的理论与实证分析》，《经济研究》2012年第6期。

[2] 陈小亮、陈惟和陈彦斌：《社会融资规模能否成为货币政策中介目标——基于金融创新视角的实证研究》，《经济学动态》2016年第9期。

[3] 杨春蕾：《货币数量、利率价格与货币政策中介目标选择》，《现代经济探讨》2018年第1期。

货币供应量 M2 指标已不能完全反映市场主体对实体经济的有效投资，与实体经济的关联性趋于减弱；社会融资规模更能反映实体经济的融资需求，但其传导效应尚未有效形成，仍有完善空间，预期可成为拉动实体经济增长的强劲之源；价格型指标具有比数量型指标更好的传导效应，基于真实交易形成的银行间质押式回购利率显示出较好的传导效果。胡志九[①]研究发现以货币供应量为主要对象的数量型调控方式具有多方面的不足，其有效性受到质疑，且面临结构性问题的掣肘，开放环境下其独立性也容易受到干扰，难以适应经济发展的新态势。而以利率走廊为代表的价格型调控模型具有明显优势和理论基础，宜将其作为货币政策未来调控的主要方式。从现实来看，现阶段我国已具备逐渐向价格型调控方式转变的基本条件。

综上所述，国内外学术界关于货币供应量和利率之间到底哪个更加适合充当货币政策的中介目标并未取得一致。从理论上说，货币供应量和利率都可以充当货币政策的中介目标，但货币政策中介目标的实际选择在很大程度上取决于一国经济金融的发展阶段所决定的货币政策最终目标。不同国家和地区在经济金融环境方面存在差异，这使得它们的货币政策最终目标并不相同。同一国家和地区处在不同的经济金融发展阶段，由于货币政策实施所面临的环境的变化，也会导致最终目标的选择不尽相同。此外，货币政策中介目标，无论以哪一个指标来充当，都仅仅是货币政策的手段。货币政策如何取向，最终都取决于实际面临的经济问题。因而，不能抛开具体的金融环境和经济问题，抽象地评价不同的货币政策框架。

中国货币政策中介目标的选择到底是坚持数量导向还是转向价格导向，关系着中国货币政策的有效性。货币供应量是否适合继续作为我国货币政策的中介目标，从理论上要看货币供应量的可控性

---

① 胡志九：《我国货币政策的数量型调控与价格型调控转型》，《改革》2018 年第 8 期。

以及货币供应量与货币政策最终目标之间的相关性。从中国货币量指标的可控性来看，根据盛松成和翟春（2015）的研究，若从广义货币量 M2 增速与中国人民银行设定目标值之间偏差的角度来衡量对货币供应量的控制能力，1996—2014 年，除 1997 年、2003 年和 2009 年外，我国 M2 增速实际值与目标值之间的偏差较小，偏离水平（取绝对值）的均值为 1.2 个百分点。因此总体来看，中国人民银行能够有效控制货币供应量。

而当货币政策操作已然选择稳定广义价格指数作为货币政策最终目标时，我国货币政策操作是否应该继续坚守数量导向，以货币供应量作为中介目标，判定准则就自然聚焦于货币供应量指标与广义价格指数之间是否存在稳定且可靠的联系。

第二节　广义价格指数和货币量指标的动态关联

一　变量的选取与说明

本章的样本区间为 1998 年 1 月至 2015 年 4 月。总体来说，分析过程中总共涉及四类变量，即价格变量、货币变量、利率变量与经济产出变量，在后续的实证分析中，除利率变量外，皆采用同比增长率形式。在变量的具体选取过程中，主要考虑数据的代表性和可得性。

由于需要比较广义价格指数测度的通货膨胀与居民消费价格指数测度的通货膨胀和货币量变动关联度的差异性，因此，本章分别采用 GPI 和 CPI 作为总体价格水平的代理变量。鉴于 M2 指标涵盖范围较广，相对 M0、M1 而言更为稳定，本章选取广义货币 M2 的同比增长率作为货币供给的代理变量。考虑到银行间 3 个月同业拆借利率是我国目前存在的期限较长且数据较全的市场化利率，因此将其作为利率水平的代理变量。关于经济产出的衡量指标，既有研究大都采用 GDP 数据，由于 GDP 数据按季度发布，难以及时刻画产出波动对通货膨胀的动态影响；另外有很多研究文献采用工业增加值作为 GDP 的替代变量，从而可以获取月度数据，但工业增加值数据仅仅记录了工业领域的产出变动，不适宜作为整个宏观经济态势的衡量指标。当代景气分析理论认为任何一个单独的经济变量指标都难以代表经济周期波动过程，应该综合考虑生产、消费、投资、贸易等各个领域的景气变动状况及其相互的影响，达到准确测度宏观经济波动的目的。王金明[1]依据景气分析的思想，用一致合成指数作为刻画宏观经济景气波动的指标，研究了宏观经济景气波动对通货膨胀的影响。本章借鉴他的思路，采用一致合成指数作为衡量经济产出波动的指标，使用 H－P 滤波法得到"景气缺口"作为"产出缺口"的替代变量。

为了方便说明，在下面的分析中，使用 ΔCPI 表示居民消费价格指数通货膨胀率，ΔGPI 表示广义价格指数通货膨胀率，$\Delta M2$ 表示货币增长率，$jqqk$ 表示产出缺口，$rate$ 衡量利率水平。

图 6－1 描绘了自 1998 年 1 月至 2015 年 4 月中国货币供应量变动和广义价格指数测度的通货膨胀的动态走势。从总体上看，这两个变量的动态走势基本一致，伴随着货币供应量增速的变动，广义价格指数测度的通货膨胀也随之发生改变。尽管中国货币供应量增速的变动会领先于广义价格指数测度的通胀率，但这种时滞不长，在大部分时期不超过 5 个月。中国货币供应量增速与广义价格指数测度的通胀率演进态势的相似之处，意味着二者之间存在较为密切的动态关联性。当然，这种动态关联性是否意味着变量之间存在因果关系，还需通过构建计量模型进行进一步的检验。

---

[1] 王金明：《我国经济周期波动对通货膨胀的动态影响——基于合成指数的实证研究》，《金融研究》2012 年第 3 期。

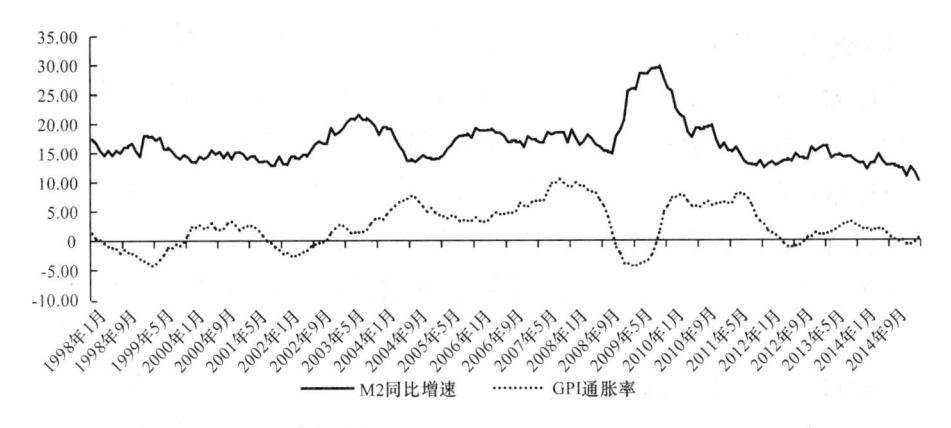

图 6-1 GPI 通胀率与货币量增速的动态走势

二 经验分析结果

本章同时采用回归模型与 VAR 模型实证检验货币供应量变动与通货膨胀之间的动态关联，相互验证，以避免采取单一模型可能存在的不足与偏差。

（一）回归模型

为了比较 GPI 通胀率与 CPI 通胀率和货币供应量变动之间关联度的差别，本章建立两个计量回归模型：

$$\Delta CPI_t = \alpha_i \sum_{i=0}^{k} \Delta CPI_{t-i} + \beta_j \sum_{j=0}^{m} \Delta M2_{t-j} + \gamma_1 jqqk_t + \gamma_2 rate_t + \mu_t$$

$$\Delta GPI_t = \alpha_i \sum_{i=0}^{k} \Delta GPI_{t-i} + \beta_j \sum_{j=0}^{m} \Delta M2_{t-j} + \gamma_1 jqqk_t + \gamma_2 rate_t + \mu_t$$

其中，ΔCPI_t 是指第 t 期的居民消费价格指数通胀率，ΔCPI_{t-i} 描述了滞后期居民消费价格指数通胀率，ΔGPI_t 是指第 t 期的广义价格指数通胀率，ΔGPI_{t-i} 描述了滞后期广义价格指数通胀率，$\Delta M2$ 为货币增长率，$\Delta M2_{t-j}$ 描述了货币增长率的滞后值，$jqqk_t$ 为 t 期"产出缺口"的代理变量"景气缺口"，$rate_t$ 为利率，μ_i 为随机扰动项。

关于该计量模型，有以下几点需要说明：首先，货币增长率与景气缺口之间可能会存在多重共线性，这会导致二者之间某一个变量的 t 统计量不显著，但是多重共线性在现代计量经济学看来并不会造成太大的问题，可以通过扩大样本容量予以解决，而且多重共线性并不会影响一致性；其次，β_j 的符号与数值是本章关注的核心，可以衡量货币量变动与通货膨胀之间的关联程度；最后，由于计量模型包含不同时点的变量关系，可能会出现解释变量与误差项之间的相关，采用传统的 OLS 方法容易出现估计误差，本章采用 GMM 方法对模型进行估计。运用 GMM 方法，寻找合适的工具变量是重点亦为难点，工具变量既要与内生变量相关，又要与被解释变量的扰动项不相关[1]。对于工具变量的选择，借鉴杨继生[2]、张成思[3]等文献的思路，选取通货膨胀率滞后项、货币增长率的滞后项、滞后 1 期的景气缺口、滞后 1 期的利率，作为工具变量。运用 GMM 方法进行估计并对计量模型进行反复测算，得到如下估计结果（见表 6-1）。

表 6-1　　　　　　　　　　　模型估计结果

	模型 1		模型 2
ΔCPI_{t-1}	0.907889 ***	ΔGPI_{t-1}	0.870621 ***
$\Delta M2_t$	0.187437	$\Delta M2_t$	0.136035
$\Delta M2_{t-1}$	-0.435379	$\Delta M2_{t-1}$	-0.577825
$\Delta M2_{t-2}$	0.270888 *	$\Delta M2_{t-2}$	0.498790 **
$jqqk_t$	0.129318 **	$jqqk_t$	0.209250 **
$rate_t$	-0.049031 ***	$rate_t$	-0.146066 ***
R^2	0.920	R^2	0.954
P-J	0.472	P-J	0.512

注：*** 表示在 0.01 的显著性水平下显著，** 表示在 0.05 的显著性水平下显著，* 表示在 0.1 的显著性水平下显著，模型 1 回归中因变量为 CPI 通胀率，模型 2 的因变量为广义价格指数通胀率。P-J 指 Hansen (1982) J 检验对应的 p 值（原假设为所有工具变量为外生）。

---

[1] 巩师恩和范从来：《二元劳动力结构与通货膨胀动态形成机制——基于新凯恩斯菲利普斯曲线框架》，《财经研究》2013 年第 3 期。

[2] 杨继生：《通胀预期、流动性过剩与中国通货膨胀的动态性质》，《经济研究》2009 年第 1 期。

[3] 张成思：《全球化与中国通货膨胀动态机制模型》，《经济研究》2012 年第 6 期。

模型 1 中的 J 统计量的 p 值为 0.472，无法拒绝原假设，意味着选取的工具变量有效；模型 2 中 J 统计量的 p 值为 0.512，无法拒绝原假设，所选择的工具变量有效。

从回归结果来看，无论是计量模型 1 抑或计量模型 2，货币增长率及其滞后 1 期都未通过显著性检验，一方面反映了货币供应量变动对通货膨胀影响所存在的滞后效应，另一方面也可能与模型存在的多重共线性有关。计量模型 1 中，货币增长率滞后 2 期的系数估计值为 0.270888，在 10% 的显著性水平下通过检验；计量模型 2 中，货币增长率滞后 2 期的系数估计值为 0.498790，在 5% 的显著性水平下通过检验，模型 2 中货币增长率的估计系数显著大于模型 1 中的估计系数，这验证了理论分析部分的结论：广义价格指数通胀率与货币供应变动的关联程度要大于居民消费价格指数通胀率。

模型 1 中居民消费价格指数通胀率滞后 1 期对于当前通胀率的影响系数达 0.9，且在 1% 的显著性水平下通过检验，模型 2 中广义价格指数通胀率滞后 1 期对于当前通胀率的影响系数达 0.870621，在 1% 的显著性水平下通过检验，说明无论是居民消费价格指数通货膨胀抑或广义价格指数通货膨胀都存在相当程度的惯性特征，这与国内许多探讨通货膨胀惯性的既有文献的研究结论一致[1]。

模型 1 中景气缺口的系数估计值为 0.129318，在 5% 的显著性水平下通过检验；模型 2 中景气缺口的系数估计值为 0.209250，在 5% 的显著性水平下通过检验，模型 2 中景气缺口的估计系数大于模型 1 中的估计系数，意味着景气缺口对广义价格指数通货膨胀的驱动力相比居民消费价格指数通货膨胀更大，也说明广义价格指数通货膨胀对于经济周期波动的敏感度更高。而利率变动无论对居民消费价格指数通货膨胀还是广义价格指数通货膨胀的影响系数皆为负值，且在 1% 的显著性水平下通过检验，这符合经典理论。

---

[1] 张成思：《中国通胀惯性特征与货币政策启示》，《经济研究》2008 年第 2 期。

（二）价格水平的动态调整过程分析

下面，本章采用基于 VAR 模型的脉冲响应函数对广义价格指数衡量的通货膨胀水平的动态调整过程，进行进一步的探究。

在建立 VAR 模型对通货膨胀动态调整过程进行分析之前，首先要确定模型的滞后阶数，VAR 模型滞后阶数选择正确与否直接关乎估计结果的准确度。从理论上说，在 VAR 模型滞后阶数的选择过程中，模型残差是否具有序列相关性不容忽视，然而这一问题在既有采用 VAR 模型的文献中并未进行明确的说明。参考张成思[1]的做法，本章同时采用 AIC 准则和 VAR - LM 序列相关性检验来确定 VAR 模型的最优滞后阶数。基于已有研究，设定 VAR 模型的最大滞后阶数为 8。基于 AIC 准则首先确定一个 VAR 模型的滞后阶数，并对 VAR 模型进行估计，然后采用 VAR - LM 检验对估计出的 VAR 模型的残差是否存在序列相关性进行判定。若 VAR - LM 检验显示模型残差不存在序列相关性，则基于 AIC 准则确定的 VAR 模型滞后阶数即为最优滞后阶数。若 VAR - LM 序列相关性检验发现模型残差存在序列相关性，则意味着 AIC 准则确定的滞后阶数无效。从最大滞后阶数 8 阶开始向下依次检验对应 VAR 模型残差的序列相关性，排除存在残差序列相关性的 VAR 模型，在剩下的 VAR 模型中选取 AIC 最小值对应的滞后阶数即为最优滞后阶数。基于以上分析确定的原则，本章构建的 VAR 模型确定的最优滞后阶数为 4 阶。

以下，本章在估计 VAR 模型之后，通过脉冲响应函数来分析广义价格指数通货膨胀对来自于相关变量一个标准差新息变动冲击的动态响应过程（见图 6-2）。

通过脉冲响应分析可以发现：

广义价格指数测度的通货膨胀对来自自身的一个标准差新息变动冲击在当期即有正向响应，在第 6 期达到最大，且一直持续至第

---

[1] 张成思：《通货膨胀、经济增长与货币供应：回归货币主义？》，《世界经济》2012 年第 8 期。

图 6-2 广义价格指数通货膨胀脉冲响应示意

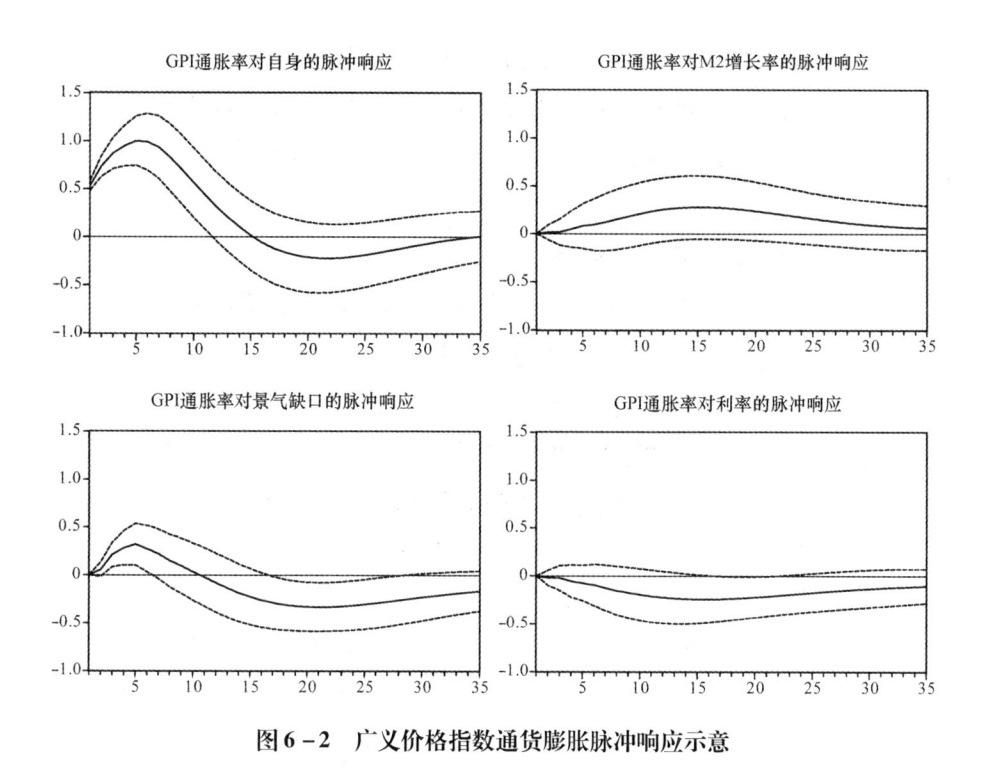

15 期。这表明广义价格水平动态调整受自身冲击的影响较大,广义价格指数测度的通货膨胀存在相当程度的惯性特征。

广义价格指数测度的通货膨胀对来自货币供应量的一个标准差冲击在第 2 期就有正向响应。来自货币供应量变动的一个标准差新息变动的动态冲击对广义价格指数通货膨胀的影响较大且持续时间长,脉冲响应值在第 10 期至第 22 期一直保持在 0.2 以上,在第 15 期达到最大值 0.2749,此后缓慢减小。这意味着广义价格指数通货膨胀对货币供应量变动非常敏感,也说明广义价格指数通货膨胀与货币供应量变动之间的联动性很高。

广义价格指数通货膨胀对来自景气缺口的一个标准差新息变动冲击在前 10 期皆为正向响应,且在第 5 期达到峰值,这意味着经济周期波动对于广义价格指数通货膨胀的影响较大,也说明广义价格指数通货膨胀对经济周期变动的反映较为及时。

来自利率的一个标准差新息变动冲击对广义价格指数通货膨胀产生负向影响，且在响应时段的追踪期一直持续，意味着央行的利率工具可以比较有效地抑制广义价格指数通货膨胀水平。

三　实证分析结果说明

实证分析结果表明，货币量指标与广义价格指数之间的联动性大于和居民消费价格指数之间的联动性；货币量指标与广义价格指数之间存在稳定且可靠的联系。货币量指标与 CPI 之间相关性的下降，不能作为货币供应量指标不宜充当货币政策中介目标的理由，因为如果 CPI 指标本身出现"失真"，不能准确衡量总体价格水平，则货币量变动对总体价格水平的影响自然难以反映在 CPI 指标上面。

范从来[1]在分析通货紧缩时期货币量保持较高增速而价格总水平持续下降这一矛盾现象时，提出了货币供应量指标与物价指标之间的匹配问题，认为应该采用 M1 而非 M2 来衡量货币总量。本章认为这种匹配问题不仅存在于货币总量的衡量指标，很可能更多地存在于价格总水平的衡量指标。既有文献一般都采用 CPI 作为货币数量论方程中总体价格水平 P 的替代指标，但这并不意味着 CPI 就是总体价格水平 P 本身。在包含多个不同部门的经济体系中，CPI 的统计范围充其量只能涵盖与居民消费有关的部门，因此 CPI 无法表征整个经济体系的总体价格水平。货币主义学派代表人物弗里德曼有一句名言："通货膨胀无论在何时何地都是一种货币现象。"但必须指出的是，货币供应量是针对整个经济体系而言的。也就是说，从长期来看，货币供应量变动必然会对总体价格水平产生影响。可以将这种影响称为货币供应量变动的整体影响。而 CPI 这一指标并不能完全衡量总体价格水平，也就是说 CPI 指标是对总体价格水平的局部性测度。货币供应量变动的整体影响与 CPI 指标的局部性测度

---

[1] 范从来：《通货紧缩时期货币政策研究》，南京大学出版社 2001 年版，第 26 页。

之间存在的矛盾可以解释中国近十几年来货币供应量快速增长的同时，CPI保持总体稳定这一具有悖论特征的现象。

过去采用CPI来替代总体价格水平P，主要基于两大假设：其一，经济体中以一般消费品部门为主体；其二，资产部门与产品部门之间价格传导顺畅。

现阶段，中国经济的总量跃居世界第二，与20世纪90年代初期相比发生了巨大的变化。此外，从经济结构来看，中国经济中各行业与部门都发生了重大变化，在经历了长足的发展后，过去占主体的一般消费品部门在国民经济中的比重下降，而资产部门的影响力却与日俱增。特别值得一提的是，自1998年中国启动房地产市场改革以来，房地产市场飞速发展，现阶段房地产业已成为中国国民经济的重要支柱行业。伴随着房地产市场规模的迅速扩大，其对货币供应量的吸附能力也有了极大程度的提高。在这种情况下，由于以房地产市场为代表的资产市场具有强大的货币吸收能力，即使货币供给量大幅度增加，并不必然引发消费价格水平的上涨。当前中国编制的CPI并未纳入房地产价格。因此，房地产价格的持续大幅度上涨自然无法为CPI所直接反映，出现货币供给量变动与CPI变动之间的背离也就不足为奇了。

此外，在新的经济发展阶段，资产市场与产品市场间价格传导效应显著下降，致使CPI不再能够准确表征总体价格水平。新世纪以来我国更加广泛、深入地参与经济全球化过程，工业生产与供给能力大幅度提升，"产品部门"供给弹性大幅度增加，产品部门价格水平缺乏大幅度上涨的内在动力机制，从而抑制了一般工业消费品价格水平的上涨；而由于我国金融市场不完善以及其他方面的原因，"资产短缺"长期存在，"资产部门"的"供给弹性"进一步下降，资产价格水平更容易膨胀。近年来，我国出现产品部门价格水平稳定与资产部门价格水平膨胀在较长时期内并存的现象，产品部门与资产部门价格运行动态出现明显背离，引发两大部门之间收益率的巨大差异，资产部门的收益率大于产品部门收益率。

新增货币供给在部门间的配置具有非均衡性，并不会均匀分布在不同部门，而是更多地向高收益率部门积聚，结果就在一定时间内导致不同部门相对价格的改变，进一步加剧部门间收益率的差别，引发货币量进一步流入高收益率部门，如此循环往复，货币量在高收益部门"沉淀"，货币结构异化。具体而言，资产部门的收益率高于产品部门，引致货币量向资产部门积聚。在一个不存在制度阻碍的成熟市场经济中，货币代表的需求流向资产市场会对产品市场产生引致需求，突出表现为财富效应。由于中国存在较为严重的金融资产短缺，货币量更多地向房地产市场积聚，引发房地产价格泡沫。而房地产泡沫的膨胀会导致家庭部门的住房消费支出增加，增加家庭的持币意愿[1]，产生所谓的财富效应"反转"现象[2]，房地产价格膨胀向消费物价的传导效应显著下降，导致资产部门与产品部门价格联动机制弱化。CPI难以准确代表总体价格水平。

综上，分析货币供应量与价格水平之间的关系，不能把总体价格水平局限于产品部门价格水平，而应该采用能更准确衡量一般物价水平的价格指数。基于上述分析，CPI表征一般物价水平的假设已经不再成立，资本市场的快速发展使得资产价格对总体物价的影响不可忽视，因此，构建包含资产价格在内的广义价格指数来衡量总体物价水平迫切而必要。而在评判货币量指标作为货币政策中介目标是否有效时，不能将价格水平限定为CPI，而应该是纳入资产价格的广义价格指数。

根据上述对广义价格指数与居民消费价格指数和货币量指标关联性的比较分析，本章发现相较于居民消费价格指数，广义价格指数和货币量指标的关联程度更高。广义价格指数与货币量指标之间存在稳定可靠的联系。这也就意味着，从货币政策操作的角度来看，

---

[1] 陈彦斌、郭豫媚和陈伟泽：《2008年金融危机后中国货币数量论失效研究》，《经济研究》2015年第4期。

[2] 张淦、范从来和丁慧：《资产短缺、房地产市场价格波动与中国通货膨胀》，《财贸研究》2015年第6期。

当纳入广义价格指数时,广义货币量指标作为货币政策中介指标仍然有效。现阶段,由于预算"软约束"等问题的存在,利率传导机制尚未完全理顺,我国央行的货币政策调控应该是数量调控与价格调控相结合,而不应该简单地放弃数量型指标。因此,货币政策调控的数量导向仍需坚守。而广义价格指数与货币量指标之间具有更高关联度背后的机理是什么?这需要在理论上进行说明。

第三节 货币量指标有效的机理分析

本节运用货币数量论方程这一理论分析框架对货币政策操作纳入广义价格指数后,以货币供应量指标为中介目标仍然有效的机理进行阐述。对这一问题的论证,是研究货币量供应指标作为中介目标有效性问题的一个新视角。以往研究货币量指标有效性的文献,大多以CPI作为测度总体价格水平的指标,从货币数量论方程的"数量端"来研究,很少有研究注意货币数量论方程的"价格端"。本书认为,货币政策操作采纳广义价格指数,货币供应量指标作为货币政策中介依然有效的原因在于广义价格指数能够较为准确地测度总体价格水平。货币量变动与CPI通货膨胀之间关联性的下降,并不一定意味着货币量指标不宜充当货币政策中介目标,问题出在CPI指标度量总体价格水平方面的准确性下降。

一 货币数量论方程的扩展:纳入资产市场

受伍志文和鞠方[1]的启发,本节通过纳入资产市场对传统的货币数量论方程进行扩展,构建包含货币市场、产品市场和资产市场的

---

[1] 伍志文:《货币供应量与物价反常规关系:理论及基于中国的经验分析——传统货币数量论面临的挑战及其修正》,《管理世界》2002年第12期。伍志文和鞠方:《通货紧缩、资产膨胀与货币政策——兼论当前的货币总量和货币结构问题》,《管理世界》2003年第11期。

三部门模型来分析以货币供应量指标为中介目标的有效性问题。不失一般性，假定整个经济体系可分为两大部门：以产品市场为代表的实体经济部门和以资产市场为代表的虚拟经济部门，货币市场、产品市场与资产市场相互关联。由此，新增货币供应量的流向不再局限于以产品市场为代表的实体经济部门，也会流入以资产市场为代表的虚拟经济部门。假设其他条件不变，可以认为部门价格水平与流入该部门的货币量同方向变化，需要指出的是，部门价格水平的变动还与部门的规模有关，部门规模越大，抑制本部门价格水平上涨的能力越大。也就是说，部门价格水平的变动由部门货币量的相对变动决定，而非部门货币量的绝对变动决定。部门货币流入量取决于该部门的收益率，具体而言，部门收益率越高，会引致更多的货币量流入，反之则反是。同样，需要考虑部门规模吸纳货币的能力，因此可以认为部门收益率影响的是货币量的相对变动，而不是绝对变动。

在货币市场、产品市场与资产市场三部门模型下，货币供应量变动会同时影响商品价格与资产价格，至于货币供应量变动与商品价格及资产价格之间关联度的具体情况则因资产市场和产品市场发育程度、资产市场和货币市场联通状况及两大市场收益率对比等因素的不同而呈现出差异。当纳入资产市场后，由于货币能够在产品市场与资产市场之间自由流动，此时货币总量的改变和货币结构的变动——表现为货币量在产品市场与资产市场之间分配比例的变动，都会改变各变量之间的关系，使经典的货币数量论方程所显示的货币供应量与价格水平之间的关系呈现出新特征。

为了分析的便利，"产品部门"与"资产部门"分别以 A 和 N 来表示。令 P_A 为产品部门的价格水平，P_N 为资产部门的价格水平；令 M_S 表示货币总量，M_A 表示流入 A 部门的货币量（包括媒介交易的货币量以及以储蓄形式存在的货币量），M_N 表示流入 N 部门的货币量；令 Q_A 和 Q_N 分别表示两大部门"产品"的数量，则经济体中的总产量 $Q = Q_A + Q_N$；此外，令 V_A 和 V_N 分别表示两大部门用于交易的货币量的流通速度，令 r_A 和 r_N 分别表示两大部门的收益率。基于上述设定，传统的货币数量论方程可以扩展为：

$$M_A V_A + M_N V_N = P_A Q_A + P_N Q_N \qquad (6-1)$$

进一步假定：

$$M_A = \varphi M_S, \; M_N = (1-\varphi) M_S \qquad (6-2)$$

根据扩展后的货币数量论方程，经济体中的货币量不仅与实体经济部门中的经济活动存在关联，也和以资产部门为代表的虚拟经济部门的经济活动有关。从货币供应量的组成来看，一国经济体系中的货币量既包括实体经济部门中的货币量，也包括虚拟经济部门中的货币量。而从货币流向来看，资产市场的加入改变了货币的作用对象及其流向，货币供应量增加之后货币的流向不再仅仅局限于产品市场等实体经济部门，也会流入资产市场等虚拟经济部门。φ 代表流入产品部门货币量的比重。

由 $\varphi M_S V_A = P_A Q_A$ 可得商品价格与实体经济中货币量的关联公式：

$$P_A = \varphi M_S V_A / Q_A = (\varphi V_A / Q_A) M_S \qquad (6-3)$$

其中，P_A 代表商品价格，Q_A 为商品交易数量，V_A 表示产品市场中作为交易媒介的货币的流通速度。

由 $(1-\varphi) M_S V_N = P_N Q_N$ 可得资产价格与虚拟经济部门中货币量的关联公式：

$$P_N = (1-\varphi) V_N M_S / Q_N = [(1-\varphi) V_N / Q_N] M_S \qquad (6-4)$$

其中，P_N 代表资产价格，Q_N 为资产数量，V_N 表示资产市场中作为交易媒介的货币的流通速度。

根据扩展的货币数量论方程，分析价格水平变化与货币量变动之间的联动，不能把价格水平局限在产品部门，也要考虑资产部门价格水平 P_N，即考虑总体价格水平。用 P_Z 表征总体价格水平，则总体价格水平 P_Z 为部门价格水平的加权平均，用公式可以表示为：

$$P_Z = \lambda_A P_A + \lambda_N P_N，其中 \lambda_A + \lambda_N = 1 \qquad (6-5)$$

进一步转换为：

$$P_Z = \lambda_A P_A + (1 - \lambda_A) P_N \qquad (6-6)$$

我们用价格指数对货币供应总量的导数表征价格指数与货币量之间的关联度。

$$dP_Z/dM_S = \lambda_A(\varphi V_A/Q_A) + (1 - \lambda_A)(1 - \varphi) V_N/Q_N \geqslant 0 \qquad (6-7)$$

$$dP_A/dM_S = \varphi V_A/Q_A \geqslant 0 \qquad (6-8)$$

为了分析以上两种价格指数与货币供应量关联程度的差异性，用公式（6-7）减去公式（6-8）得到下式：

$$dP_Z/dM_S - dP_A/dM_S = \lambda_A(\varphi V_A/Q_A) + (1 - \lambda_A)(1 - \varphi) V_N/Q_N - \varphi V_A/Q_A \qquad (6-9)$$

变形可得：

$$dP_Z/dM_S - dP_A/dM_S = (\lambda_A - 1)(\varphi V_A/Q_A) + (1 - \lambda_A)(1 - \varphi) V_N/Q_N \qquad (6-10)$$

进一步变形：

$$dP_Z/dM_S - dP_A/dM_S = (1 - \lambda_A)[(1 - \varphi) V_N/Q_N - \varphi(V_A/Q_A)]$$
$$= (1 - \lambda_A)[V_N/Q_N - \varphi(V_N/Q_N + V_A/Q_A)] \qquad (6-11)$$

进一步变形为：

$$dP_Z/dM_S - dP_A/dM_S = \Omega(\lambda_A, V_A, V_N, \varphi, Q_A, Q_N) \qquad (6-12)$$

纳入资产价格的广义价格指数与货币量相关性较于产品部门价格指数是否提高，取决于许多参数。为了更好地实现研究的聚焦性，本书假定 V_A 和 V_N 不变，λ_A 亦为常量，讨论 φ 与 Q_A、Q_N 三个参数对以上两个价格指数有效性差异程度的影响。其中，φ 代表货币流入实体经济部门的比例，Q_A 代表一般商品数量，Q_N 代表资产数量。

$dP_Z/dM_S - dP_A/dM_S$ 有可能大于 0、等于 0 或者小于 0。当 $dP_Z/dM_S - dP_A/dM_S = 0$ 则意味着两种价格指数与货币供应量之间的关联程度无差别，$dP_Z/dM_S - dP_A/dM_S > 0$ 则意味着 P_Z 作为价格总体水平指标的效果优于 P_A，而当 $dP_Z/dM_S - dP_A/dM_S < 0$，则表示 P_A

作为价格总体水平指标的效果优于 P_Z。因此,武断地说纳入资产价格的广义价格指数在衡量总体价格水平方面优于传统的 CPI,并不恰当。需要对 φ 和 Q_A 及 Q_N 展开分析。

二 对 φ 的分析

φ 并非越大越好,而是存在一个最佳比例,当 $dP_Z/dM_S - dP_A/dM_S = 0$,则 $\varphi = \dfrac{V_N/Q_N}{V_N/Q_N + V_A/Q_A}$。新增货币量在实体经济部门与虚拟经济部门的分配比例 φ 取决于实体经济部门与虚拟经济部门的收益率。从实体经济与虚拟经济之间均衡条件来看,均衡状态下的实体经济资产收益率和金融资产收益率应该相等。由于虚拟经济部门和实体经济部门的产品供给弹性存在差异,一般商品价格水平稳定与资产价格膨胀并存,在其他条件不变的情况下,两大部门价格水平的差异会打破收益率的均衡,使得虚拟经济部门的收益率高于实体经济部门的收益率。理性的投资者会把货币量投向虚拟经济部门,在部门垄断性强、供给弹性小、货币流入以及超额需求冲击等多重因素的驱动下,极易诱发虚拟经济部门的金融投机,使得"追涨杀跌"的羊群效应大行其道,导致虚拟经济部门的收益率出现非理性上扬,大量货币涌入该部门,价格水平 P_N 进一步上涨,使得正反馈机制居于主导地位。由此,过多的新增货币量流向了虚拟经济部门,而非实体经济部门,致使 φ 小于最优值。当 φ 小于最优值,则 $dP_Z/dM_S - dP_A/dM_S > 0$,$P_Z$ 作为价格总体水平指标的效果优于 P_A。考虑极端的情况,当 $\varphi = 0$,即所有的新增货币供应量全都流入虚拟经济部门,则 $dP_Z/dM_S - dP_A/dM_S = (1 - \lambda_A)V_N/Q_N > 0$ 达到最大值。

三 对 Q 的分析

根据货币数量论方程,当货币流通速度不变的情况下,价格水平的变动取决于货币量的相对变动,而非绝对变动。在其他条件不变的情况下，部门产出量对于价格变动存在重要的影响。部门产出量越大，该部门吸纳货币的能力越大，则价格上涨的趋势越会得到抑制，反之则反是。同样，对于扩展的货币数量论方程，部门产出对于价格变动的影响依然存在。

根据前文所述总体价格水平的表达公式 $P_Z = \lambda_A P_A + \lambda_N P_N$，可得公式（6-13）：

$$\frac{dp_Z}{p_Z} = \lambda_A \frac{dp_A}{p_A} + \lambda_N \frac{dp_N}{p_N} \qquad (6-13)$$

其中，$\frac{dp_Z}{p_Z}$ 表示总体价格水平的变动，$dp_i/p_i (i = A, N)$ 分别表示第 i 部门价格水平的变动，$\lambda_i (i = A, N)$ 为第 i 部门的权重。

参考李民强[①]的做法，假定部门价格水平的变动 dp_i/p_i 是 dM_i/dQ_i 的递增函数，可以得到如下关系：

$$\frac{dp_A}{p_A} = f_A\left(\frac{dM_A}{dQ_A}\right)，且 f_A\left(\frac{dM_A}{dQ_A}\right)' > 0 \qquad (6-14)$$

$$\frac{dp_N}{p_N} = f_N\left(\frac{dM_N}{dQ_N}\right)，且 f_N\left(\frac{dM_N}{dQ_N}\right)' > 0 \qquad (6-15)$$

其中，dM_i/dQ_i 代表部门的边际货币吸收能力。那么，$\frac{dp_Z}{p_Z} = \lambda_A \cdot \frac{dp_A}{p_A} + \lambda_N \frac{dp_N}{p_N}$ 可以改写为公式（6-16）：

$$\frac{dp_Z}{p_Z} = \lambda_A f_A\left(\frac{dM_A}{dQ_A}\right) + \lambda_N f_N\left(\frac{dM_N}{dQ_N}\right) \qquad (6-16)$$

本章以 $dM > 0$ 为例，纳入部门产出的变动，综合考察货币量变动与总体价格水平变动之间的联动性。

---

① 李民强：《金融抑制下我国流动性过剩形成机制及对通货膨胀影响的研究》，博士学位论文，吉林大学，2013 年。

当 $dM > 0$，国家处于货币扩张时期，可以令 $\dfrac{r_A}{r_N} = \dfrac{dM_A/Q_A}{dM_N/Q_N}$。
进一步可以求得：

$$\frac{dM_A}{dM} = \frac{Q_A r_A}{Q_A r_A + Q_N r_N} \tag{6-17}$$

$$\frac{dM_N}{dM} = \frac{Q_N r_N}{Q_A r_A + Q_N r_N} \tag{6-18}$$

将公式（6-17）和公式（6-18）代入公式（6-16），可以得到：

$$\frac{dp_Z}{p_Z} = \lambda_A f_A\left(\frac{r_A}{Q_A r_A + Q_N r_N} \cdot \frac{dM}{dQ_A/Q_A}\right) + \lambda_N f_N\left(\frac{r_N}{Q_A r_A + Q_N r_N} \cdot \frac{dM}{dQ_N/Q_N}\right) \tag{6-19}$$

为了更直观地展现部门价格水平与部门货币量的相对变动之间的函数关系，不失一般性，本书选取线性函数刻画 dp_i/p_i 与 dM_i/dQ_i 的关系：

$$f_A\left(\frac{dM_A}{dQ_A}\right) = k_A \frac{dM_A}{dQ_A} - k_A \tag{6-20}$$

$$f_N\left(\frac{dM_N}{dQ_N}\right) = k_N \frac{dM_N}{dQ_N} - k_N \tag{6-21}$$

将公式（6-20）和公式（6-21）代入公式（6-19），可以得到：

$$\frac{dp_Z}{p_Z} = dM\left(\frac{1}{dQ_A/Q_A} \cdot \frac{\lambda_A k_A r_A}{Q_A r_A + Q_N r_N} + \frac{1}{dQ_N/Q_N} \cdot \frac{\lambda_N k_N r_N}{Q_A r_A + Q_N r_N}\right) - \lambda_A k_A - \lambda_N k_N \tag{6-22}$$

由公式（6-22）可知，总体通货膨胀水平取决于货币供应量的变动 dM、经济体中各部门的规模 Q_i、各部门规模的变化率 dQ_i/Q_i 以及各部门的投资收益率 r_i 等因素。因此，探讨货币供应量变动与价格水平之间的关联性，除了考虑各部门的投资收益率所带来的影响，还需考虑部门规模以及部门规模的变化这两个变量所存在的影响。下面以货币供应量的增长率大于零为例，分别考虑当资产部门收益率 r_N 与产品部门收益率 r_A 相等以及资产部门收益率 r_N 大于产品部门收益率 r_A 时，部门规模及其变化对于货币供应量变动和价格水平之间关系的影响。

（一）资产部门收益率 r_N 等于产品部门收益率 r_A

当 $r_N = r_A$ 时，可将公式（6-22）进一步简化为公式（6-23）：

$$\frac{\mathrm{d}p_Z}{p_Z} = \frac{\mathrm{d}M}{Q}\left(\frac{\lambda_A k_A}{\mathrm{d}Q_A/Q_A} + \frac{\lambda_N k_N}{\mathrm{d}Q_N/Q_N}\right) - \lambda_A k_A - \lambda_N k_N \quad (6-23)$$

由公式（6-23）可知，当资产部门收益率和产品部门收益率相等时，总体价格水平的变动取决于货币供应量的变动 $\mathrm{d}M$、经济体中各部门的总规模 Q、各部门规模的变化率 $\mathrm{d}Q_i/Q_i$。假定其他变量保持不变，当 $\mathrm{d}M > 0$，则 $\frac{\mathrm{d}p_Z}{p_Z} > 0$，即货币供应量增加会导致总体通胀水平的上升。与此同时，也要考虑经济总体规模 Q 对总体价格水平变动带来的影响：经济总体规模 Q 会削弱货币供应量变动对总体价格水平带来的影响，具体而言，经济总体规模 Q 越大，货币供应量变动对总体价格水平的影响越小，反之则反是。此外，由于资产部门与产品部门收益率相等，新增货币量在资产部门和产品部门之间平均分配，此时部门价格水平的高低主要取决于部门规模的增长速度。若产品部门规模的增长速度大于资产部门，即当 $\mathrm{d}Q_A/Q_A > \mathrm{d}Q_N/Q_N$，则会呈现出产品部门价格水平低于资产部门价格水平的现象，反之则反是。

（二）资产部门收益率 r_N 大于产品部门收益率 r_A

当 $r_N > r_A$ 时，由公式（6-22）可得公式（6-24）：

$$\frac{\mathrm{d}p_Z}{p_Z} = \frac{\mathrm{d}M}{Q_A r_A + Q_N r_N}\left(\frac{\lambda_A k_A r_A}{\mathrm{d}Q_A/Q_A} + \frac{\lambda_N k_N r_N}{\mathrm{d}Q_N/Q_N}\right) - \lambda_A k_A - \lambda_N k_N$$

$$(6-24)$$

根据公式（6-24）可知，货币供应量的变动 $\mathrm{d}M$、经济体中各

部门的规模 Q_i、各部门规模的变化率 dQ_i/Q_i 以及各部门的投资收益率 r_i 等四个变量都会对总体通胀水平产生影响。具体而言，货币供应量增加会导致总体通胀水平上升，货币供应量减少会导致总体通胀水平下降。部门规模的大小也会对总体通胀水平产生影响，部门规模越大，越能对货币供应量增加引发的通胀压力产生平抑效果。探讨货币供应量对部门价格水平的影响需要综合考虑部门收益率和部门规模增长速度二者的对比：当部门收益率超过部门规模增长速度，会导致该部门价格水平的上涨；当部门收益率小于部门规模增长速度，则会使该部门价格水平下降。

综上所述，理论模型的推导表明，部门产出对于货币量与部门价格水平之间的关系会产生重要的影响。在当前的中国，由于长期存在资产短缺[①]，优质金融资产供给的增长率小于产品部门产出的增长率。这就使得，两部门产出长期失衡，从而广义价格指数衡量的物价水平相比于传统的 CPI 与货币量的联动性更强，体现为 $dP_Z/dM_S - dP_A/dM_S > 0$。

可见，由于经济全球化加速推进与中国存在的"资产短缺"，资产部门与产品部门间价格联动受到抑制，产品部门价格指数不再能准确表征总体价格水平，呈现产品部门价格指数与货币量之间的关联性下降的现象。但这并不意味着货币供应量指标不宜继续充当货币政策中介目标。当货币政策操作采纳广义价格指数，货币供应量变动与总体价格水平变动之间依然存在稳定可靠的关系，因此，货币政策操作的数量导向仍需坚守。

[①] 范从来、刘绍保和刘德溯：《中国资产短缺状况研究》，《经济理论与经济管理》2013 年第 2 期。范从来、刘绍保和刘德溯：《中国资产短缺影响因素研究——理论及经验证据》，《金融研究》2013 年第 5 期。

第 七 章

主要结论、政策建议与研究展望

准确地测度通货膨胀是有效治理通货膨胀、实现物价稳定的基础和前提。但如何全面、准确地衡量通货膨胀一直是一个难度相当大的问题①。尽管居民消费价格指数长期以来作为测度通货膨胀的核心指标，被各国货币当局广泛使用，但关于 CPI 衡量总体通胀水平的准确性问题的争论始终就没有停止过。因此，如何更加准确地测度总体通胀水平，给货币政策调控提供精准的通胀"锚"，一直是学者们和货币当局所关注的重要问题。

在经济全球化加速推进、金融快速发展以及中国长期存在"资产短缺"的重大现实背景下，中国经济运行呈现出资产价格剧烈波动与一般消费品价格水平相对平稳长时期并存、虚拟经济部门与实体经济部门价格水平运行明显背离的典型性事实，中国通货膨胀形成机理发生了系统性的变化。基于此，本书将通货膨胀指数修正研究的视角由传统针对 CPI 自身的修正转换到通货膨胀指标的重新选择。具体而言，本书基于中国现有的主要价格指数，综合运用理论模型与计量方法编制了广义价格指数，以之作为衡量中国通货膨胀

---

① 张晓慧：《关于资产价格与货币政策问题的一些思考》，《金融研究》2009 年第 7 期。

水平的新指标，并对这一新物价指数在货币政策实施方面的应用价值进行了深入探讨。

本书研究结果表明，相比于传统的居民消费价格指数，广义价格指数能够更加准确地衡量总体通胀水平，可以提高货币政策的实施效果，并据此初步形成了在货币政策操作中采纳广义价格指数、完善现有货币政策框架的政策启示。然而，囿于研究能力，本书的研究至此仍难免留有遗憾，这些遗憾也成为未来进一步研究的动力和方向。

第一节 主要结论

全书主要研究内容可以分为广义价格指数的编制及其货币政策应用两大部分。从我国 CPI 编制过程存在的多种目标重叠和冲突引发 CPI 测度总体通胀失真与现阶段中国通货膨胀主要表现为结构性通胀两方面，本书讨论了广义价格指数编制的重要性和必要性。通过对已有广义价格指数编制方法的分析，本书运用前沿的贝叶斯动态因子方法编制了衡量中国总体价格水平的广义价格指数。编制广义价格指数是为更准确地测度总体通胀水平，并为货币政策的制定与施行提供参考。由是，本书讨论了广义价格指数在货币政策实施中三个方面的政策应用价值：广义价格指数有助于提高通货膨胀的预测精准度；能够使货币政策更好地实现通货膨胀与经济周期的动态平衡；意味着货币政策中介目标的选择仍需坚持数量导向。

第一，中国有必要编制衡量总体价格水平的广义价格指数。中国目前的通胀测度核心指标 CPI 指数并不能准确测度真实的通货膨胀水平。具体而言，在通货膨胀水平高的时期一般会低估通货膨胀水平，而在通货紧缩时期，又会低估通货紧缩程度。CPI 在测度总体通胀方面的偏差，会误导央行对总体价格水平的判断，影响央行货币政策的制定和实施，削弱央行货币政策的有效性。

现阶段，中国 CPI 在衡量总体通胀方面的"失真"现象一方面源于 CPI 编制过程中多种目标的重叠与冲突，另一方面是由于在经济全球化推进、金融业快速发展以及中国长期存在"资产短缺"等因素的影响下，通货膨胀机理和表现形式已然发生深刻改变，通货膨胀的结构性特征明显。在此背景下，简单地调整 CPI 自身的权重难以实质性解决 CPI 在通胀测度方面的缺陷，而将房地产价格等资产价格直接纳入 CPI 编制，存在基本概念层面的问题，也与当前中国的实际经济运行不相适应。

因此，通货膨胀指数的修正应从 CPI 自身的修正转向通货膨胀指标的重新编制与选择。从可操作性的角度来看，综合现有主要的价格指数，编制反映更加广泛意义上的整体价格水平的广义价格指数具有必要性和现实性。

第二，广义价格指数测度的通货膨胀和居民消费价格指数测度的通货膨胀在动态特征方面存在较为显著的差异。广义价格指数通货膨胀与居民消费价格指数通货膨胀之间的差异性至少体现在三个方面：其一，体现在两种通胀指标在不同时点的水平值上；其二，体现在两种通胀指标的波动性方面；其三，在对经济周期波动的衡量方面，两种通胀指标亦存在较为明显的差别。

首先，从 GPI 通胀率与 CPI 通胀率在不同时点水平值的对比来看，GPI 通胀率在大部分时期都要高于 CPI 通胀率，特别是在通货膨胀水平高的时期，二者之间的差距更大；而在通货紧缩时期，GPI 通胀率低于 CPI 通胀率。这意味着传统的 CPI 通胀率在通货膨胀水平高的时期一般会低估通货膨胀水平，而在通货紧缩时期，又会低估通货紧缩程度。

其次，从 GPI 通胀率与 CPI 通胀率波动程度的对比来看，GPI 通胀率的波动率要大于 CPI 通胀率。广义价格指数测度的通货膨胀的波动程度大于传统的居民消费价格指数测度的通货膨胀。这意味着，长期以来货币当局以 CPI 测度的通货膨胀为主要的通胀"锚"，致使货币政策治理通胀的效果主要体现在居民消费价格指数上面，以广义价格指数测度的通货膨胀成了政策的盲区。这也从另一个角度说明了当前将广义价格指数衡量的通货膨胀纳入中国货币政策决策信息库具有必要性和紧迫性。

最后，CPI 指标在衡量经济周期波动方面存在明显的滞后性，而广义价格指数与经济周期波动之间的关系更为密切。CPI 指标在衡量经济周期波动方面的滞后性主要表现在当经济周期处于上行期，甚至经济过热时，CPI 通胀率并不会马上上升，而是在相当长的时期内保持较低水平；而当经济周期处于下行期时，产出和就业萎缩，CPI 通货膨胀却并不会立即下降，而是会在较长的一段时期内保持稳定，甚至还会短期上扬，呈现出滞胀的迹象。相比于 CPI 通胀率，GPI 通胀率对于经济周期波动的反映更为及时。

第三，以广义价格指数为通胀指标，可以优化通货膨胀预测效果。货币政策发挥作用存在时滞性，因此为了更有效地控制 GPI 通货膨胀，货币当局需要对 GPI 通货膨胀的未来走势进行前瞻性研判，这依赖于对未来 GPI 通货膨胀的精准预测。在国际经济格局加速变动和中国处于加快经济结构调整与发展方式转变关键时期的背景下，通货膨胀形成机制日益复杂、影响因素更加多元。在通货膨胀预测过程中，考虑不同经济状态对于通胀的影响，并将模型维度和系数时变程度的时变特征纳入通胀预测模型显得十分必要。

鉴于已有通胀预测文献所存在的不足，本书构建了基于动态模型平均的时变向量自回归模型（TVP – VAR – DMA）来预测我国的广义价格指数通货膨胀，重点考察允许模型维度和系数时变程度随时间变化的通胀预测效果。在变量动态选择、系数时变的基础上，模型维度和系数时变程度动态选择允许根据经济状态的变化动态选择包含不同信息量的通胀预测模型，在最大限度地综合利用宏观经济信息的同时，避免了模型维度和系数时变程度固定带来的预测不确定性。

本书的实证结果表明，在考虑预测模型变量时变与系数时变的同时，允许预测模型维度和系数时变程度动态选择可以优化通胀预测的精确度，使预测效果优于单一维度时变向量自回归模型，以及允许变量动态选择的贝叶斯模型平均方法，特别是当经济波动增大时，这种优势更加明显。

第四，货币政策操作采纳广义价格指数时，有助于货币当局实现通货膨胀与经济周期波动之间的动态平衡。对于处在新兴加转型阶段的中国而言，货币政策的制定与施行，从最终目标来看，除了稳定物价之外，还包括熨平经济周期波动。货币政策实现"控通胀"与"稳周期"之间的动态平衡，有赖于通货膨胀与经济周期波动之间的协同。广义价格指数通货膨胀与经济周期波动之间的相关性分析表明，广义价格指数度量的通胀率与经济周期波动具有较高程度的一致性，可以较为及时准确地反映经济周期变化。进一步，基于菲利普斯曲线模型，本书通过对菲利普斯曲线形状的分析进一步判定广义价格指数通货膨胀与经济周期变化之间的协同程度。实证结果表明，以广义价格指数作为通货膨胀的衡量指标，菲利普斯曲线扁平化趋势并不存在。从货币政策实施的角度来看，广义价格指数通货膨胀与经济周期波动之间更为协同，运用广义价格指数测度通货膨胀，可以更好地实现通货膨胀与经济周期之间的动态平衡。

第五，货币政策操作采纳广义价格指数，货币政策中介目标的选择仍需坚持数量导向。货币政策中介目标是货币政策传导过程中的关键性环节，在很大程度上决定着货币政策最终目标的实现效果。中国以什么指标为货币政策中介目标，是继续坚持货币量指标还是转向利率指标，无论是学者还是货币当局，并未达成一致意见。判断某一指标是否适合充当货币政策中介目标，关键是考察这一指标与货币政策最终目标之间是否存在稳定可靠的联系。运用广义价格指数作为衡量总体价格水平的新指标，对价格变动与货币量变动之间的关联性进行计量分析。实证分析显示，广义价格指数与货币量的关联度大于 CPI，基于 VAR 模型进一步的动态时序分析发现，货币量变动对广义价格指数通货膨胀的影响较大且持续时间长，广义价格指数通货膨胀对货币量变动敏感。实证结果表明，货币量指标与广义价格指数之间存在稳定可靠的联系,这也就意味着当货币政策操作采纳广义价格指数时,以货币量指标为中介目标仍需坚守。

第二节 政策建议

根据研究结论,中国现行通货膨胀测度核心指标 CPI 并未完整、准确地反映通货膨胀的内涵,因此也就无法反映真实的通货膨胀水平。由于 CPI 这一通胀测度指标出现偏差,货币政策调控也出现一定程度的偏离。准确地衡量通货膨胀是有效治理通货膨胀的基础和前提,不对现有的通货膨胀指数进行修正和优化,就难以真正实现货币政策稳定更广泛意义上的整体价格水平的目标。针对 CPI 自身的修正并不能完全解决 CPI 在通货膨胀测度中的偏差,因此,通货膨胀指数修正的重心应该转向通货膨胀指标的重新选择。可见,衡量总体价格水平的广义价格指数的编制以及广义价格指数在货币政策实施中的应用具有必要性和紧迫性。通过对研究结论进行有针对性的推演,本书对于如何更有效地衡量总体通货膨胀水平,以及实现更加广泛意义上的整体价格水平稳定形成以下政策建议。

一 货币政策调控需高度关注新形势下通货膨胀形成机理与表现形式的深刻变化

近年来,全球经济金融运行跌宕起伏,物价形势复杂多变。在全球化快速推进的过程中,商品、劳务以及信息等在国家和地区之间的转移成本下降,生产过程和产业链布局发生深刻的改变,分工进一步细化,生产效率大幅提升;规模经济效应进一步显现,全球的生产成本降低;加之具有劳动力优势和低成本优势的新兴市场经济体的贸易和生产开放程度的不断提升,进一步降低了全球的生产成本,拓展了全球的生产能力。这些因素大大增强了全球的工业生产和供给能力,抑制了一般性商品价格的上涨趋势。但与此同时,全球生产能力的大幅度扩张以及新兴经济体快速融入全球市场也导致了对于初级产品和资产需求的大幅度增加。由于供给弹性有限，在需求快速增长的条件下，初级产品与资产的价格极易出现快速上涨的态势。供给弹性的差异导致一般竞争性产品与资产和初级产品的价格运行态势出现分化和背离。这种"两部门"现象使得现阶段通货膨胀的生成机理和表现形式发生显著变化，由资产价格和初级产品价格上涨带动的结构性价格上涨成为通货膨胀的主要表现形式。

两大部门价格走势和变动的差异会打破两大部门单位货币收益率的均衡状态。当结构性价格上涨幅度超过一般竞争性产品生产率的提升时，货币资本会大量流入资产部门，引发金融投机，使"追涨杀跌"的羊群效应大行其道，导致严重的金融资产泡沫，一般性竞争产品部门的利润空间会被不断挤压。由于市场主体进行金融投机的乐观预期本质上来源于一般性竞争产品部门代表的实体经济的有力支撑，当实体经济投资收益率的持续下跌和投资数量的快速收缩导致实体经济部门不断萎缩时，市场主体的乐观预期就会面临逆转风险。经济主体一旦意识到实体经济部门的支撑难以为继，就会立马动摇甚至丧失对于未来经济持续增长的信心，从而乐观预期发生快速逆转。房地产、股票等资产价格水平大幅度下跌，资源、能源等初级产品的价格水平亦会急剧下行。资产与初级产品的泡沫瞬间破裂，前期推动结构性价格上涨的动力也会瞬间消失，结构性通胀很快逆转成结构性通缩。资产价格泡沫破裂导致人们的财富水平大幅度缩水，加之市场弥漫的悲观预期，引发总需求全面萎缩，经济繁荣时期掩藏的实体经济部门过剩产能导致一般性竞争产品的价格下行，结构性通缩转向全面通货紧缩。在当前全球经济金融环境下，今后很长一段时期内，全球经济很可能会在由资产、初级产品价格带动的结构性通胀和由金融投机泡沫破裂引发的通货紧缩之间循环往复，给货币政策稳定总体价格水平目标的实现带来极大挑战。因此，致力于稳定广义价格水平的货币政策需要高度关注这一"两部门"现象，以及由其引致的通货膨胀形成机理与表现形式的深刻变化。

二 编制广义价格指数，调整优化货币政策最终目标

受经济转型和发展阶段的影响，中国的货币政策最终目标有其特殊之处。价格稳定、经济增长、充分就业、国际收支平衡、金融稳定等都可能成为特定时期的优先考虑。而随着市场化发展和各方面情况的变化，价格稳定的重要性越来越凸显。长期以来，我国货币当局制定与施行稳定物价货币政策的主要依据是 CPI，包含资产价格等在内的广义通货膨胀水平并未被纳入货币政策目标体系。这导致货币政策调控的效果主要体现在消费价格水平上面，包含资产价格在内的更广泛意义上的整体价格水平成了政策调控的盲区。

在经济全球化加速推进、金融市场长足发展以及金融资产规模不断膨胀的背景下，金融周期与经济周期时有分化，通货膨胀形成机理和表现形式已然发生深刻改变。资产价格频繁波动与一般商品价格相对平稳长时期并存、金融部门与实体经济部门价格水平分化背离成为宏观经济运行的"新常态"。结构性物价上涨，已经并且很可能在未来成为我国通货膨胀的主要表现形式，资产价格上涨向消费物价的传导效应显著下降。加之随着经济发展与居民财富的不断积累，CPI 以及一些相关的经济指标，所涵盖的居民当期消费与居民的财富总量相比，占比不断降低，致使 CPI 在整个经济体系中的代表性越来越低。现行的通胀测度核心指标 CPI 在衡量整体价格水平方面的准确性呈现明显下降趋势，继续以 CPI 通胀水平为主要依据进行政策选择和搭配，会将经济运行中的价格上涨压力从一般商品与劳务部门转移至资产领域，在 CPI 表征的物价稳定表象下，纵容资产泡沫，加剧金融失衡，积聚金融风险，最终难以真正实现总体价格水平的稳定。

本书认为，修正现有盯住 CPI 的货币政策框架刻不容缓。货币当局应高度重视金融资产规模膨胀给货币政策调控带来的严峻挑战，在货币政策实施过程中对资产价格波动的影响进行前瞻性研判和应

对。我国货币当局应当重新诠释物价稳定的内涵从而恰当选择通胀衡量指标。货币政策的最终目标应从消费物价水平的稳定，逐步转向包括资产价格水平在内的广义价格水平的稳定。因此，货币当局需编制包含资产价格的广义价格指数，及时向全社会公布，并将广义价格指数纳入货币政策目标体系，进行有效调控。从广义价格指数编制的方法选择以及政策应用等具体操作层面来看，还需注意几个方面的内容。首先，广义价格指数的编制是为了更准确地测度真实通货膨胀水平，而并非直接干预资产价格的波动。因此，在广义价格指数编制过程中，资产价格权重的确定应该是基于其对价格变动共同趋势的贡献程度。其次，将广义价格指数纳入货币政策决策信息集，并不意味着简单地放弃传统的 CPI 指标。货币当局在对总体通胀形势进行研判时，应该综合考虑两种通胀衡量指标，提高决策的科学性和稳健性。

三 应用广义价格指数，实现"稳定物价"与"熨平周期"之间的协同

尽管西方发达国家的货币政策目标向"物价稳定"收敛，我国也更加重视价格稳定目标，但对于处在新兴加转型阶段的中国而言，货币政策还不具备实行单一通胀目标的条件。尤其是当前中国进入经济发展"新常态"，货币政策调控面临更为严峻的"稳定物价"与"熨平周期"的双重压力。如何实现通货膨胀与经济周期波动之间的动态平衡，是现阶段摆在货币当局面前的重大难题。虚拟经济部门与实体经济部门供给弹性的差异引发的结构性通胀致使经济周期与通货膨胀之间的内在关联呈现出新特点：第一，经济周期波动对于不同部门价格水平的影响存在差异，使得一般商品价格水平的相对平稳与资产价格频繁波动会在较长时期内并存，金融部门与实体经济部门价格水平运行出现长期分化背离；第二，以 CPI 衡量的通货膨胀对于经济周期变化的反应存在较为明显的滞后性，导致当经济周期处于上行区间和宽松货币政策环境时 CPI 通胀率不会立即

高企，而当 CPI 通胀率出现明显上涨的时候，往往已经处于金融投机异常活跃、资产价格泡沫即将破裂的前夜。经济周期波动与 CPI 通货膨胀之间的新特征体现为菲利普斯曲线的扁平化，容易引发"政策幻觉"，导致货币政策调控时机的延误，影响政策调控效果。本书的研究表明，当货币政策操作采纳广义价格指数作为通货膨胀衡量指标时，通货膨胀与经济周期波动之间呈现出较高的协同性，长期以来困扰货币当局的"菲利普斯曲线扁平化"并不存在。因此，本书主张旨在同时"稳定物价"与"熨平周期"的货币政策操作需要采纳广义价格指数。

四 以货币供应量指标为货币政策中介目标仍需坚守

本书的研究表明，广义价格指数与货币供应量指标之间存在稳定可靠的联系。这意味着从货币政策操作的角度来看，当采纳广义价格指数时，货币供应量指标作为货币政策中介指标仍然有效。本书主张，现阶段以货币供应量指标为货币政策中介目标仍需坚守。

判断某一指标是否适合充当货币政策中介目标，关键是考察这一指标与货币政策最终目标之间是否存在稳定可靠的联系。改革开放以来，我国的货币政策框架逐渐演变和完善，形成了以广义货币供应量 M2 为主要中介目标、以数量型为主的调控框架体系。尽管随着金融市场的发展、金融资产数量的增加，货币供应量指标与 CPI 之间关联性不断下降，但这并不能成为放弃货币供应量作为中介目标的理由。根据本书的研究，经济全球化的推进与中国"金融资产短缺"的存在导致资产部门与产品部门之间价格传导效应显著降低，CPI 衡量总体价格水平的准确性下降，货币量变动对于总体价格水平的影响并未被 CPI 完全反映，呈现出价格水平变动与货币量变动相关性下降甚至"脱钩"的现象在某种程度上而言具有必然性。而当货币政策操作采纳广义价格指数时，可以发现货币供应量指标作为中介目标依然是有效的。因此，货币政策中介目标选择的数量导向仍需坚守。

此外，从当前中国利率市场化的实际进程来看，不简单地放弃货币供应量指标，具有现实性。尽管中国的利率市场化已取得了很大的进展，特别是随着央行放开对存款利率上限的管制，中国利率市场化改革进入了新的阶段，但也要清醒地认识到，中国要真正完成利率市场化还有很长一段路要走。首先，符合中国国情的基准利率体系还尚未建立；其次，各种利率之间的传导还并不通畅，特别是央行能够直接调控的货币市场利率向实体经济部门的融资利率的传导存在较为明显的阻滞。因此，中国目前还不能实行单一的利率调控，央行的货币政策调控采用利率调控与货币调控相结合的方式，具有现实的必然性。

第三节　研究展望

本书旨在研究中国广义价格指数的编制以及探讨这一新的通货膨胀指标在货币政策实施中的应用价值。围绕这一研究目标，笔者虽已竭尽全力，然囿于主、客观条件，尚存遗憾。这也成为笔者今后进一步探索的方向，主要有以下两个方面。

（1）广义价格指数编制过程中的重点与难点在于如何确定纳入的各价格指数序列的权重。本书编制广义价格指数主要是为了更准确地测度通货膨胀水平，从而为货币政策制定和实施提供参考，所以从货币政策前瞻性与稳定性的角度出发，捕捉整体物价变动的中长期趋势是关键。因此，本书编制广义价格指数的过程中，纳入的各价格指数序列权重的确定是基于其对于物价变动长期趋势的贡献程度。本书提出运用新近发展起来的贝叶斯动态因子模型来估计纳入广义价格指数的各价格指数序列蕴含的共同趋势，能够极大地降低资产价格"噪音"对通货膨胀指数的影响，比传统的方差加权法和经典的动态因子法更加科学，但仍然不能说是对物价变动长期趋势的最优估计，因此，运用更为科学的方法以更加有效地测度价格指数中的共同趋势，有待进一步的研究。

（2）剖析广义价格指数与货币政策中介目标之间的关系，是有效治理广义价格指数通货膨胀的重要步骤。有鉴于此，本书深入分析了广义价格指数通货膨胀与广义货币供应量 M2 之间的动态关联性，发现二者之间的关系较为密切，广义价格指数与货币供应量的关联度要大于居民消费价格指数，这一方面给中国长期存在的货币数量论失效问题提供了新的解释，另一方面也意味着央行可以通过调控广义货币供应量来治理广义价格指数通货膨胀。然而，随着中国利率市场化的快速推进，利率作为另一货币政策中介目标的作用越来越显著，我国货币调控逐步会从以数量型调控为主，过渡到以价格型调控为主。因此，深入分析广义价格指数与利率之间的关系，从而找到有效治理广义价格指数通货膨胀的货币政策操作路径，有待进一步的探索。

参考文献

中文参考文献

［美］米尔顿·弗里德曼、安娜·J. 施瓦茨：《美国货币史（1867—1960）》，巴曙松等译，北京大学出版社2009年版。

卞志村：《转型期货币政策规则研究》，人民出版社2006年版。

曹伟、倪克勤：《人民币汇率变动的不完全传递——基于非对称性视角的研究》，《数量经济技术经济研究》2010年第7期。

陈创练和戴明晓：《货币政策、杠杆周期与房地产市场价格波动》，《经济研究》2018年第9期。

陈继勇、袁威、肖卫国：《流动性、资产价格波动的隐含信息和货币政策选择——基于中国股票市场与房地产市场的实证分析》，《经济研究》2013年第11期。

陈建奇：《PPI、CPI倒挂与通货膨胀调控——基于非对称供求结构与价格决定机制的实证研究》，《中国工业经济》2008年第11期。

陈立双、祝丹：《中国CPI编制方法面临的问题及进一步改革的若干设想》，《财贸经济》2014年第12期。

陈伟、牛霖琳：《基于贝叶斯模型平均方法的中国通货膨胀的建模及预测》，《金融研究》2013年第11期。

陈彦斌、郭豫媚、陈伟泽：《2008年金融危机后中国货币数量论失效研究》，《经济研究》2015年第4期。

陈彦斌、刘哲希和陈伟泽：《经济增速放缓下的资产泡沫研究——基于含有高债务特征的动态一般均衡模型》，《经济研究》2018年第10期。

陈小亮、陈惟、陈彦斌：《社会融资规模能否成为货币政策中介目标——基于金融创新视角的实证研究》，《经济学动态》2016年第9期。

陈诗一、王祥：《融资成本、房地产价格波动与货币政策传导》，《金融研究》2016年第3期。

陈雨露、马勇：《大金融论纲》，中国人民大学出版社2013年版。

崔百胜：《基于动态模型平均的中国通货膨胀实时预测》，《数量经济技术经济研究》2012年第7期。

戴国强、张建华：《中国金融状况指数对货币政策传导作用研究》，《财经研究》2009年第7期。

丁慧、范从来、钱丽华：《中国广义价格指数的构建及其货币政策含义》，《中国经济问题》2014年第5期。

丁慧、范从来：《中国菲利普斯曲线扁平化了吗——基于广义价格指数的实证研究》，《经济学家》2015年第1期。

丁慧、范从来、钱丽华：《通货膨胀预测方法研究新进展》，《经济学动态》2016年第2期。

范从来：《通货紧缩时期货币政策研究》，南京大学出版社2001年版。

范从来：《论货币政策中间目标的选择》，《金融研究》2004年第6期。

范从来：《中国货币政策目标的重新定位》，《经济学家》2010年第7期。

范从来、刘绍保、刘德溯：《中国资产短缺状况研究》，《经济理论与经济管理》2013年第2期。

范从来、刘绍保、刘德溯：《中国资产短缺影响因素研究——理论及经验证据》,《金融研究》2013 年第 5 期。

冯根福、郑冠群:《中国货币政策非对称干预资产价格波动的宏观经济效应——基于分段线性新凯恩斯动态随机一般均衡模型的模拟和评价》,《中国工业经济》2016 年第 10 期。

封思贤:《货币供应量作为我国货币政策中介目标的有效性分析》,《中国软科学》2006 年第 5 期。

高艳云:《CPI 编制及公布的国际比较》,《统计研究》2009 年第 9 期。

高玉强、秦浩钦:《社会融资规模与货币供应量:货币政策中介目标有效性分析——基于拔靴滚动窗口因果关系检验》,《重庆社会科学》2019 年第 8 期。

耿强、付文林和刘荃:《全球化、菲利普斯曲线平坦化及其政策含义——中国数据的实证分析》,《学海》2011 年第 2 期。

巩师恩、范从来:《二元劳动力结构与通货膨胀动态形成机制——基于新凯恩斯菲利普斯曲线框架》,《财经研究》2013 年第 3 期。

郭田勇:《资产价格、通货膨胀与中国货币政策体系的完善》,《金融研究》2006 年第 10 期。

郭永济、丁慧、范从来:《中国通货膨胀动态模型预测的实证研究》,《中国经济问题》2015 年第 5 期。

郝冬冬、王晓芳和郑斌:《数量调控还是价格调控——新常态下货币政策调控方式选择研究》,《财贸研究》2018 年第 6 期。

黄峰:《全球化、资本深化与菲利普斯曲线——来自我国公司层面的证据》,《武汉金融》2012 年第 11 期。

胡军、郭峰和龙硕:《通胀惯性、通胀预期与我国通货膨胀的空间特征——基于空间动态面板模型》,《经济学(季刊)》2014 年第 1 期。

胡志九:《我国货币政策的数量型调控与价格型调控转型》,《改革》2018 年第 8 期。

胡志鹏:《中国货币政策的价格型调控条件是否成熟?——基于动态随机一般均衡模型的理论与实证分析》,《经济研究》2012年第6期。

侯成琪、龚六堂:《货币政策应该对住房价格波动作出反应吗——基于两部门动态随机一般均衡模型的分析》,《金融研究》2014年第10期。

纪敏、周源和彭恒文:《资产价格影响通货膨胀了吗?——基于中国月度数据的实证分析》,《国际金融研究》2012年第11期。

李斌:《从流动性过剩(不足)到结构性通胀(通缩)》,《金融研究》2010年第4期。

李成、马文涛和王彬:《通货膨胀预期、货币政策工具选择与宏观经济稳定》,《经济学(季刊)》2011年第1期。

李健、邓瑛:《货币的资产化和非实体化比率对不同价格影响的差异性》,《财贸经济》2016年第8期。

李民强:《金融抑制下我国流动性过剩形成机制及对通货膨胀影响的研究》,博士学位论文,吉林大学,2013年。

李迅雷:《资产价格膨胀未必导致通胀》,《股市动态分析》2009年第38期。

刘金全、姜梅华:《金融危机后期的新凯恩斯菲利普斯曲线估计与经济政策启示》,《吉林大学社会科学学报》2011年第3期。

刘金全、李书:《我国资产价格、通货膨胀与货币政策选择》,《南京社会科学》2017年第4期。

刘金全、徐宁和刘达禹:《资产价格错位与货币政策规则——基于修正Q理论的重新审视》,《国际金融研究》2017年第5期。

刘珂、孙丽俊:《广义价格指数与货币政策有效性研究——基于金融稳定视角》,《海南金融》2016年第11期。

刘明志:《货币供应量和利率作为货币政策中介目标的适用性》,《金融研究》2006年第1期。

刘鹏:《通货膨胀、资产价格波动与货币激活效应》,《财经科学》2014 年第 6 期。

刘元春、杨丹丹：《金融危机后产出缺口理论的回顾、反思与最新进展》，《中国人民大学学报》2016 年第 2 期。

陆磊、杨骏：《流动性、一般均衡与金融稳定的"不可能三角"》，《金融研究》2016 年第 1 期。

罗忠洲、屈小粲：《纳入资产价格的我国通货膨胀指数研究》，《财经理论与实践》2012 年第 3 期。

罗忠洲、屈小粲：《我国通货膨胀指数的修正与预测研究》，《金融研究》2013 年第 9 期。

骆祚炎：《资产价格波动先行指标、金融不平衡与广义价格目标函数——基于金融加速器效应的视角》，《金融经济学研究》2017 年第 2 期。

吕捷、王高望：《CPI 与 PPI "背离"的结构性解释》，《经济研究》2015 年第 4 期。

毛泽盛、罗良红：《资产价格变动是否会引起通货膨胀——基于 VECM 模型的实证研究》，《国际商务（对外经济贸易大学学报）》2014 年第 6 期。

莫万贵、王立元：《货币供应量和贷款仍是当前合适的货币政策调控目标》，《经济学动态》2008 年第 2 期。

彭兴韵：《加强利率机制在货币调控中的作用》，《经济学动态》2008 年第 2 期。

齐红倩、席旭文：《资产价格具有通货膨胀指示作用吗——基于 LT-TVP-VAR 模型的实证研究》，《南方经济》2015 年第 10 期。

钱丽华、丁慧：《资产价格波动与货币政策困境：经典论述、最新进展及现实思考》，《经济问题探索》2015 年第 1 期。

钱小安：《资产价格变化对货币政策的影响》，《经济研究》1998 年第 1 期。

盛松成、吴培新：《中国货币政策的二元传导机制——"两中介目标、两调控对象"模式研究》，《经济研究》2008 年第 10 期。

盛松成、张次兰:《货币供应量的增加能引起价格水平的上涨吗——基于资产价格波动的财富效应分析》,《金融评论》2010 年第 3 期。

盛松成、翟春:《中央银行与货币供给》,中国金融出版社 2015 年版。

盛松成、谢洁玉:《社会融资规模与货币政策传导——基于信用渠道的中介目标选择》,《中国社会科学》2016 年第 12 期。

盛松成、谢洁玉:《各国央行盯住 2% 通胀目标是刻舟求剑——对中长期通胀的思考》,《清华金融评论》2019 年第 6 期。

孙玉奎:《中国货币高增长及其与通货膨胀的关联性研究》,博士学位论文,中央财经大学,2016 年。

唐齐鸣、熊洁敏:《中国资产价格与货币政策反应函数模拟》,《数量经济技术经济研究》2009 年第 11 期。

万光彩、陈璋、刘莉:《结构失衡、"潮涌"现象与通胀—通缩逆转》,《数量经济技术经济研究》2009 年第 12 期。

万宇艳、苏瑜:《资产价格泡沫与最优货币政策》,《金融理论与实践》2011 年第 8 期。

汪恒:《资产价格对核心通货膨胀指数的修正》,《数量经济技术经济研究》2007 年第 2 期。

王虎、王宇伟、范从来:《股票价格具有货币政策指示器功能吗——来自中国 1997—2006 年的经验数据》,《金融研究》2008 年第 6 期。

王金明:《我国经济周期波动对通货膨胀的动态影响》,《金融研究》2012 年第 3 期。

王军平:《住房价格上涨对 CPI 的传导效应——兼论我国 CPI 编制体系的缺陷》,《经济学家》2006 年第 6 期。

王擎、韩鑫韬:《货币政策能盯住资产价格吗?——来自中国房地产市场的证据》,《金融研究》2009 年第 8 期。

王维安、贺聪:《房地产价格与通货膨胀预期》,《财经研究》

2005 年第 12 期。

王曦、朱立挺和王凯立:《我国货币政策是否关注资产价格?——基于马尔科夫区制转换 BEKK 多元 GARCH 模型》,《金融研究》2017 年第 11 期。

王益君:《资产价格波动的通货膨胀预期效应——基于房地产市场的实证分析》,《财经理论与实践》2016 年第 1 期。

王宇伟、丁慧和盛天翔:《股票收益率与通货膨胀预期的动态影响关系研究——基于 TVP – VAR – SV 模型的实证研究》,《南开经济研究》2018 年第 6 期。

伍志文:《货币供应量与物价反常规关系:理论及基于中国的经验分析——传统货币数量论面临的挑战及其修正》,《管理世界》2002 年第 12 期。

伍志文、鞠方:《通货紧缩、资产膨胀与货币政策——兼论当前的货币总量和货币结构问题》,《管理世界》2003 年第 11 期。

奚君羊、贺云松:《中国货币政策的福利损失及中介目标的选择——基于新凯恩斯 DSGE 模型的分析》,《财经研究》2010 年第 2 期。

夏斌、廖强:《货币供应量已不宜作为当前我国货币政策的中介目标》,《经济研究》2001 年第 8 期。

项卫星、李宏瑾:《我国中央银行数量型货币调控面临的挑战与转型方向》,《国际金融研究》2012 年第 7 期。

徐强:《CPI 编制中的几个基本问题探析》,《统计研究》2007 年第 8 期。

徐忠:《资产价格与通货膨胀:事实、理论及涵义》,《中国金融》2011 年第 22 期。

杨春蕾:《货币数量、利率价格与货币政策中介目标选择》,《现代经济探讨》2018 年第 1 期。

杨继生:《通胀预期、流动性过剩与中国通货膨胀的动态性质》,《经济研究》2009 年第 1 期。

曾辉：《中国广义价格指数月度数据的实证研究》，《金融理论与实践》2010 年第 5 期。

赵进文、高辉：《资产价格波动对中国货币政策的影响——基于 1994—2006 年季度数据的实证分析》，《中国社会科学》2009 年第 2 期。

张步昙：《经济全球化对通胀机制的影响——基于世界主要经济体的分析》，《财经科学》2015 年第 9 期。

张成思：《中国通胀惯性特征与货币政策启示》，《经济研究》2008 年第 2 期。

张成思：《通货膨胀目标错配与管理研究》，《世界经济》2011 年第 11 期。

张成思：《全球化与中国通货膨胀动态机制模型》，《经济研究》2012 年第 6 期。

张成思：《通货膨胀、经济增长与货币供应：回归货币主义?》，《世界经济》2012 年第 8 期。

张成思、姜筱欣和袁江：《资本轮动、行业潮涌与中国通货膨胀形成机制》，《世界经济》2013 年第 2 期。

张春生、蒋海：《社会融资规模适合作为货币政策中介目标吗：与 M2、信贷规模的比较》，《经济科学》2013 年第 6 期。

张淦、范从来和丁慧：《资产短缺、房地产市场价格波动与中国通货膨胀》，《财贸研究》2015 年第 6 期。

张晓慧：《关于资产价格与货币政策问题的一些思考》，《金融研究》2009 年第 7 期。

张晓慧、纪志宏和李斌：《通货膨胀机理变化及政策应对》，《世界经济》2010 年第 3 期。

张晓慧：《中国货币政策》，中国金融出版社 2012 年版。

张晓慧：《货币政策框架的前世今生》，载陈元和黄益平主编《中国金融四十人看四十年》，中信出版集团 2018 年版。

周晖、王擎：《货币政策与资产价格波动：理论模型与中国的经验分析》,《经济研究》2009 年第 10 期。

周小川:《新世纪以来中国货币政策主要特点》,《中国金融》2013 年第 2 期。

英文参考文献

Alchian, Armen A., and Benjamin Klein, "On a Correct Measure of Inflation", *Journal of Money Credit and Banking*, Vol. 5, No. 1, 1973.

Allen, F., and K. Rogoff, "Asset Prices, Financial Stability and Monetary Policy", Paper Delivered to Workshop on "Housing Markets, Monetary Policy and Financial Stability", Sponsored by the Swedish Riskbank, November 12, 2010.

Andrés, J., A. Óscar, and T. Carlos, "Banking Competition, Collateral Constraints, and Optimal Monetary Policy", *Journal of Money, Credit and Banking*, Vol. 45, No. s2, 2013.

Ang, Andrew, Geert Bekaert, and Min Wei, "Do Macro Variables, Asset Markets, or Surveys Forecast Inflation Better?" *Journal of Monetary Economics*, Vol. 54, No. 4, 2007.

Asriyan, V., L. Fornaro, A. Martin, and J. Ventura, "Monetary Policy for a Bubbly World", NBER Working Paper, No. 22636, 2016.

Atkeson, A., and L. E. Ohanian, "Are Philips Curves Useful for Forecasting Inflation?" *Federal Reserve Bank of Minneapolis Quarterly Review*, Vol. 25, No. 1, 2001.

Banbura, M., D. Giannone, and L. Reichlin, "Large Bayesian Vector Auto Regressions", *Journal of Applied Econometrics*, Vol. 25, No. 1, 2010.

Barnett, A., H. Mumtaz, and K. Theodoridis, "Forecasting UK GDP Growth and Inflation under Structural Change", *International Journal of Forecasting*, Vol. 30, No. 1, 2014.

Bask, M., "Asset Price Misalignments and Monetary Policy", *International Journal of Finance & Economics, Vol. 17, No. 3, 2012.

Bayoumi, T., Giovanni Dell'Ariccia, Karl Habermeier, Tommaso Mancini – Griffoli, and Fabián Valencia, "Monetary Policy in the New Normal", IMF Staff Discussion Note, 2014.

Bauer, M. D., and E. McCarthy, "Can We Rely on Market – Based Inflation Forecasts?" Federal Reserve Bank of San Francisco Working Paper, No. 30, 2015.

Bean, C. R., "Asset Prices, Financial Instability, and Monetary Policy", *American Economic Review*, Vol. 94, No. 2, 2004.

Bernanke, B., and M. Gertler, "Monetary Policy and Asset Price Volatility", *Federal Reserve Bank of Kansas City Economic Review*, Vol. 84, No. 4, 1999.

Bernanke, B., and M. Gertler, "Should Central Banks Respond to Movements in Asset Prices?" *American Economic Review*, Vol. 91, No. 2, 2001.

Bordo, M. D., and O. Jeanne, "Monetary Policy and Asset Prices: Does 'Benign Neglect' Make Sense?" *International Finance*, Vol. 5, No. 2, 2002.

Bordo, M. D., and D. C. Wheelock, "Monetary Policy and Asset Prices: A Look Back at Past U. S. Stock Market Booms", *Federal Reserve Bank of St. Louis Review*, Vol. 86, No. 6, 2004.

Borio, C., and P. Lowe, "Asset Prices, Financial and Monetary Stability: Exploring the Nexus", Bank for International Settlements Working Paper, No. 114, 2002.

Borio, C., "Monetary and Financial Stability: So Close and Yet So Far?" *National Institute Economic Review*, No. 192, 2005.

Borio, C., and A. Filardo, "Globalization and Inflation: New Cross – Country Evidence on the Global Determinants of Domestic Inflation", Bank for International Settlements Working Paper, No. 227, 2007.

Brave, S., and J. D. M. Fisher, "In Search of a Robust Inflation Forecast", *Federal Reserve Bank of Chicago Economic Perspectives*, Vol. 28, No. 4, 2004.

Bryan, Michael F., and Stephen G. Cecchetti, "The Consumer Price Index as a Measure of Inflation", NBER Working Paper, No. 4505, 1993.

Bryan, Michael F., Stephen G. Cecchetti, and Roisin O'Sullivan, "Asset Prices in the Measurement of Inflation", *De Economist*, Vol. 149, No. 4, 2001.

Burns, A. F., and W. C. Mitchell, "Measuring Business Cycle", NBER Working Paper, 1946.

Canova, F., "G – 7 Inflation Forecasts: Random Walk, Phillips Curve or What Else?" *Macroeconomic Dynamics*, Vol. 11, No. 1, 2007.

Carriero, A., T. Clark, and M. Marcellino, "Bayesian VARs: Specification Choices and Forecast Accuracy", Federal Reserve Bank of Cleveland Working Paper, 2011.

Cecchetti, S. G., H. Genberg, J. Lipsky, and S. Wadhwani, "Asset Prices and Central Bank Policy", *The Geneva Report on the World Economy*, No. 2, 2000.

Cecchetti, S. G., H. Genberg, and S. Wadhwani, "Asset Prices in a Flexible Inflation Targeting Framework", NBER Working Paper, No. 8970, 2002.

Chan, J. C. C., G. Koop, R. Leon – Gonzalez, and R. W. Strachan, "Time Varying Dimension Models", *Journal of Business & Economic Statistics*, Vol. 30, No. 3, 2012.

Chan, J. C. C., G. Koop, and S. M. Potter, "A Bounded Model of Time Variation in Trend Inflation, NAIRU and the Phillips Curve", *Journal of Applied Econometrics*, Vol. 31, No. 3, 2016.

Chen, N., J. M. Imbs, and A. Scott, "Competion, Globalization, and the Decline of Inflation", CEPR Disscussion Paper, No. 4695, 2004.

Christiano, L., C. L. Ilut, R. Motto, and M. Rostagno, "Monetary Policy and Stock Market Booms", NBER Working Paper, No. 16402, 2010.

Ciccarone, G., F. Giuli, and E. Marchetti, "Should Central Banks Lean against the Bubble? The Monetary Policy Conundrum under Credit Frictions and Capital Accumulation", *Journal of Macroeconomics*, Vol. 59, No. 1, 2019.

Clark, T. E., "Real-Time Density Forecasts from VARs with Stochastic Volatility", *Journal of Business and Economic Statistics*, Vol. 29, No. 3, 2011.

Clark, T. E., and T. Doh, "Evaluating Alternative Models of Trend Inflation", *International Journal of Forecasting*, Vol. 30, No. 3, 2014.

Cogley, T., and A. M. Sbordone, "Trend Inflation, Indexation, and Inflation Persistence in the New Keynesian Phillips Curve", *American Economic Review*, Vol. 98, No. 5, 2008.

Cogley, T., G. Primiceri, and T. J. Sargent, "Inflation-Gap Persistence in the US", *American Economic Journal: Macroeconomics*, Vol. 2, No. 1, 2010.

Cogley, T., S. Morozov, and T. J. Sargent, "Bayesian Fan Charts for UK Inflation: Forecasting and Sources of Uncertainty in an Evolving Monetary System", *Journal of Economic Dynamics and Control*, Vol. 29, No. 11, 2005.

Cúrdia, V., and M. Woodford, "Credit Frictions and Optimal Monetary Policy", *Journal of Monetary Economics*, Vol. 84, No. 6, 2016.

D'Agostino, A., D. Giannone, and P. Surico, "Predictability and Macroeconomic Stability", European Central Bank Working Paper, No. 605, 2006.

D'Agostino, A., and P. Surico, "A Century of Inflation Forecasts",

Review of Economics and Statistics, Vol. 94, No. 4, 2012.

D'Agostino, A., L. Gambetti, and D. Giannone, "Macroeconomic Forecasting and Structural Change", *Journal of Applied Econometrics*, Vol. 28, No. 1, 2013.

De Mol, C., D. Giannone, and L. Reichlin, "Forecasting Using a Large Number of Predictors: Is Bayesian Shrinkage a Valid Alternative to Principal Components", *Journal of Econometrics*, Vol. 146, No. 2, 2008.

Dotsey, M., S. Fujita, and T. Stark, "Do Phillips Curves Conditionally Help to Forecast Inflation?" Federal Reserve Bank of Philadelphia Working Paper, No. 16, 2015.

ECB, "Asset Price Bubbles and Monetary Policy", *European Central Bank Monthly Bulletin*, No. 4, 2005.

Eickmeier, S., W. Lemke, and M. Marcellino, "Classical Time Varying Factor – Augmented Vector Auto – Regressive Models: Estimation, Forecasting and Structural Analysis", *Journal of the Royal Statistical Society: Series A*, Vol. 178, No. 3, 2015.

Engle, R. F., and C. W. J. Granger, "Co – Integration and Error Correction: Representation, Estimation, and Testing", *Econometrica*, Vol. 55, No. 2, 1987.

Faust, J., and J. H. Wright, "Forecasting Inflation", in Elliott, G., and A. Timmermann, eds., *Handbook of Economic Forecasting*, North Holland, Amsterdam, 2013.

Filardo, A. J., and P. Rungcharoenkitkul, "A Quantitative Case for Leaning against the Wind", BIS Working Papers, No. 594, 2016.

Fisher, Irving, *The Purchasing Power of Money*, New York: The Macmillan Company, 1911.

Fisher, J. D. M., Chin Te Liu, and Ruilin Zhou, "When Can We Forecast Inflation?" *Federal Reserve Bank of Chicago Economic Perspectives*, Vol. 26, No. 1, 2002.

Frisch, R., "Annual Survey of General Economic Theory: The Problem of Index Numbers", *Econometrica*, Vol. 4, No. 1, 1936.

Frühwirth-Schnatter, S., and H. Wagner, "Stochastic Model Specification Search for Gaussian and Partial Non-Gaussian State Space Models", *Journal of Econometrics*, Vol. 154, No. 1, 2010.

Fuhrer, J. C., and G. P. Olivei, "The Role of Expectations and Output in the Inflation Process: An Empirical Assessment", *Federal Reserve Bank of Boston Public Policy Brief*, No. 10-2, 2010.

Garnier, C., E. Mertens, and E. Nelson, "Trend Inflation in Advanced Economies", *International Journal of Central Banking*, Vol. 11, No. 4, 2015.

Gavin, W. T., and K. L. Kliesen, "Forecasting Inflation and Output: Comparing Data-Rich Models with Simple Rules", *Federal Reserve Bank of St. Louis Review*, Vol. 90, No. 3, 2008.

Geweke, J., and G. Amisano, "Hierarchical Markov Normal Mixture Models with Applications to Financial Asset Returns", *Journal of Applied Econometrics*, Vol. 26, No. 1, 2011.

Goodhart, C., B. Hofmann, "Do Asset Prices Help to Predict Consumer Price Inflation?" *The Manchester School*, Vol. 68, No. s1, 2000.

Goodhart, C., "What Weight Should be Given to Asset Prices in the Measurement of Inflation?" *The Economic Journal*, Vol. 111, No. 6, 2001.

Goodhart, C., and B. Hofmann, "Asset Prices and the Conduct of Monetary Policy", London School of Economics Working Paper, 2002.

Goodhart, C., and A. Persaud, "How to Avoid the Next Crash", *The Financial Times*, Jan 30, 2008.

Gourio, F., A. K. Kashyap, and J. Sim, "The Tradeoffs in Leaning against the Wind", *IMF Economic Review*, Vol. 66, No. 1, 2018.

Groen, J. J. J., R. Paap, and F. Ravazzolo, "Real-Time Inflation Forecasting in a Changing World", *Journal of Business & Economic Statistics*,

Vol. 31, No. 1, 2013.

Gupta, R., and A. Kabundi, "A Large Factor Model for Forecasting Macroeconomic Variables in South Africa", *International Journal of Forecasting*, Vol. 27, No. 4, 2011.

Hubrich, K., "Forecasting Euro Area Inflation: Does Aggregating Forecasts by HICP Component Improve Forecast Accuracy?" *International Journal of Forecasting*, Vol. 21, No. 1, 2005.

Iacoviello, M., "House Prices, Borrowing Constraints and Monetary Policy in the Business Cycle", *American Economic Review*, Vol. 95, No. 3, 2005.

Iakova, D., "Flattening of the Phillips Curve: Implications for Monetary Policy", IMF Working Paper, 2007.

IMF, "How Has Globalization Affected Inflation?" *IMF World Economic Outlook*, 2006.

IMF, "The Dog That Didn't Bark: Has Inflation Been Muzzled or Was It Just Sleeping?" *IMF World Economic Outlook*, 2013.

Issing, O., "Financial Integration, Asset Prices and Monetary Policy", Dinner Speech on the Symposium Concluding Two Years of the ECB – CFS Research Network on "Capital Markets and Financial Integration in Europe", Frankfurter Hof Hotel, Frankfurter, May 10, 2004.

Kaihatsu, S., and J. Nakajima, "Has Trend Inflation Shifted? An Empirical Analysis with a Regime – Switching Model", Bank of Japan Working Paper, No. 15 – E – 3, 2015.

Kannan, P., P. Rabanal, and A. Scott, "Monetary and Macroprudential Policy Rules in a Model with House Price Booms", *The B. E. Journal of Macroeconomics*, Vol. 12, No. 1, 2012.

Kaufmann, S., and M. T. Valderrama, "The Role of Credit Aggregates and Asset Prices in the Transmission Mechanism: A Comparison between the Euro Area and the USA", *Manchester School*, Vol. 78,

No. 4, 2010.

Kent, C., and P. Lowe, "Asset Price Bubbles and Monetary Policy", Reserve Bank of Australia Research Discussion Paper, No. 9709, 1997.

King, M., "Innovations and Issues in Monetary Policy: Panel Discussion", *The American Economic Review*, Vol. 94, No. 2, 2004.

Kohn, D. L., "Monetary Policy and Asset Prices", Speech at a European Central Bank Colloquium Held in Honor of Otmar Issing, Frankfurt, 2006.

Kohn, D. L., "Homework Assignments for Monetary Policymakers", Speech at the Cornelson Distinguished Lecture at Davidson College, Davidson, North Carolina, March 24, 2010.

Koop, G., "Forecasting with Medium and Large Bayesian VARs", *Journal of Applied Econometrics*, Vol. 28, No. 2, 2013.

Koop, G., "Forecasting with Dimension Switching VARs", *International Journal of Forecasting*, Vol. 30, No. 2, 2014.

Koop, G., and D. Korobilis, "Forecasting Inflation Using Dynamic Model Averaging", *International Economic Review*, Vol. 53, No. 3, 2012.

Koop, G., and D. Korobilis, "Large Time – Varying Parameter VARs", *Journal of Econometrics*, Vol. 177, No. 2, 2013.

Korobilis, D., "VAR Forecasting Using Bayesian Variable Selection", *Journal of Applied Econometrics*, Vol. 28, No. 2, 2013.

Kozicki, S., and P. A. Tinsley, "Effective Use of Survey Information in Estimating the Evolution of Expected Inflation", *Journal of Money, Credit and Banking*, Vol. 44, No. 1, 2012.

Kuester, K., Gernot J. Müller, and Sarah Stölting, "Is the New Keynesian Phillips Curve Flat?" ECB Working Paper, No. 809, 2007.

Laséen, S., A. Pescatori, and J. Turunen, "Systemic Risk: A New Trade – off for Monetary Policy?" *Journal of Financial Stability*, Vol. 32,

No. 5, 2017.

Lettau, M., S. C. Ludvigson, "Understanding Trend and Cycle in Asset Values: Reevaluate the Wealth Effect on Comsumption", *American Economic Review*, Vol. 94, No. 1, 2004.

Lim, H. Y., "Asset Price Movements and Monetary Policy in South Korea", Bank for International Settlements Working Paper, No. 19, 2003.

Maas, Van Der J., "Forecasting Inflation Using Time – Varying Bayesian Model Averaging", *Statistica Neerlandica*, Vol. 68, No. 3, 2014.

Mankiw, N. G., and R. Reis, "What Measure of Inflation Should a Central Bank Target?" *Journal of the European Economic Association*, Vol. 1, No. 5, 2003.

Mertens, E., "Measuring the Level and Uncertainty of Trend Inflation", *Review of Economics and Statistics*, Vol. 98, No. 5, 2016.

Mishkin, F. S., "What Does the Term Structure Tell Us about Future Inflation?" *Journal of Monetary Economics*, Vol. 25, No. 1, 1990.

Mishkin, F. S., "The Information in the Longer – Maturity Term Structure about Future Inflation", *Quarterly Journal of Economics*, Vol. 105, No. 3, 1990.

Mishkin, F. S., "A Multi – Country Study of the Information in the Term Structure about Future Inflation", *Journal of International Money and Finance*, Vol. 10, No. 1, 1991.

Mishkin, F. S., "The Transmission Mechanism and the Role of Asset Prices in Monetary Policy", NBER Working Paper, 2001.

Mishkin, F. S., "Housing and Monetary Transmission Mechanism", Federal Reserve Board Staff Working Papers, 2007.

Mishkin, F. S., "Globalization, Macroeconomic Performance, and Monetary Policy", *Journal of Money, Credit and Banking*, Vol. 41, No. S1, 2009.

Mishkin, F. S., "Monetary Policy Strategy: Lessons from the Crisis", NBER Working Paper, No. 16755, 2011.

Nason, J. M., and G. W. Smith, "The New Keynesian Phillips Curve: Lessons from Single-Equation Econometric Estimation", *Federal Reserve Bank of Richmond Economic Quarterly*, Vol. 94, No. 4, 2008.

Nielsen, C. M., "The Information Content of the Term Structure of Interest Rates about Future Inflation: An Illustration of the Importance of Accounting for a Time-Varying Real Interest Rate and Inflation Risk Premium", *The Manchester School*, Vol. 74, No. s1, 2006.

Notarpietro, A., and S. Siviero, "Optimal Monetary Policy Rules and House Prices: The Role of Financial Frictions", *Journal of Money, Credit and Banking*, Vol. 47, No. S1, 2015.

Park, T., and G. Casella, "The Bayesian Lasso", *Journal of the American Statistical Association*, Vol. 103, No. 482, 2008.

Pollak, R. A., "Subindexes in the Cost of Living Index", *International Economic Review*, Vol. 16, No. 1, 1975.

Posen, A. S., "Why Central Banks Should Not Burst Bubbles", *International Finance*, Vol. 9, No. 1, 2006.

Primiceri, G., "Time Varying Structural Vector Auto Regressions and Monetary Policy", *Review of Economic Studies*, Vol. 72, No. 3, 2005.

Raftery, A., M. Karny, and P. Ettler, "Online Prediction under Model Uncertainty via Dynamic Model Averaging: Application to a Cold Rolling Mill", *Technometrics*, Vol. 52, No. 1, 2010.

Ray, P., and S. Chatterjee, "The Role of Asset Prices in Indian Inflation in Recent Years: Some Conjectures", BIS Papers, No. 8, 2001.

Roubini, N., "Why Central Banks Should Burst Bubbles", *International Finance*, Vol. 9, No. 1, 2006.

Sims, C., and T. Zha, "Were There Regime Switches in US Monetary Policy", *American Economic Review*, Vol. 96, No. 1, 2006.

Shah, I. H. , and S. Sosvilla – Rivero, "Seeking Price and Macroeconomic Stabilisation in the Euro Area: The Role of House Prices and Stock Prices", IREA Working Paper, 2017.

Shibuya, H. , "Dynamic Equilibrium Price Index: Asset Price and Inflation", *Bank of Japan Monetary and Economic Studies*, Vol. 10, No. 1, 1992.

Shiratsuka, S. , "Asset Price Fluctuation and Price Indices", *Monetary and Economic Studies*, Vol. 17, No. 3, 1999.

Smets, F. , "Financial Asset Prices and Monetary Policy: Theory and Evidence", Bank for International Settlements Working Paper, No. 47, 1997.

Stock, J. H. , and M. W. Watson, "A Probability Model of the Coincident Economic Indicators", in Lahiri, K. , and G. Moore, eds. , *Leading Economic Indicators: New Approaches and Forecasting Records*, Cambridge Univertity Press, 1991.

Stock, J. H. , and M. W. Watson, "Forecasting Inflation", *Journal of Monetary Economics*, Vol. 44, No. 2, 1999.

Stock, J. H. , and M. W. Watson, "Forecasting Using Principal Components from a Large Number of Predictors", *Journal of the American Statistical Association*, Vol. 97, No. 2, 2002.

Stock, J. H. , and M. W. Watson, "Forecasting Output and Inflation: The Role of Asset Prices", *Journal of Economic Literature*, Vol. 41, No. 3, 2003.

Stock, J. H. , and M. W. Watson, "Why Has U. S. Inflation Become Harder to Forecast?" *Journal of Money, Credit and Banking*, Vol. 39, No. 1, 2007.

Stock, J. H. , and M. W. Watson, *Forecasting in Dynamic Factor Models Subject to Structural Instability*, Oxford: Oxford University Press, 2008.

Stock, J. H., and M. W. Watson, "Phillips Curve Inflation Forecasts", in Fuhrer, J., Y. K. Kodrzycki, J. S. Little, and G. P. Olivei, eds., *Understanding Inflation and the Implications for Monetary Policy: A Phillips Curve Retrospective*, Masseachusettes, MIT Press, 2009.

Stock, J. H., and M. W. Watson, "Modelling Inflation after the Crisis", NBER Working Paper, No. 16488, 2010.

Stock, J. H., and M. W. Watson, "Core Inflation and Trend Inflation", NBER Working Paper, No. 21282, 2015.

Taylor, J. B., "Discretion Versus Policy Rules in Practice", *Carnegie-Rochester Conference Series on Public Policy*, Vol. 39, No. 2, 1993.

Trichet, J. C., "Credible Alertness Revisited", Speech at the Symposium on Financial Stability and Macroeconomic Policy, Sponsored by the Federal Reserve Bank of Kansas City, Jackson Hole, Wyoming, August 22, 2009.

Tullock, Gordon, "When Is Inflation Not Inflation? A Note", *Journal of Money, Credit, and Banking*, Vol. 11, No. 2, 1979.

Wright, J. H., "Evaluating Real-Time VAR Forecasts with an Informative Democratic Prior", *Journal of Applied Econometrics*, Vol. 28, No. 5, 2013.

索　引

不确定性　17，28，30，37，53，86－89，93，98，103－105，107，110，112，171

财富效应　6－9，29，75，158

产出缺口　10，11，14，18，19，30，85，90，114，116，117，120－122，150，151

长期利率　120，140

动态均衡价格指数　26－28，62，63，65

动态模型平均　37，88，89，91－93，96，98，107，171

动态模型选择　96，98，103，111

动态因子模型　35，36，39，58，73，91，122，178

动态因子指数　26，28，39，60，63－66，68，70，72－76

短期利率　54，140

房地产价格　3，4，7－11，18－20，22，23，26－28，31，33，34，37，40，50，51，68，73－77，79，157，158，170

菲利普斯曲线　37，38，40，53，84－90，113，115－124，137，152，172，177

供给弹性　33，56，119，125－127，129，134，136，157，163，174，176

广义价格指数　5，6，21，22，25，27，28，32，34－43，58－61，64－66，68－71，73，76－78，80－83，93，101－103，113－120，124，125，137－139，149－156，158，159，162，163，167－173，175－179

滚动回归模型　115，118

宏观金融调控　5，52

宏观审慎政策　18，21，25，32

货币供应量　7，9，11，41，52，53，85，138－146，148－

151，153，155－163，165－
167，177－179

货币数量论　40，41，128，
144，156，158－161，163，
164，179

货币政策　1－7，9－25，27－
43，46，50－60，65，77，
78，80－83，113，116，
118，120－124，129，136，
138－149，153，156，158，
159，167－179

货币政策传导　10，20，38，
40，52，139，140，145，
147，172

货币政策工具　13，23，25，
52，55，82，140

货币政策框架　5，6，12，14－
16，18，23，24，30，35，
36，40，52－54，56－58，
83，145，146，148，169，
175，177

货币主义学派　140－142，156

基础货币　141，145，146

价格型调控　145，147，148，179

结构性通胀　2，3，23，58，
125－127，129，134－137，
169，174，176

金融风险　3，5，16，20，24，
30，31，58，175

金融加速器　14，20，24，136

金融摩擦　15，18，20

金融稳定　14，15，21，24，
25，27，30，175

金融周期　18，175

金融资产　1，2，5，33，57，
58，134－136，142，158，
163，167，174，175，177

经济全球化　1，5，31，33，
56，58，120，122－124，
157，167，168，170，175，177

经济危机　15，134，136

经济周期　37，38，40，57，
63，64，78，80－82，88，
113－116，118－125，129，
136，137，140，150，153，
155，169－172，175－177

居民消费价格指数　1，7，9，
11，12，26，29，37，40，
42－44，59，61－63，65，
70，72，73，76，78，80－
82，113，120，124，138，
149－151，153，156，158，
168－170，179

凯恩斯主义学派　139，140，142

跨期生活成本指数　25，26，61，
62，65

跨期消费效用　22

利率市场化　41，138，144，

178，179

流动性偏好理论　139

实体经济　2，4，5，17，19，20，33，34，37，40，57，58，68－70，76，77，124，130－136，144，148，160－163，168，174－176，178

数量型调控　41，144－148，179

通货紧缩　2，3，8，14，23，53，79，80，116，156，159，169，170，174

通货膨胀　1－12，14－17，19，21－24，26－35，37－43，45，46，48－61，63－65，69，73，77－88，90－93，97－103，105－126，129，134－136，138，141，144，146，149－156，158，159，164，165，168－179

通货膨胀预测　12，35，37，59，81－88，90，92，93，98－103，105，107－112，171

通货膨胀预期　7－9，14，23，24，31，56，85，141

投资收益率　128，130－132，134，135，165，167，174

物价稳定　3－6，14，15，18，22，31，34，39，46，49，58，68，83，168，175，176

虚拟经济　1，2，5，17，33，34，58，68，124，136，160，161，163，168，176

羊群效应　134，163，174

滞胀　53，57，123，135，171

中介目标　35，38，40，41，59，82，138－140，142－149，156，158－160，167，169，172，173，177，179

中央银行　1，3，5，13－15，17，19，20，22，24，26，30，31，52－55，81，120，140－142，144－146

状态空间模型　8，39，40，66－68，71，94

资产短缺　9，33，57，124，157，158，167，168，170

资产价格　1，2，4－34，43，54－58，60，62－66，68，70，76，77，119，124，125，127，136，137，157，158，160－163，168，170，174－178

总供给　121，129，147

总需求　2，6，7，119，121，129，136，140，142，147，174

后　　记

　　这本专著是在我博士学位论文的基础上修改完成的。无数次地设想过为自己的第一本学术专著撰写后记是一种什么样的情景，又会是一种什么样的感受，应该写一些什么。每次想的时候，总感觉心中有许许多多的话想倾诉，但当这一刻真正到来的时候，却又感觉不知从何处下笔。此刻坐在仙林新村家中的书桌前面，回想起自己在南京大学度过的四年，心中感慨万千。每当驻足于南京大学北大楼前，都会被那些遍布北大楼墙体的爬山虎所吸引，这些爬山虎皆已历百年，见证了南京大学在过去百年岁月中经历的风风雨雨。每次观赏这些爬山虎之时，总会情不自禁地问自己：如匆匆过客的我，对于南京大学这所百年学府意味着什么，至今也没有答案。但我非常清晰地知道，南京大学的四年光阴于我而言，是最宝贵的岁月。在这段既短暂又漫长的岁月里，心中有太多的感怀和感激。

　　本书能够如期完成，首先要感谢我的导师范从来教授。与范老师之间的缘分始于2005年初夏，那时的我尚是刚进大学校园的大一新生。因为一个十分偶然的机会与老师相识，与范老师短暂的交流让我亲身领略到著名学者的风采，也让我萌生了最初的从事经济学研究的兴趣。2012年9月我幸运地被范老师收入门下，成为范老师的博士研究生。在攻读博士学位的四年里，范老师给予了我难以细数的关怀与呵护，帮助我战胜了一个又一个的困难，使我得以快速成长和进步。细数博士论文撰写的过程，从选题与写作大纲的确定、实证研究的方法到初稿的修改，范老师都倾注了大量心血。

在跟随恩师身边求学期间，恩师的言传身教使我获益匪浅，我也深深折服于恩师严谨的治学态度、宽厚的待人品质、深厚的学术功底与渊博的学识和有口皆碑的为人风范。而恩师"攀登永无止境、高度非我所求"的治学之道与人生境界更是使我深受启发。师恩如海，由衷感激！如今我也在高校就职，从事科研和教学工作，我要以敬爱的范老师为榜样和标杆，为实现自己的人生价值而努力奋斗。

感谢给予我诸多教诲和帮助的众位老师。感谢洪银兴教授，洪老师主讲的《资本论研究》为我打下了扎实的经济学基础，也让我亲身感受到了中国著名经济学家的风范。感谢刘志彪教授、沈坤荣教授、张二震教授、安同良教授、刘东教授、裴平教授、葛扬教授、于津平教授、皮建才教授、耿强教授、曹勇教授、李剑副教授、郑东雅博士，你们的授课与教诲让我获益良多。感谢刘东教授、姜宁教授和王宇伟副教授在我博士论文开题过程中提出的宝贵意见，让我进一步明确了研究主题、理清了研究思路。感谢预答辩过程中刘东教授、李晓春教授、孙宁华教授和江静教授提出富有建设性的修改意见，使我的博士学位论文得以进一步完善。感谢博士论文正式答辩过程中徐康宁教授、蒋伏心教授、安同良教授、郑江淮教授、黄繁华教授对我博士论文的肯定，感谢他们提出非常有价值的意见与建议，感谢答辩委员会主席徐康宁教授对我的真诚鼓励，还要感谢答辩秘书赵华副教授费心协调和安排论文答辩有关烦琐事项。

在本书写作过程中，我始终得到了师弟张淦博士、好友郭永济博士的精神支持与热忱帮助，没有他们有益的意见和建议，要想完成本书是难以想象的。感谢给予我关怀和帮助的同窗好友和同门兄弟姐妹。感谢南京大学经济学院2012级博士班的众多同窗好友，他们是郭永济博士、黄益新博士、梁浩博士、薛业飞博士、吴小康博士、滕永乐博士、徐保昌博士、杨林生博士、陈亮博士等，尤其是郭永济博士，博士四年里他在各方各面都给予了我诸多帮助，令我时常感念于同窗情谊的珍贵。感谢张淦、王勇、胡育蓉、秦研、郭传辉、高洁超、贾俊生、黄翔、胡恒强、张宇轩、杜晴、张小燕、李元等同门师兄弟（姐妹）对我的关心和帮助。张淦师弟时常与我一起研讨学术，助我开阔思路，我所发表的系列文章中皆凝结了他的许多劳动和贡献。在师门这个和谐大家庭里，我感受到了家庭般的温暖，各位兄弟姐妹的陪伴让我博士四年的学习和生活充满生机与活力。

衷心感谢南京财经大学金融学院院长卞志村教授长期以来对我的欣赏、栽培和鼓励。感谢毛泽盛教授、刘敏楼副教授、章冬斌副研究员、张国喜教授、莫媛博士、魏红亮副研究员等领导和同人对我工作的理解与支持。

此外，一直以来，我都很想向我的家人表达最真挚的谢意和感激之情。父母的养育之恩难以言表，多年的求学之路并非一帆风顺，是父母的鼓励与支持让我能够战胜重重困难，一路走到今天。感谢妹妹，感谢她从小到大对我的支持和关爱。感谢我的爷爷奶奶、外公外婆。我一岁时，父母远离家乡，外出经商，外公外婆抚养我到六岁，之后我一直跟随爷爷奶奶生活直至高中，是他们给予我这个中国第一代留守儿童以安稳的生活和良好的教育。奶奶与外公已经逝去，我的内心充满了对他们的无尽思念。

感谢我的妻子钱丽华博士。我和她相识于南大、相知于南大、相恋于南大，并成功步入婚姻的神圣殿堂。2012年9月初次见到她时就一下子被她深深吸引，我在内心深处暗暗地告诉自己：就是她了！此生有她陪伴，再无所求！这八年里，我们几乎形影不离，我们一起成长与进步，一起经历生命中的美好，一起面对人生中的挑战，一起分享快乐，一起分担忧愁。在学术上，她给予我启迪和帮助，在生活上，她给予我关怀和照顾。难以忘记我俩北大楼前讨论学术问题的那些黄昏，难以忘记我俩彻夜修改论文的那个黎明，难以忘记她在家中忙碌家务的背影，难以忘记我身体微恙时她深情的陪伴……我们之间值得铭记的远不止这些。我总在想，人生在世，能够拥有一份彼此赤诚相爱的感情,真是最幸福的事情了。谢谢您,钱老师!

这本书得以顺利出版,当然还要感谢国家社会科学基金博士论文出版项目和中国社会科学出版社对本书的出版支持。

丁　慧

2020 年 2 月 22 日